高等职业教育养老服务类专业系列教材

医养结合
养老服务机构运营管理实务

主　编　李冬梅　许　虹　东海林万结美（日）
副主编　唐世明　钱　英　黄丹凤
参　编　陈　昕　刁文华　丁亚平　胡紫燕
　　　　刘　静　师慧敏　张丽君

U0361638

机械工业出版社

本书是面向高等职业院校老年服务与管理、老年健康服务管理等专业学生的教材，内容翔实新颖，共分八章，内容涵盖了医养结合养老机构的运营、管理、服务、安全防范、质量管理与标准化建设、信息化建设及延伸服务。体例上每章设有学习目标、学习重点难点、导入案例与思考引入每章正文；为拓展学生的知识面，提高理论联系实际、自主运用所学知识的能力，增设了案例和延伸阅读；每章末尾设有实训设计指导、思考与练习，以培养学生分析问题、解决问题的能力。

　　本书也适合作为养老服务机构行政管理与服务人员的培训用书。

　　北京市版权局著作权合同登记　图字：01-2019-3877 号

图书在版编目（CIP）数据

医养结合养老服务机构运营管理实务/李冬梅，许虹，（日）东海林万结美主编. —北京：机械工业出版社，2019.8（2025.1重印）

ISBN 978-7-111-63490-4

Ⅰ. ①医…　Ⅱ. ①李…②许…③东…　Ⅲ. ①养老院—运营管理—高等学校—教材　Ⅳ. ①C913.6

中国版本图书馆 CIP 数据核字（2019）第 178341 号

机械工业出版社（北京市百万庄大街22号　邮政编码100037）

策划编辑：李　兴　　责任编辑：李　兴
责任校对：李　伟　　封面设计：马精明
责任印制：郜　敏

北京富资园科技发展有限公司印刷

2025年1月第 1 版第 6 次印刷

184mm×260mm · 12.5印张 · 269千字

标准书号：ISBN 978-7-111-63490-4

定价：35.00元

电话服务　　　　　　　　　网络服务

客服电话：010-88361066　　机　工　官　网：www.cmpbook.com
　　　　　010-88379833　　机　工　官　博：weibo.com/cmp1952
　　　　　010-68326294　　金　书　网：www.golden-book.com
封底无防伪标均为盗版　　机工教育服务网：www.cmpedu.com

高等职业教育养老服务类
专业系列教材

编委会

序一

　　中国人口的老龄化程度正在加速、加深。数据显示：2017 年全国 60 岁以上的人口达到 2.41 亿，占总人口的 17.3%。2025 年我国 60 岁以上人口预计将超过 3 亿，到 2053 年将达到 5 亿。随着"健康中国 2030"计划的实施，在国家大力促进养老服务业发展的政策鼓励下，全国的养老服务机构已超过 3 万家，床位超过 700 万张。养老服务业正在从行业初期的简单生活照料向涵盖老年医疗、老年照护、老年康复、老年心理与营养、养老用品服务与辅具供给的 2.0 业态提升。养老从业人才配置也从集中于初级护理员层面向老年护理师、全科医护人员、康复师、健康管理师、心理咨询师、营养师、保险师、辅具师等专业技术人员与职业经理人的梯级结构提升。参照国际老龄服务 1:3 的基础护理比（1 位护理人员服务 3 位老人，失能失智等重度失能老人的护理比可能达 1:1）标准，我国 2020 年在上述专业技术岗位从业人员的缺口将超过 1000 万人，严重供不应求。此外，国内大中专院校养老服务相关专业还存在专业设置不健全、学科建设水平低、毕业生流失等现象。

　　从发达国家的养老服务业发育路径与人才供给的经验看，除政策扶持、加大投入外，培养大批专业的养老服务技术技能人才是前提要件和当务之急。广州市轻工技师学院（以下简称学院）积极响应政府号召，开设健康与服务管理专业，以校企合作和理论实践一体化教学为抓手，坚持全日制教学和社会培训相结合，实施养老服务类专业人才培养。在实践中，我们一是特别重视学习和接轨世界养老服务产业发达国家和地区的教育理念与技术，提升师生在专业上的国际视野，包括提供学生出国实习或就业岗位、引进日本养老服务职业水平证书国际认证、与大型企业集团合办定向班等；二是特别重视理论与实践结合、学生的实习与实训，保证了毕业生的技能实训与就业岗位无缝衔接。近些年，学院已培养、培训养老专业人才 3000 余人，受到泰康人寿等大型养老服务用人单位的欢迎。学院也被国家人力资源社会保障部确定为第 45 届世界技能大赛健康与社会照护项目的中国集训基地，专业建设与世界技能大赛标准对接。学院拥有一批熟悉养老服务专业理论与实训技能的、颇有建树的专业带头人，致力于培养养老专业的国际化高技能人才。

　　可以预见，随着我国养老服务事业的"国策化"，养老服务学科与专业健全、教材与教学改善、养老服务人才"专技化、学历化"的理念与育人格局会逐渐形成，人才的供给数量与质量将会大幅提升。养老服务专业毕业生的职业受尊敬程度与薪酬待遇会逐渐得到改善。

　　本套高等职业教育养老服务类专业系列教材吸收了发达国家老年服务教育的理念，邀请部分日本专家共同开发。全套教材共分六册，分别从老年康复护理技术、老年应用心理学、老年应用营养学、医养结合养老服务机构运营管理、健康管理信息化和老年生活能力评估技术等领域进行了内容创新的尝试。全书理论与实践相结合，嵌入了实训设计模块，有助于学生实操技能的提升。

　　我们愿与全国各类院校同仁携手，共同推进高等职业教育养老服务学科水平与教学质量的提高，培养更多更好的学历型养老服务专业技术人才。在这套教材的开发过程中，得到了各级人社部门和民政部门领导以及相关行业协会、专家的大力支持，谨向他们致以深深谢意。

广州市轻工技师学院院长　叶军峰

2018 年 11 月

序二

人总是会老去的，院士也不例外。在我从事绿色建筑与城市人居环境的研究生涯中，一直很关注老年人居环境和养老产业发展的资讯。2007 年被评为"全国模范教师"以来，我一直在教导我的博士生，物理的自然禀赋要素，绝不是人类生存与环境研究的唯一对象，而是人类文化、人性与功能、环境诸要素完美结合。不同人群、不同年龄、不同种族文化的这种结合与体现方式都不一样，和附着在这些设施上的文化、使用、服务等"软设计"密切关联。放眼世界去关照全球人居、环境，就更能洞悉深切。

读了国内一些适老化、老年人居与老年服务的教材，总的感觉一是开眼"看世界"的深度不够，再就是理论较多、实用性不足。研究生教材稍好些，用于本科生、大专生的此类教材缺且弱。要想推进发展中的中国在人居环境，尤其是老年人居与服务的水平，须自学科建设始。学科建设需肇源于具有世界眼光的一批子学科教材的建设与师资提高。幸而有具眼光的教育工作者在做了。

老年人居与环境是老年产业的有机组成，是有血肉、有温度的科学。通过良好服务使老年人有获得感、有尊严感，更是人性、敏感和细腻的。目前老年客群已经由"30/40 人群"向"50/60 人群"转变，人的寿命越来越长，新的老年客群对包括人居环境、照护服务供给的要求越来越高，老年服务产业已经成为多学科的知识集汇与嬗变平台。通过一大批有志于老年福祉的教育工作者来推进学科与人才培养，实是利国利民之举。粗读了这套丛书，尽管还有粗疏之处，但对于在实务层面带动一批既仰望星空（具有国际视角），又能脚踏实地（有实务指导意义）的高校的好教材、好师资涌现出来还是很有意义的。是为序。

中国工程院院士　刘加平

2018 年 11 月于北京

日本是世界上最早进入人口老龄化的国家，目前已进入超级老龄化阶段。由于日本较早建立了较完善的国民福祉制度体系和高龄者介护保险制度，加上国民生活方式的健康化，使得日本国民的人均寿命在全世界名列前茅。日本对老年介护人才的培养也是不遗余力的。从日本大学院校到福祉专门学校，包括介护、老年健康管理、社会福祉为主干的人类福祉学科一直在追求对高龄者的介护理念、技术的提高和教学的改进，也培养了大批足以支撑日本福祉技术在世界领先的专业人才。

中国对日本文化特别是建筑文化的影响很深，目前在世界上领先的日本适老化建筑的规划设计技术，实际上都可以看到中国唐代以来人居建筑与环境相处的境界之源，即"天人合一"，也就是最大限度地营造保持老年人功能使用与个性尊严的同时，讲求高龄者居住建筑与传统文化、自然、环境的和谐伴生关系。我在中国考察时，看到中国的养老服务建筑设施从硬件上大多非常好，有的还很豪华。缺失的部分大抵上有老年居住环境与自然和谐伴生的关系在环境要素上的考虑、介护服务的细致、人性化与标准化这些要素。这些都需要通过长期的福祉专业教育与职业培训，慢慢提高中国从业者的素质才能解决。所以，很多朋友与我谈到中国如何学习日本先进的高龄者福祉技术时，我总是建议说，一是注意中国老年人人居设施、介护环境与自然的和谐关系，二是要从老年福祉学科教育、老年介护从业者素质提升做起。当我看到手中的这套面向中国职业院校青年学生、又有体现日本老年介护特色的教材时，我觉得作者是走对了路，需要的是持续去做、去完善。欢迎更多的中国青年学子来日本学习老年福祉技术。

日本科学院院士　吉野博

2018 年 11 月于东京

前言

　　随着我国人口老龄化、空巢化、高龄化的进一步加剧，失能、失智老年人口的大幅增加，医疗卫生服务需求和生活照料需求叠加的趋势日益显著。有限的医疗卫生和养老服务资源以及彼此相对独立的服务体系远远不能满足老年人的需要，迫切需要提供医疗卫生与养老相结合的服务。我国以健康老龄化为最终目标而适时提出了"医养结合、健康养老"，与我国老龄工作政策"五有"方针中的"老有所养、老有所医"这一理念不谋而合。本书是受高等职业教育养老服务类专业系列教材编委会之托，结合编者多年实践经验与国内外先进管理理念，精心编写而成，力求反映当今医养结合养老机构运营、管理、服务的理念和价值取向。由于医养结合是我国近年来不断探索的新型养老模式，尚未形成成熟的理论及制度体系，教材编写上存在一定困难，内容尚有不足，恳望各位同仁及广大读者不吝指正。

　　《医养结合养老服务机构运营管理实务》一书是高等职业教育养老服务类专业系列教材。全书共分八章，内容涵盖了医养结合养老机构运营、管理、服务、安全防范、质量管理与标准化建设、信息化建设和延伸服务。体例上每章设有学习目标、学习重点难点，导入案例与思考引入每章正文；为拓展学生的知识面，提高理论联系实际、自主运用所学知识的能力，设置了案例和延伸阅读；每章最后设有实训设计指导、思考与练习，以培养学生分析问题和解决问题的能力。

　　本书可作为高等职业院校老年服务与管理、老年护理等专业的教材，以及养老机构行政人员、服务人员培训的参考书。本书的编写成员分别来自于杭州师范大学健康与护理研究院、杭州师范大学医学院、山东中医药高等专科学校、浙江大学医学院附属儿童医院、温州护士学校、浙江绿康医养投资管理有限公司。本书编写得到了杭州市人民政府支持的杭州师范大学学科建设项目"基于区域发展的老年护理学科人才培养体系建设"的大力支持。同时，本书参考和引用了大量国内外同行的文献，再次一并表示衷心的感谢！

编　者

第一章 绪 论

识记： 1. 简述机构养老、养老服务机构、医养结合、长期照护的概念。

2. 简述养老机构服务的特点、类型。

3. 简述医养结合的模式、特征、服务对象。

理解： 1. 理解养老服务机构的定位、作用。

2. 理解医养结合的资源整合路径。

运用： 通过国外医养结合养老服务机构情况、我国医养结合发展历程及现状，提出我国医养结合养老服务机构目前存在的问题。

✒️ 学习重点难点

1. 养老服务机构的定位与特点。

2. 医养结合的概念、模式、特征。

3. 医养结合的必要性与资源整合。

 导入案例与思考

　　位于日本东京的新宿榉园综合福祉设施，由一所介护保险设施、一所障害者（残疾人或身心上有障碍的人员）综合支援设施组成。该设施不仅可供 100 名老年人长期入住、10 名老年人短期入住，还可为 24 名失智症老年人提供日间服务。老年人及其家属可根据自身的需要选择合适的服务方式。新宿榉园配备了护士、理疗师、作业疗法师、语言疗法师、介护师、药剂师、营养师、管理员、事务员等专职人员，提供全方位的生活服务和介护支援。

　　新宿榉园除了为老年人提供日常生活照料服务之外，还提供医疗服务。不仅与邻近的三田医院及山王医院合作，确保每一位入住者都能及时得到高水准的医疗服务，还凭借自身高水准的康复技术，有效地维持甚至提高了老年人的日常生活品质。针对入住老年人，理疗师和作业疗法师一般会根据老年人的身体情况和意愿制订出有针对性的康复计划，可为喜欢烹饪的老年人增设厨艺训练项目，为喜欢驾驶的老年人提供专用车辆来训练平衡和判断能力等。

针对日托老年人，新宿榉园设有日间服务中心，是与近邻住区交流的窗口。住在附近的残疾人和失智症老年人定时来此洗浴、健身、游艺和交流。护士会为大家做体检，记录健康状况及生活注意事项，并将相关信息传达给家属。细心的照料离不开建筑空间的精细设计，该设施为防止智障老人走失，在外门上端会多安装一道锁。

请思考以下问题：

1. 新宿榉园属于哪种医养结合养老模式？

2. 新宿榉园养老服务有哪些特征，是否符合老年人的特点？

3. 针对日托老年人设立日间服务中心，符合医养结合的哪些特点？为什么？

传统的养老服务机构重点关注老年人日常生活照料，但医疗卫生保健需求尚不能得到有效满足，养老与医疗相互分离。随着人口老龄化与高龄化的进一步加剧，老年人医疗服务需求显著增加，区别于传统的"住养"模式的"医养结合"养老服务机构应运而生。医养结合是传统机构养老服务的拓展与延伸，为老年人提供了更加全面和优质的服务，是我国养老服务未来发展方向。

第一节　养老服务机构

随着传统家庭养老功能的弱化，机构养老逐渐成为家庭养老的重要补充。专业人员向老年人提供专业化、有品质的养老服务，以实现"老有所安、老有所乐、老有所依、老有所学、老有所用"。

一、养老服务的相关概念

养老服务指的是为老年人提供生活服务，满足其物质生活和精神生活基本需求，以向老年人提供生活照料、家政服务、医疗保健、精神慰藉、安全防护、文化体育为主要内容。养老服务模式主要包括机构养老、社区养老和居家养老三种模式。

机构养老是指以福利院、敬老院、托老所、疗养院、老年护理院等养老机构为载体，每月交纳规定费用，老年人获得专门的食宿、护理、生活照料、娱乐等服务的养老模式。

社区养老是以社区为依托，组织政府、民间、志愿者等各种社会力量为社区老年人提供的一种养老模式。老年人不脱离所生活的社区，同时又能够享受到社区为老年人提供的各种服务。

居家养老是指以家庭为养老场所，以社区养老照料服务网络为依托，通过调动社会各方面的资源共同构建的、家庭养老和社会养老相结合的一种社会化养老模式。居家养老的主要目的在于能够让老年人尽可能长时间地生活在家庭中。

养老服务机构是机构养老得以实现的载体，主要为失能、半失能老年人提供生活照料、康复护理、精神慰藉、文化娱乐等综合性服务的机构。养老服务机构可以是独立的法人单位，也可以附属于医疗机构、企事业单位、社会团体或组织、综合性社会福利院的一个部门或者分支机构。

二、养老服务机构的定位和作用

由于独居老年人、高龄老年人及生活不能自理的失能、失智老年人在老年人口结构中所占的比例逐年增高，而家庭结构的小型化、核心化削弱了家庭的照料功能。如何保证老年人的晚年生活品质，尤其是独居、高龄、失能、失智等特殊老年人群体的晚年生活品质已是全社会无法回避的难题。

（一）养老服务机构的定位

养老服务机构是我国社会养老服务体系中的重要组成部分，其定位主要包括以下几个方面：

1. 社会化养老服务的重要载体

养老服务机构是为老年人集中提供综合型服务的机构，代表了一定的社会化养老服务水平。随着我国政府职能的转变、经济体制的转型、市场经济体制的不断完善，养老服务机构作为养老服务业的一个重要组成部分开始向产业化、社会化方向发展。

2. 照护服务连续体的重要环节

照护服务连续体是指在老年人身体机能衰退的过程中，为满足不同阶段的服务需求而产生的一系列专业化服务的组合。随着照护服务连续体不断向末端延伸，其专业化程度越来越高。养老服务机构作为老年人，特别是为失能、失智老年人提供社会化、专业化服务的重要载体，是照护服务连续体的一个重要环节。

3. 专业化养老服务的重要平台

养老服务机构作为社会化养老服务的重要载体，特别是在失能、失智老年人的照护服务方面，拥有专业化的设施和设备，具备一定专业知识与技能的人才，以及规范的服务流程、严格的监管制度等，与其他社会化养老载体相比具有一定的专业化优势。

（二）养老服务机构的作用

随着我国人口老龄化的日益深化，及老年人养老观念的转变，越来越多的老年人逐渐接受和选择机构养老。养老服务机构的作用主要包括以下几个方面：

1. 满足老年人专业照护需求

养老服务机构作为社会化养老服务不可或缺的一部分，在满足老年人养老需求方面起到了关键作用。特别是失能、失智老年人在医疗、康复、护理等方面都有着与其他老年群体不同的养老服务需求，需要特定的医疗设施和专业的服务，依靠专业的机构来提供服务。

2. 促进居家养老服务共同发展

机构养老和居家养老密不可分，相互补充，缺一不可。首先，养老服务机构可以为居家老年人提供拓展服务，弥补居家养老服务的不足，提升居家老年人的养老服务需求；其次，养老服务机构也可以通过培训社区养老服务人员和指导社区养老服务组织，提高社区养老服务水平；最后，一些小型专业化的养老服务机构也可以直接建在社区及其周边，直接成为社区老年人的养老服务载体。

3. 扩大消费和促进就业

机构服务是养老服务的重要组成部分。未来老年人群体对机构服务的需求会不断增加，将有利于拉动消费，扩大内需，同时创造大量的就业机会，进一步推动社会、经济快速发展。

三、养老服务机构的服务对象与特点

养老服务机构所提供的服务是国家社会福利的具体体现，其服务对象与特点主要体现在以下几个方面。

（一）养老服务机构的服务对象

养老服务机构是为老年人提供综合服务的场所，其服务对象主要是老年人，但是某些养老机构（如农村敬老院）也接收辖区内的孤残儿童或残疾人。

我国社会福利社会化改革之前，养老服务机构的服务对象主要是"三无"老人（无劳动能力、无生活来源、无法定抚养人或赡养人）等特殊困难群体，其他老年人主要以家庭养老为主，不列入机构服务对象之内。社会福利社会化改革提出"服务对象公众化"之后，一般的社会老年人也被纳入服务对象范围之内，扩展到全体老年人。

（二）养老服务机构的特点

养老服务机构是政府社会福利的具体表现，其服务对象的特殊性决定了以下特点。

1. 以老年人为中心

养老服务机构一切活动都是以老年人为中心，是一种全人、全员、全程服务。所谓"全人"服务是指养老服务机构不仅要满足老年人的衣、食、住、行等基本生活照料需求，还要满足如医疗保健、疾病预防、护理与康复，以及精神文化、心理与社会等需求；"全员"服务是为满足入住老年人需求，需要机构全体工作人员齐心努力；"全程"服务是指将"以人为中心"的理念贯穿于养老服务的全过程，从老人入住直至走完人生最后旅程。

2. 以公益为依托

所谓"公益"是"公众利益"的简称，养老服务机构为老年人提供的养老服务属于公益事业。大部分机构主要以帮扶、救助"三无"、日常生活疏于照料、农村五保老人为主，且多不以营利为主要目的，其公益性特征明显，由此决定了养老服务机构在提供服务和自身运营过程中以公益性作为自身运营原则和目标，遵从社会的整体利益。

3. 高风险承担

养老服务机构的服务对象是老年人，大多缺乏自理能力或出现认知功能障碍，在日常生活中突发疾病、意外事件导致伤害、死亡等风险较高，对于机构服务提出了较高要求；另外，养老服务业是一个投资大、回报周期长、市场竞争激烈的高风险行业，如果没有市场意识、经营意识，没有严格的管理和风险防范机制，必然会增加机构投资与经营风险。

四、养老服务机构的类型

随着我国社会福利社会化的推进，养老服务机构的类型更加多样化，拓宽了社会福利事业的发展渠道，增强了机构之间的良性竞争和互动，促进了养老服务机构服务质量的提高。

（一）根据投资主体、营利性质分类

根据养老服务机构的投资主体、经营性质的不同，其类型也呈现出多样化的趋势。目前，我国养老服务机构的投资主体包括国家、集体（城市街道、农村乡镇）和民间（个体、民营和外资企业），主要分为公办和民办两种类型。

1. 公办养老服务机构

公办养老服务机构的服务对象是城镇"三无"老人、农村五保老人、低保、特困等低收入的老人，向其提供无偿、低偿的供养服务，在此前提下还为社会上的其他老年人提供服务；养老服务机构在政府编制内享受政府财政拨款，面向社会的收费所得用于弥补事业发展经费的不足和改善机构内重点人员的生活条件。公办养老服务机构具有保障基本养老服务的职能。

2. 民办养老服务机构

民办养老服务机构面向多种类型的老年人，根据是否以营利为目的可分为营利性和非营利性两大类。

（1）营利性养老服务机构是指在当地工商、税务部门注册登记的民办养老服务机构，属于营利性的企业组织，以追求利益最大化为目标，不享受国家提供的补贴、拨款等相关优惠政策，在向政府部门纳税后进行利润分红。

（2）非营利性养老服务机构：具有非营利性组织的特征，以谋求社会福利为宗旨，不以追求利润为目的，享受国家提供的相关优惠政策，其中包括税收的减免政策，但盈利部分不能分红，只能用于机构的滚动式发展，属于老年社会福利事业。

3. 其他养老服务机构

（1）民办公助：以群众为主体兴办养老服务机构，政府给予相应资助，以此调动社会力量。政府资助不能改变其多种经济成分的所有制性质，运行机制与管理机制可以更多地与物质利益结合，与市场经济接轨，具有更大的实效性与灵活性。政府可以对机构进行一定的干预和影响，确保其公益性、福利性。

（2）公办民营：是各级政府和公有制单位将已有的公有制性质的养老服务机构，与行政部门脱钩，交由民间组织或者社会力量管理和运作，按照市场经济发展的客观要求进行改制、改组和创新，实现多种经济成分并存、多种管理和运营模式并存。

（3）公建民营：是指政府通过承包、委托、联合经营等方式，将政府拥有所有权，但

尚未投入运营的新建养老设施运营权交由企业、社会组织或个人的运营模式。公建民营既可以保持机构的各种福利服务性质，又可以发挥民间组织的专业性，提高机构的利用率，提升服务质量和水平，使其去行政化，提高资源配置和管理效率。

（4）PPP模式：PPP（Public Private Partnership）意为公私合作伙伴关系，是公共部门与私营机构基于合作的共赢模式。由于机构建设项目投资大、运营期长、利润低，大多需要政府补贴或者税收优惠等财政资金的扶持。PPP模式可提高机构养老服务的供给效率和专业化水平，合作模式如图1-1所示。

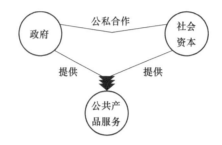

图1-1　PPP（Public Private Partnership）模式

（二）根据《老年人社会福利机构基本规范》分类

根据2001年《老年人社会福利机构基本规范》（MZ008—2001）的规定，养老服务机构有以下几种类型：

1. 老年福利院

老年福利院是指由国家出资和管理的，综合接待"三无"老人、自理老人、介助老人、介护老人安度晚年而设置的社会养老机构，设有生活起居、文化娱乐、康复训练、医疗保健等多项服务设施。

2. 养老院或老人院

养老院或老人院是指专为接待自理老人或综合接待自理老人、介助老人、介护老人安度晚年而设置的社会养老机构，设有生活起居、文化娱乐、康复训练、医疗保健等多项服务设施。养老院为老年人提供的居住空间类似于集体宿舍，以日常生活服务为主。

3. 老年公寓

老年公寓是指专供老年人集中居住，符合老年体能心态特征的公寓式老年住宅，具备餐饮、清洁卫生、文化娱乐、医疗保健等多项服务设施。老年公寓以栋为单位，为老年人提供独立或半独立家居（视有无独立厨房）的居住建筑。

4. 护老院

护老院是指专为接待介助老人安度晚年而设置的社会养老机构，设有生活起居、文化娱乐、康复训练、医疗保健等多项服务设施。护老院为老年人提供的居住空间也类似于集体宿舍，以康复、护理服务为主。

5．护养院

护养院是指专为接待介护老人安度晚年而设置的社会养老机构，设有起居生活、文化娱乐、康复训练、医疗保健等多项服务设施。

6．敬老院

敬老院是指在农村乡镇、村组设置的供养"三无"老人、五保老人和接待社会寄养老人安度晚年的社会养老机构，设有生活起居、文化娱乐、康复训练、医疗保健等多项服务设施。

7．托老所

托老所是指为短期接待老年人托管服务的社区养老服务场所，设有生活起居、文化娱乐、康复训练、医疗保健等多项服务设施，分为日托、全托、临时托等。

8．老年人服务中心

老年人服务中心是指为老年人提供各种综合性服务的社区服务场所，设有文化娱乐、康复训练、医疗保健等多项或单项服务设施和上门服务项目。

五、养老服务机构的服务内容

养老服务机构目的在于满足老年人的养老服务需求。机构应当依据合同的约定为老年人提供服务，服务应符合国家或行业标准。

（1）提供满足老年人日常生活需求的吃饭、穿衣、如厕、洗澡、室内外活动等服务。

（2）提供符合老年人安全保护要求的设施、设备、用具，定期对老年人活动场所和物品进行消毒和清洗。

（3）提供的饮食应当符合卫生要求、有利于老年人营养平衡、符合民族风俗习惯。

（4）做好老年人健康状况评估，并根据服务协议和老年人的生活自理能力，实施分级分类服务。为老年人建立健康档案，组织定期体检，做好疾病预防工作。

（5）在老年人突发危重疾病时，应当及时通知代理人或者经常联系人并转送医疗机构救治；发现老年人为疑似传染病病人或者精神障碍患者时，应当依照传染病防治、精神卫生等相关法律法规的规定处理。

（6）根据需要为老年人提供情绪疏导、心理咨询、危机干预等精神慰藉服务。

（7）开展适合老年人的文化、体育、娱乐活动，丰富老年人的精神文化生活。开展文化、体育、娱乐活动时，应当为老年人提供必要的安全防护措施。

第二节　医养结合

随着失能、失智老年人口的大幅增加，医疗卫生服务需求和生活照料需求叠加的趋势日益显著。但是，有限的医疗卫生和养老服务资源以及彼此相对独立的服务体系远远不能满足老年人的需要，迫切需要提供医疗卫生与养老相结合的新型服务。医养结合是我国不断探索的新型养老模式，是对传统养老服务概念的延伸和拓展。

一、医养结合的概念

"医养结合"的"医"是指为老年人提供从健康管理、预防保健到治疗，再到康复护理与临终关怀等内容的医疗护理一体化服务，包括部分临床医疗和转诊的绿色通道服务。"养"包括生活照护服务、心理服务、文化服务等生活的方方面面。

医养结合不是简单的"医"+"养"，也不是不加选择的医养康护功能的整合，它是以评估为导向，围绕老年人服务需求，聚焦重点对象和服务项目，统筹配置资源，为有需要的老年人提供生活照料、健康管理、医疗护理以及突发疾病的应急处置，是以医疗服务为支撑的新型社会养老服务体系。

长期照护（long-term care；LTC）是指由非正规照护者（家庭、朋友或邻居）和专业人员（卫生和社会服务）进行的护理照料活动体系，以提升不具备完全自我照料能力者的生活质量，获得最大可能的独立、自主、参与、个人满足及人格尊严。推进医养结合的目的是构建长期照护保障机制，提升养老服务质量。

二、医养结合的必要性

健康是老年人晚年生活质量的重要保障，在我国人口老龄化的严峻形势下，医疗保健和养老服务紧密结合是保障老年人健康生活质量，解决我国老龄化社会迫切需求的有效办法。

1. 人口老龄化、高龄化、失能化、失智化形势严峻

养老需求发生变化，传统的家庭照料功能弱化，而养老服务机构难以满足入住老年人的医护需求，大型医院不能提供细致化的医疗养老服务，中小型医疗机构资源却闲置。

2. 新时期养老、养生模式的变化

新时期养老的健康、文化精神需求更为凸显，养老的需求从满足物质生活向满足身心健康转变；养老的原则从经验养生向科学养生发展，老年人更渴望享有公平、可及和高水平的医养结合服务；养老目标从追求长寿转向追求健康；养老的意义由从被动向主动养生转变。传统的养老服务方式无法满足现代养老的需要，医养结合适应了新时期养老、养生模式的变化。

3. 长期住院造成资源浪费

医养结合有利于缓解长期住院现象。长期住院降低了病床的周转率、使用率，不利于医疗服务的优化管理和资源配置。我国原有的医疗社会保险制度不支付老年人护理、康复等服务性项目。老年人获得由医保支付的医疗护理服务，需要接受住院治疗。出院可能会导致潜在再住院、因缺乏专业护理或医疗照顾而导致更高，甚至危及生命的医疗风险，以及

因出院面临家庭专业照护缺失与健康需求不能得到有效满足的矛盾，不得不选择滞留医院，同时也给医疗保险基金带来了支付压力。

4. 传统的养老服务机构不能同时满足老年人医疗和养老的需要

这是由于养老服务机构回避风险的本能造成大多数机构倾向于选择生活可以自理的老年人，而排斥高龄、失能失智的老年人，导致最需要入住机构的人群反而被排除在外。

三、医养结合的特征与类型

受人口老龄化、新医改政策等因素影响，医养结合养老服务模式已成为健康产业发展的重要领域，是未来经济发展的趋势。

（一）医养结合的特征

医养结合的特征包括健康养老、老年保障体系的整合、服务的连续性和动态性、服务的经济性等。

1. 健康养老

结合以健康老龄化为最终目标，将健康理念融入老年人的养老服务或日常照料过程中，通过医养服务帮助老年人实现身体、心理与社会功能的完好状态。医养服务人群不仅是需要医疗服务的失能或半失能老年人，而是全体老年人，且贯穿于预防、治疗、康复、临终关怀整个过程。

2. 老年保障体系的整合

医养结合养老服务模式是医疗保障体系与养老保障体系的整合运行，并非"医"与"养"的简单相加，是根据现实需求和条件进行重构和调整，形成并建立医疗服务与养老服务"一体化"供给运行机制。

3. 服务的连续性和动态性

这主要表现在持续照料和服务体系间协调转换，强调基于老年人需求提供健康服务、医疗服务与生活照料服务的连续性，及其之间的动态转换。

4. 服务的经济性

通过医养结合可以有效整合资源，使工作更加便利连贯，既确保了服务的连续性，又避免了对医疗资源的过度占用，有效节省费用。相比传统的养老服务模式，在筹资、成本、消耗、费用等经济效益上应更具优势。

（二）医养结合的类型

根据医养结合中"医"与"养"的定位不同，可分为以下两种类型。

1. 以医疗护理专业行为为主体，配合"养"服务的形式

这里的"养"不是养老，是一定阶段或时间下的照料。因为疾病或年老身体功能下降，导致失能或半失能的老年人，在某一段接受医疗健康支持、专业护理康复、生活照料及社会心理支持等服务，以医疗护理行为为主，同时辅佐以生活照顾与社会资源的提供，如图1-2所示。

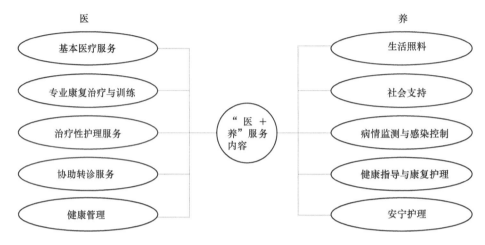

图1-2　以医疗护理专业为主，配合"养"服务

2. 以养老服务为主体，配合以基本医疗和保健功能的形式

这里的"医"不是指一般意义上的医疗，而是指治疗的后续工作，如健康管理、医疗康复、保健养生等。随着年龄增长，老年人会出现不同程度的自理不足或心理、社会功能损失，老年人需要在解决生活照料的同时，加强疾病监测、健康管理、日常服药管理、紧急医疗援助等，主要是养老服务为主，配置相应医疗资源，如图1-3所示。

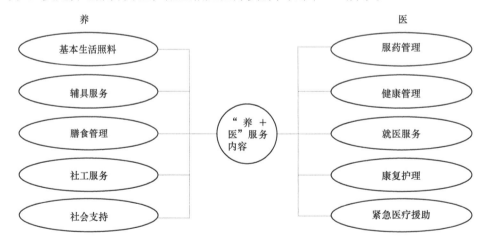

图1-3　以养老服务为主，配合以基本医疗和保健功能

四、医养结合的模式

医养结合应把保障老年人健康养老的基本需求放在首位，对有需求的失能、部分失能老年人，以养老服务机构为依托，做好护理、康复服务，保障好老年人的健康养老服务需

求。医养结合模式主要包括以下几种。

（一）联动模式

联动模式是指养老机构与周边的医疗卫生机构签订多种形式的合作协议，本着互利互惠原则，明确双方责任。医疗卫生机构为入住养老机构的老年人提供健康管理、预约就诊、急诊急救、中医养生保健等服务，确保入住老年人能够得到及时有效的医疗救治。养老机构内设的具备条件的医疗设施可作为医院（含中医医院）收治老年人的后期康复护理场所，实现资源合理利用，有效衔接；由医疗机构定期派医护人员到养老机构巡诊，为老年人提供医疗服务。

（二）嵌入模式

嵌入模式是指单一养老机构或医疗机构通过内部资源的补充与优化，完善自身服务及功能，提供医养结合、各有侧重的服务模式，主要分成医疗机构内设养老机构和养老机构内设医疗机构两种类型。养老机构内设立医疗机构的，应当依法取得医疗机构执业许可证，按照医疗机构管理的相关法律法规进行管理。嵌入模式是当前我国医养结合的主要实现方式，其服务内容更具有医养结合的特征。

（三）医院直营模式

医院直营模式主要是指由医疗机构直接举办或经营养老机构。例如重庆医科大学附属第一医院投资兴建集生活照料、医疗护理、康复理疗等功能为一体的青杠老年护养中心，入住的老年人患病可直接在该中心获得治疗，如病情危重，可以通过绿色通道直接转送重庆医科大学附属第一医院救治。

案例 1-1　重庆医科大学附属第一医院青杠老年护养中心

重庆医科大学附属第一医院青杠老年护养中心（简称青杠老年护养中心）是由重庆医科大学附属第一医院投资兴建，经国家发改委批准，正在运行的全国第一家大型公立医院主办的，集养生文化、康复理疗、医疗护理、休闲娱乐等功能为一体的医养结合养老机构。青杠老年护养中心位于重庆市璧山县青杠，距主城区 26km，占地面积约 70 万 m^2，设置养老床位 3000 张，医疗床位 1000 张，由普通护养区、临湖护养区、临湖疗养楼、学术交流中心、老年医院、护理职业学院等组成。

青杠老年护养中心依托重庆医科大学附属第一医院的医疗护理技术，秉持"健康、养生、文化、护养"的服务宗旨，建立了完善的内部循环转区机制：养老区——慢病康复区——重医一院护理院——养老区。设在青杠老年护养中心的"重医一院护理院"成为重庆市第一家纳入医疗保险定点医疗服务范围的护理院，降低了有照护需求老年人的医疗费用；具备较完善的配套生活设施及养老文化娱乐设施，全智能化老年服务体系，无线呼叫定位系统、远程探视系统等。此外，重医一院护理院还拥有一支由医师、护师、营养师、社工师、心理咨询师、护理员、志愿者等组成的专业化的照护团队。

青杠老年护养中心重点针对已经度过了急性期和危重期的病人，不需要过多医疗干预的老年人，提供后期的康复训练和专业护理。通过与综合医院的功能互补，帮助减少了综合医院病人长期"压床"的压力，缩短了平均住院日，也降低了病人的住院费用，同时也解决了养老区老人医疗救治的问题，弥补了下级医疗单位在处理复杂病症时能力不足的问题。

（四）两院一体模式

医疗机构和养老机构同地、同时建设，同时运营。例如青岛胶州市在新建卫生院的同时建立敬老院，统筹规划、统一建设，实行"两院一长"，卫生院院长兼任敬老院院长，从而形成有特色的医养结合型农村养老新区。

（五）支撑辐射模式

支撑辐射模式是指由基层政府进行整合，社区养老服务中心和社区卫生服务机构开展合作，共同为居家老年人提供生活照料、医疗保健等服务。

五、医养结合的服务对象及内容

医养结合是医疗和养老有机结合的新型养老模式，强调通过医疗和养老资源的有机整合，为老年人提供持续性的照顾服务。

（一）医养结合的服务对象

从服务对象来看，医养结合是服务有医疗健康需要的老年人，也为所有65岁及以上老年人建立健康档案；从服务内容来看，主要和医疗、护理、康复相关，也开展照料服务。医养结合的服务对象主要包括以下情况的老年人：

（1）65岁及以上老年人。

（2）急性病恢复期和中、长期康复者。

（3）重症疾病和肿瘤晚期患者。

（4）同时伴有多种慢性疾病，自理能力下降，依赖程度高者。

（5）重度失能、有废用综合征风险者。

（6）中重度及以上认知功能障碍，或者有跌倒、噎食、压疮等高护理风险者。

（7）带有多重慢性病，且病情较为复杂，服用多种药物，存在照顾风险者等。

（二）医养结合的服务内容

医养结合的服务内容不仅局限于传统的一般性生活照料，而是"医、养、护、康"四位一体，其本质是健康服务与传统养老服务的结合，包括院前的健康管理与预防保健、针对疾病的诊疗性医疗服务、急性期出院后的康复理疗、长期照护以及临终关怀等内容为一体的全方位综合性服务模式和服务体系。

六、医养结合的资源整合

医养结合养老服务模式打破了养老服务系统和医疗服务系统各自孤立的现状，实现养老机构、医疗机构、社区和家庭等部门的资源整合，如图1-4所示。由于大型养老机构有足够的资金实力，可以兴办医、养、护一体的高端养老机构；没有充分实力提供医疗服务的中小型养老机构可以承接以自理老年人以"养"为主的服务；特色医院可增设老年病房，以"医"为主。民政和卫生有关部门承担在医疗和养老资源整合过程中指导和监督的责任。

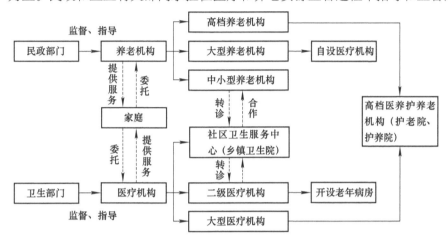

图1-4 医养结合养老服务资源整合路径

第三节 国内外医养结合养老服务机构现状

在我国未富先老及养老、医疗、长期照料服务等社会保障制度不完善的现状下，如何解决世界上规模最庞大的老年群体的养老问题，已成为当前社会迫切需要解决的课题。医养结合作为我国的一种新型养老模式，除了借鉴国外养老经验的同时，还有其深刻的社会背景和现实动因。

一、国外医养结合养老服务机构

发达国家较早进入老龄化社会，各国根据本国国情陆续出台应对人口老龄化的政策，力图实现医疗、卫生、社会服务等多种资源的整合，解决老年人养老难题。国外对"医养结合"尚没有明确的定义，各国实践模式各有不同。日本实行"介护保险"制度，属于社会保险模式；英国为全面福利型医疗制度，推行"整合照护"模式；美国公共医疗只针对贫困等特殊群体，普通人群利用的是长期护理商业保险。

（一）日本

日本对老年人、残疾人的日常生活照料及对其进行的医疗、看护、康复等方面的援助，称之为"介护"，理念旨在维护人的尊严、唤起对生存的信念，使其生活得更加幸福。

20世纪70年代日本开始步入老龄化社会，医疗和照护需求持续扩大，老年人为了获得介护服务长期入住医院，造成医疗资源的浪费，衍生了医疗财政危机。为此，日本2000年开始实施《长期照护公共保险计划》（The Public Insurance Scheme for Long-Term Care，简称 Kaigo Hoken），即介护保险法，通过此法将介护从医疗保险中分离出来，实行以居家照护为主、机构照护为辅的长期照护服务体系。

日本的养老服务经历了从公费医疗到老年人保健，再到现阶段的介护保险制度的演变过程。介护保险法实施之前，老年人照护分别由医疗、福利、保健三个部门管辖，各制度间互不衔接，独立运行，出现了服务项目重复给付等问题。在介护保险制度下原有的老年福利系统和卫生、保健系统被整合为介护服务体系，避免了介护服务给付部门不同造成的制度间、利用者间的负担不平衡，如图1-5所示。

1. 日本介护保险法简介

（1）理念：介护保险法是集医疗、保健、养老以及福利于一体的社会保障制度，以法律的形式强制规定年满40周岁及以上的人群必须缴纳介护保险费。介护保险法将对老年人的照料从之前的个人和家庭行为转变为一种社会保险互助行为，进一步提高了对老年人、残疾人的介护保障能力。

（2）实施主体：实施主体是由市、町、村组成的地方政府，负责介护保险费用的征收、受益者申请及认定、监督运行等。国家和都、道、府、县政府则给予财政上的支持。部分地方为了提高介护事务的管理效率，与邻近的市、町、村联合组成介护事务办理中心，负责联合体范围内的介护保险相关事宜。

（3）保险对象：又称为被保险者。介护保险法规定，凡是年满40周岁的人必须加入介护保险，其中65岁及以上的老年人属于第1号被保险者，40～64周岁且参加介护保险的为第2号被保险者。介护被保险人根据所属不同类别，在介护认定申请、费用缴纳及服务享受方面存在差异。

（4）资金筹集：政府出资50%（中央政府25%，地方政府12.5%，市政府12.5%），40%来源于保险费（根据保险人的资格及收入情况），个人缴纳的保险费占10%。

个人缴纳的保险费分两种，40岁及以上人群缴纳的保险费，属强制性社会保险的一部分，为月收入的0.09%，由雇主和雇员分担；年龄在65岁及以上老年人的保险费从公共年金中扣除，扣除比例与在职人员相比缴费略低。

（5）服务内容：主要包括①居家介护服务，包括访问、上门介护、短期入所生活、疗养介护、特定福利器械出租、购买及利用服务及高龄者的房屋修缮服务等；②机构介护包括以恢复居家生活为目的的技能训练、健康管理、疗养、日常照顾以及部分必要的医疗救助等介护服务；③介护等级，由低到高分为需支援1、2型，需介护1、2、3、4、5型共7个等级，不同等级对应着相应的介护服务。

随着享受介护服务的人群不断增多，介护保险总费用呈逐年递增趋势，给国家财政带来巨大压力。为此，日本政府探讨通过预防性的医疗和介护服务降低相关费用、降低介护保险费收缴年龄、扩大被保险人范围等确保保险经费满足介护服务的正常需求。

2．日本医养结合养老服务机构

日本的医养结合养老设施，包括可以使用"介护保险"的"特别养护老人院"和"介护老人保健设施"，以及由民间运营的"收费老人院"和"带服务的老年人住宅"等。

（1）特别养护老人院，是由社会福利法人和地方政府等运营的公立老年人居住设施，以日常生活护理、功能训练、休闲娱乐等为主，比"收费老人院"费用低，只有需介护等级较高的老年人才可入住。

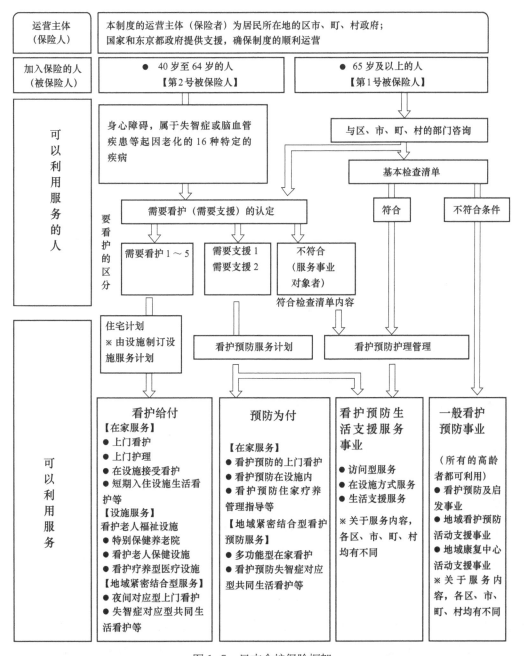

图 1-5　日本介护保险框架

（2）护理院：出院老年人仍需要介护服务的可入住"介护老人保健设施"，能够到享受介护保险。该机构的性质属于医院与居家之间的中途过渡，与特别养护老人院相比，护理院的医疗护理更加全面，有护士、理疗师、营养师等各种专业人士。

（3）收费老人院：多由民间机构运营，为老年人提供介护服务、日常生活服务、功能训练、团体休闲娱乐活动等，需终身介护和健康的老年人都可入住，需要支付一次性的赞助费。

（4）带服务的老人住宅：老年人生活感到不安或需要介护服务的老年人，可以选择入住"带服务的老年人住宅"。入住者可以享受介护保险，对机构的面积、设施、无障碍结构等有明确标准，有护理师和介护福祉士（接受专业培训，获得资格证书的照护人员）常驻，提供24小时巡回访问服务。与收费老人院不同，带服务的老年人住宅需要签署租赁合同，缴纳押金和礼金（费用），不需缴纳赞助费。介护等级较低的老人多选择此类机构。

（5）集体住宅：集体住宅以其所在地的市、町、村居民为服务对象，供患有失智症老人小组共同居住、生活。住宅有独立居住空间，也有集体活动空间，老年人在专业人员的帮助下，根据个人能力分别承担做饭和清洁等工作。此模式的最大特征是老年人能够享受家庭氛围，费用也比收费老人院低。

（二）英国医养结合养老服务机构

英国早在20世纪30年代就已进入了老龄化社会，是世界上较早进入老龄化的国家。为解决日益庞大的老年医疗、护理需求，英国做出了多种尝试。政府于1946年颁布了《国民健康服务法》，1948年建立NHS（National Health System；NHS）体系，向国民提供免费、全面、平等的医疗服务，构建了全民福利型医疗体制模式；1990年推行《国民健康服务与社区照护法案》，开始了社区照护实践；2010年《解放NHS白皮书》提出"医养结合"改革，整合养老服务资源。

英国医养结合并没有被单独列出来，而是融合在全民医疗体系中，NHS与居家、社区和养老机构相结合，提供医疗和护理服务，以及远程护理、长期护理等延伸服务，通过全民医疗来体现对老年人医疗护理的保障。虽然二十世纪八十年代开始实施社区照顾政策对机构养老照顾带来一定的冲击，但机构养老仍然是生活不能自理老人的照顾方式之一。

1. 理念

英国有关医养结合的养老理念包含距今已有50年历史的"社区照护"和近10年来逐渐形成的"整合照护"。"整合照护"是欧洲国家提出的政策理念，是针对老年公共服务中医疗护理和养老照料的"双轨制"提出的资源整合方法，以此消除传统卫生部门和社会服务部门的分割状态，提供资源的利用率和服务质量。

英国的"整合照护"理念是指将基本照护、社区照护和社会照护，以被照护者为中心，进行资源整合，建立各机构的联合，以提供连续的、高质量的照护服务，主要为老年人提供助养、生活护理、医疗及社会服务等综合服务，是从老年人的生活到医疗，直至死亡的一个全程照护概念，如图 1-6 所示。

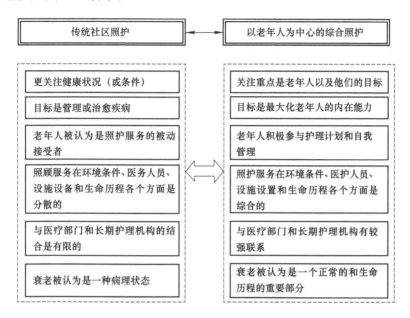

图 1-6 传统社区照护与以老年人为中心的综合照护的区别

2. 法律支撑

英国养老服务具有完善的法律和体系支撑，拥有相对成熟的社会医养服务与保障体系，主要包括医疗照护服务体系和社会服务监管体系。

（1）医疗照护服务体系：英国的医疗照护服务体系由国家卫生服务体系与地方政府社会服务部门（Social Service Department；SSD）共同组成。NHS 提供医疗相关服务，如初级医疗、专业治疗、居家护理等。SSD 负责地方养老资源配置、管理与提供各类社会福利，如日间照料、送餐服务、家政协助等。

（2）社会服务监管：英国设立专门机构对医养服务质量进行监督和评估，以促进服务水平的提升，如英格兰的照护质量委员会（Care Quality Commission；CQC）和苏格兰的照护服务监察会（the Care Inspectorate），具体负责境内服务机构管理、评估和监督。

3. 英国医养结合养老服务机构的类型及服务内容

（1）机构类型：英国养老服务机构建设重视医疗功能的配置，大多具有准医疗机构的特征，主要包括具有医疗服务的养老院（care home with nursing）、老年养护院（nursing care home）、日间照护中心（day care centre）、老年护理公寓（sheltered housing with nursing）、专业失智照护机构（nursing home for dementia）和医养社区（lifetime care community）等，所提供的养老和医护服务各有侧重。

（2）服务内容：不能自理老年人入住配置医护功能的慢病管理机构，侧重提供医疗保健和理疗等服务；失智症老年人入住失智症专门照护机构，以心理疏导、认知训练等专业照护为主；较大较综合的机构，除了配套完善的居住、商业服务、休闲娱乐等功能外，还需内设规模适当的综合性医疗机构。

（三）美国医养结合养老服务机构

20世纪60年代，由于老年人口的增加、需长期照护的老年人长时间占用医院床位等原因，促使美国政府于1965年起实施老年人法案，通过医疗照顾计划（Medicare）和医疗救助计划（Medicaid）支付入住护理院老年人的照护费用。但是，由于缺乏相应的管理标准和监管机制，导致其管理出现杂乱无章的局面。1992年，美国重新修订了老年人法案，规定实施长期照护监察员计划，监察员通过个性化服务促进了服务质量的提高。

美国医养结合养老服务体系主要包括医疗照顾计划、医疗救助计划、长期照护保险（long term care insurance）、自付（out of pocket）等四种形式，这些项目涉及老年人的住院、护理、日间照护、家庭服务等一系列医疗和养老服务。医疗照顾计划不包括生活照料服务，无法满足老年人的医疗、护理需求；医疗救助计划准入条件苛刻，只有在政府规定的、生活在最低贫困线之下的救助对象才能获得此项保障；因此，商业护理保险比较普遍，已成为美国健康保险市场上最为重要的产品之一，但高额的保费将大部分老年人拒之门外。

1. 美国医养结合体系

（1）医疗照顾计划：由联邦政府筹资的公共社会保险项目，主要为65岁及以上老年人提供住院及医疗服务，分为强制参加的Part A（医疗保险）及自愿参加的Part B（补充性医疗保险）、Part C（医疗照顾优势计划）三部分。医疗照顾计划主要用于支付医疗费用，也包括与住院治疗有关的临终关怀及短期医生家庭访视服务。

受益者共有三类人群：①65岁及以上老年人；②不满65岁但符合某些条件的残障人士；③需要接受透析或肾移植的晚期肾衰竭患者。其中65岁及以上老年人所占比例最大，其次是残障人士，晚期肾病患者所占份额最小。

（2）医疗救助计划：由联邦政府与州政府共同出资的社会健康保险项目，是公共长期照护服务的重要组成部分。此项目需经过严格的审计审查，为低收入群体提供服务，是养老机构、护理之家、日间照护机构以及居家照护的最主要公共资金来源，服务内容根据各州的具体情况决定。受益者只有在"花尽"或耗尽个人资产后才可获得医疗救助计划的服务。部分州要求受益者个人支付少量的服务费用。

受益者主要包括绝对贫困、医疗贫困及其他特困群体。受益资格认定方式有两种：①发卡制——州政府医疗服务机构为低收入者发放医疗救助卡；②追认制——未持有医疗救助卡的低收入者就诊时由医疗服务机构根据其收入、财产等信息追认其医疗救助受益人身份。救助资金的投入各州差异较大，主要取决于该州医疗救助人口的规模和服务项目的多少。

（3）长期照护保险：美国的长期护理保险属于商业性质的健康保险，依据个人的意愿自愿购买保单，供求关系由市场决定。政府不承担经济责任，不干预市场保险公司的经营，只负责监管市场，制定与长期照护保险相关的法律法规。

不同承保方式的长期护理保单，其保险金的给付方式也有所不同。例如护理保单为独立签发，保险人在给付保险金时允许被保险人在最高给付、给付期和等待期这三种方式中选择一种；如长期护理保单作为终身寿险批单签发，保险金给付方式一般以按月给付居多。当护理费用给付额累计达到寿险保额的 50% 左右时，承保人停止支付，余下的寿险保额部分在寿险保单到期时给付保单受益人。

2. 美国医养结合养老服务机构

美国的医养结合养老服务机构根据自身设施及入住者需求提供相应服务。各州服务内容有所不同，供应商根据各州的规定进行运营管理。

（1）成人寄养照护（Adult Foster Care）：为不能独立生活的老年人群体提供 24 小时的住宿、膳食及洗澡、进食、药物治疗等个人照护活动。

（2）生活辅助设施（Assisted Living Facilities；ALF）：生活辅助设施不是护理院的替代机构，而是为需要中等专业性照护的人员提供长期照护服务的机构，主要提供膳食、个人照护、药物治疗援助、家务、洗衣、24 小时保护、急救和社会服务等。

（3）持续照护退休社区（Continuing Care Retirement Communities；CCRC）：是一种复合式的老年社区，可提供不同阶段的照护活动，适合身体健康、现在可以独立生活且希望今后每一个阶段都得到照料的老年人。一个典型的 CCRC 通常由三部分组成：独立生活住宅、辅助生活住宅以及护理院。社区提供生活配套设施，入住者如丧失独立生活能力可在家中或移至生活辅助设施接受相应照护服务，如有必要也可入住社区的护理院。

（4）护理院（nursing homes，Skilled Nursing Facilities；SNF）：提供 24 小时的专业性医疗、照护及监护服务，如个人照护、住宿、药物治疗、临床护理、日常生活照护，也提供物理、作业及语言治疗，可为急性病恢复或康复患者提供短期护理服务，也可为慢性病或认知功能障碍者提供长期的 24 小时持续护理或监护服务。

二、我国医养结合养老服务机构

为应对人口老龄化的全球挑战，20 世纪 90 年代末，基于老年人的自身需求理论及对健康的科学认识，世界卫生组织提出了健康老龄化的全球性发展战略目标。健康老龄化的国际倡议为"将健康的概念延伸到老龄化过程中，从医疗保健和老龄化过程中的健康问题着眼，将重点放在提高大多数老年人生活质量，缩短生命带病期，使老年人以正常的功能健康地存活到生命的终点上"。该倡议不仅号召力强，且现实意义较大，因此很快成为国际共识并引起了广泛探讨。

在我国人口老龄化的大背景下，随着老年人身体机能的衰退，其生活自理能力降低及慢性病并发的问题逐渐凸显。我国将健康老龄化的国际理念延伸到养老保障领域，以健康老龄化为最终目标而适时提出的"医养结合，健康养老"与我国老龄工作政策"五有"方针中的"老有所养，老有所医"这一理念相符。我国医养结合养老模式在健康老龄化的全球发展战略下更具有中国特色和实践意义。

（一）我国医养结合发展历程

2013年9月，《国务院关于加快发展养老服务业的若干意见》正式发布，是我国养老服务业发展史上的里程碑式文件，明确将"积极推进医疗卫生与养老服务相结合"纳入未来养老服务业发展的六大主要任务。同年，《国务院关于促进健康服务业发展的若干意见》出台，也明确提出"推进医疗机构与养老机构等加强合作"等内容，与前者一起推动医养结合理念在国家层面的深化，成为医养结合政策创制的第二项国家指导政策。

2014年，我国医养结合进入了实质化发展阶段。根据国务院关于"卫生管理部门要支持有条件的养老机构设置医疗机构"的要求，原国家卫计委（现为卫生健康委员会，以下简称卫健委）于10月印发了《养老机构医务室基本标准（试行）》和《养老机构护理站基本标准（试行）》的通知，在医养结合的规范化和模块化发展方面推进了一步。11月，财政部印发《关于减免养老和医疗机构行政事业性收费有关问题的通知》，通过减免行政事业性收费等方式，缓解了养老机构在医养结合发展中的资金压力，有利于医养结合在养老机构的深入化开展。

2015年11月，原卫计委发布了《关于推进医疗卫生与养老服务相结合指导意见的通知》，是国家层面上关于医养结合的专门性指导文件，也为医养结合事业发展指明了方向。通知提出，建立健全医疗卫生机构与养老机构合作机制，鼓励社会力量兴办医养结合机构，鼓励医疗卫生机构与养老服务结合发展，进一步确保了医养结合事业的有序发展。

2016年，民政部和卫健委联合发布《关于做好医养结合服务机构许可工作的通知》，简化了办理流程，有利于为养老人员提供医疗服务。2017年6月，国务院办公厅印发《关于制定和实施老年人照顾服务项目的意见》，从我国国情出发，对医养结合养老机构立足老年人服务需求，明确了老年人照顾服务工作的指导思想、基本原则和重点任务。

2018年3月，国务院办公厅公布了《国务院机构改革方案》，组建国家卫生健康委员会，民政部代管的中国老龄协会改由卫健委代管。同年7月，《国家卫生健康委员会职能配置、内设机构和人员编制规定》中提出卫健委负责医养结合政策措施、标准和规范。上述调整统筹了医疗和养老两大领域，将进一步促进医养结合的快速发展。

（二）我国医养结合养老服务机构现状

我国医养结合起步较晚，医养结合养老服务机构试点主要以上海、苏州和青岛为主要代表。

1. 上海推行多样化医养结合模式

上海现行的医养结合多样化的养老模式主要包括以虹口川北街道敬老院为代表的养老机构内设医疗机构；以红日养老院为代表的养老机构与医疗机构合作；以虹江老年护理院为代表的医疗机构内设养老床位。

上海出台了一系列政策扶持医养结合发展，较为典型的是2015年8月发布的《关于全面推进本市医养结合发展的若干意见》，提出推进养老机构医养结合发展、促进社区居家医养结合发展、发展专业的老年医疗护理、加强老年康复与中医药服务等具体措施，要求加强养老设施与医疗卫生设施的统筹，全面推进医养结合发展，以此强化老年照护统一需求评估，加强人才培养，完善基本医疗保险保障，健全工作机制，完善激励机制，加强督促检查并开展工作。

2. 苏州实施机构、社区和居家三层次医养结合模式

苏州市沧浪区"虚拟养老院"和民营养老护理院分别开启了居家养老和机构养老的先河。苏州市于2015年8月出台了《关于加快发展医养融合养老服务的实施意见》，从制度层面打通了医疗与养老服务之间的融通渠道，正式开启了建设苏州市医养结合养老服务体系的快速发展：医养结合养老服务的发展立足于老年人的需求；政府主导推动其发展；兴办护理院、促进养老机构转型；建设机构、社区、居家三位一体的无缝体系。

苏州市的机构医养结合以康复、慢性病人或失能老年人为主要服务对象。社区医养结合以社区日间照料中心、农村老年关爱之家和社区托老所为服务主体，为本社区内老年人提供服务。居家医养结合主要面向散居老年人提供服务。例如昆山市于2012年全面实施家庭医生制度，为老年人提供健康管理等服务。

3. 青岛推进医养结合养老机构

青岛是我国较早进入人口老龄化的城市之一。围绕老有颐养、病有良医的目标，青岛提出打造国际健康城市，加强医养结合顶层设计，建立了"政府主导、部门负责、融合发展、全面覆盖"的服务模式，初步实现了医、养、康、护一条龙服务。

青岛市建立了"医中有养，养中有医，医联结合，养医签约、两院一体、居家巡诊"的医养结合模式：

（1）医中有养：鼓励二、三级公立医院转型为老年医院、护理院或开设老年专护病房，提供医养结合型医护服务，形成层次清晰、分工明确医养结合服务新体系。

（2）养中有医：在养老机构中建立医疗机构，共同开展医养结合服务。

（3）医联结合：大型公立医院与社会开办的医养结合型医疗机构建立医联体，是青岛市在医联体建设中有益尝试。对于没有条件办医疗机构的养老机构，由医院承担养老机构的医疗服务。

青岛市医养结合服务的基本形式

医疗资源和养老资源结合的基本形式包括养老服务组织增设医疗服务功能、医疗机构增设养老服务功能、养老服务组织与医疗机构合作等。鼓励各种形式的医养结合服务机构采取家庭病床、巡诊等方式提供上门服务。

1．养老服务组织增设医疗服务功能

（1）养老服务组织（养老机构和居家—社区养老服务组织）可以根据相关准入标准，通过增设医务室、护理站、护理院、护理中心、康复医院、康复医疗中心等方式增设医疗服务功能。养老床位数量达到100张以上的养老机构，应当设立医务室或护理站等医疗机构设施。

（2）养老服务组织增设医疗机构设施属于社会办医范畴的，按照青岛市《关于加快社会办医和促进健康服务业发展若干意见》（青政办发〔2016〕12号）等相关规定，享受资金支持、土地规划、税费优惠等政策扶持。（《青岛市关于做好医养结合服务机构许可工作的通知》青卫家庭字〔2016〕8号）

（3）社区－居家养老服务组织可以根据相关准入标准开设医务室或护理站。在社区老年人日间照料中心开设的医务室或护理站，可无偿或低偿使用房屋和相关设施设备。（《青岛市促进医养结合服务发展若干政策》青政办字〔2016〕48号）

2．医疗机构增设养老服务功能

（1）医疗机构可以根据相关规定设置养老床位，向老年人提供生活照料、膳食、医疗护理、康复护理、心理关怀、安宁照护等养老服务。

（2）医疗机构增设养老设施并取得养老机构设立许可证书的，享受养老机构建设补助、运营补助、保险补助和税费优惠等政策扶持。（《青岛市关于做好医养结合服务机构许可工作的通知》青卫家庭字〔2016〕8号）

（3）医疗机构可以向社区和家庭提供医疗、养老等延伸服务。

（4）基层的社区医疗机构可以增设托老所、社区老年人日间照料中心、居家养老服务中心，符合条件的可以办理社会服务机构登记，或者卫生计生部门出具证明，享受社区老年人日间照料中心运营补助等扶持政策。（《青岛市关于做好医养结合服务机构许可工作的通知》青卫家庭字〔2016〕8号）

3．养老服务组织与医疗机构合作

养老服务组织与医疗机构的资源进行对接与共享，由养老服务组织或医疗机构与老年人家庭建立签约服务关系，为本社区或周边社区的老年人提供生活照料、医疗服务、心理咨询、健康管理等连续性医疗保健服务和养老服务。

来源：《青岛市医养结合服务基本规范》青民政〔2017〕26号

（三）基于国际经验的我国医养结合养老机构发展趋势

1．构建"整合照护"模式

国际上倡导的"整合照护"包括三个层面，即顶层设计的整合、中层实施主体的整合以及底层服务资源的整合。顶层设计的整合是指政策的衔接，包括医疗、健康、卫生、民政等职能部门出台政策的衔接，以及多部门、多方面的资源调动和调配。顶层设计应本着"以人为本""以被照护者为本"的原则进行，并保持连贯性和一致性；中层的执行主体的整合主要包括医疗机构、养老机构、康复机构、护理机构等在院内、院中、院后的服务连续；底层服务资源的整合是指调动专业护士、康复治疗师、心理咨询师、社工等专业力量，以及社会组织、志愿者队伍等，形成一个庞大的社会照护网络。

2. 建立长期护理保险制度

长期护理服务即"基本养老服务"，是根据失能、失智老年人的特点和需求提供相应的基本生活照料和与之相关的非治愈性护理服务服务。日本等国家从法律的层面上保障了老年人长期护理体系的资金筹集、规范化管理及有效的监督机制。然而我国目前相关法规、条例仍在完善过程中，还需要根据我国国情制定相应的长期护理保险相关政策和规范，进一步明确受益对象、服务供给方式、资金筹集来源、监督部门等，使其做到有法可依，确保照护制度体系能够得到有效的落实。

3. 建立多方筹资机制

建立多渠道筹资机制是提供医养结合服务的重要保障。日本介护保险建立了多方筹资方式，即由政府、企业和个人共同负担，保险基金得到公共财政和个人使用费的补充，同时独立于已有的其他卫生和福利服务筹集项目之外，而英国、美国等筹资渠道主要以中央政府及地方政府税收为主。我国筹资类似于基本安全网模式，将有限的公共资源只提供给少数人群。因此，在筹资体系上可考虑构建由政府、企业、个人及其他志愿者组织组成的多方筹资机制，保证在足够的覆盖率之下，最大限度地解决资金的使用效率问题。

4. 健全人才保障机制

目前世界各国养老机构都面临着专业人才的流失、缺乏规范化管理及认证机制、低工资待遇等问题。日本设立国家资格证制度，在满足不断增多的照护需求的同时又保证服务质量。为了提高老年照护服务水平，应建立健全合理的人才培养体系、评价体系和完善的使用机制、有效的激励机制。

本章小结

随着失能、失智老年人口的大幅增加，医疗卫生服务需求和生活照料需求叠加的趋势日益显著。但是，有限的医疗卫生和养老服务资源以及彼此相对独立的服务体系远远不能满足老年人的需要，他们迫切需要提供医疗卫生与养老相结合的服务。我国将健康老龄化的国际理念延伸到我国的养老保障领域，在此背景下，以健康老龄化为最终目标而适时提出的"医养结合，健康养老"与我国老龄工作政策"五有"方针中的"老有所养，老有所医"这一理念相吻合。医养结合是我国近年来不断探索的新型养老模式，是对传统养老服务概念的延伸和拓展。

医养结合不是简单的"医"＋"养"，也不是不加选择的医养康护功能的整合，它是以评估为导向，围绕老年人服务需求，聚焦重点对象和服务项目，统筹配置资源，为有需要的老年人提供生活照料、健康管理、医疗护理以及突发疾病的应急处置，以医疗服务为支撑的新型社会养老服务体系。

医养结合的模式主要包括联动模式、嵌入模式、医院直营模式、两院一体模式、支撑辐射模式，健康养老、老年保障体系的整合、服务的连续性和动态性、服务的经济性是其特征。

实训设计指导

分组或独立完成。如以分组形式完成，每个小组通过网络分别查找医养结合养老服务模式五种类型中的一种，参考以下要求提交 800 字左右的书面报告。

1. 各类型的医养结合养老服务模式体现了医养结合的哪些特征？

2. 各类型的医养结合养老服务模式的优缺点是什么？

3. 就各个类型的医养结合养老服务模式提出未来的发展方向。

思考与练习

1. 某机构是实现"养老、护理、医疗、康复"为一体的养老院，拥有 2000 个床位，内设医院、自理养老区、康复护理区，食堂和老年活动中心。由于公办养老机构的定价低，难以满足部分老人的个性化需求，而民营资本投资养老机构积极性又不高，因为初期投入很大，回报周期长。在这种情况下，由政府建设，由民营资本来运营，既能满足政府兜底保障需求，也能发挥市场化机制。某机构面向社会所有老年人，满足老年人需求，努力提升服务质量。老年人入住时，先由医生、康复师、营养师等组成评估团队，对老年人进行健康评估，从而确定入住后的饮食、活动方案。

请根据上述案例回答以下问题：

（1）某机构属于哪一种医养结合养老模式？（　　　　）

    A. 联动模式　　　　B. 两院一体模式　　　C. 嵌入模式　　　　D. 支撑辐射模式

    E. 医院直营模式

（2）某机构由政府建设，民营资本来运营，属于以下哪种机构类型？（　　　　）

    A. 公立养老机构　　　　　　　　　B. 民办养老机构

    C. 民办公助养老机构　　　　　　　D. 公建民营养老机构

    E. 公办民营养老机构

（3）该案例中以下哪项没有体现医养结合的特征？（　　　　）

    A. 健康医疗　　　　　　　　　　　B. 老年保障体系的整合

    C. 服务的连续性和动态性　　　　　D. 医疗与养老的简单相加

    E. 服务的经济性

2. 根据民政部《老年人社会福利机构基本规范》，以下不属于养老服务机构的是（　　　　）。

    A. 老年福利院　　　　　　　　　　B. 敬老院

    C. 老年公寓　　　　　　　　　　　D. 公建民营养老机构

    E. 托老所

3. 简述医养结合的资源整合路径。

第二章　医养结合养老机构的运营

🖐 **学习目标**

识记： 1. 简述医养结合养老服务的竞争战略。

　　　 2. 简述医养结合养老机构服务流程的特征。

　　　 3. 简述医养结合养老机构设施布局的原则。

理解： 1. 理解医养结合养老机构服务流程的影响因素。

　　　 2. 理解医养服务的服务期望与感知。

　　　 3. 理解医养结合养老机构室外、室内的设计。

运用： 1. 能够针对某一医养结合养老机构的特征设计出合理、有效的服务流程。

　　　 2. 根据地理、服务对象的数量、已有同类服务设施、外部环境等综合因素，对养老服务机构进行科学选址。

🖊 **学习重点难点**

1. 医养结合养老服务竞争战略。

2. 影响医养理想服务、适当服务的因素。

3. 医养结合养老机构服务流程设计。

4. 医养结合养老机构设施的布局。

 导入案例与思考

　　木下集团成立于 1956 年，在日本养老服务领域享有较高的知名度。在集团的各类业务中"木下护介"的营业额一直处于不断增长状态，在同类市场中名列前茅。"木下介护"具有自身特色的运营服务模式，主要体现在两个方面：第一、业务发展区域都市圈化，在人口密度高的商业圈开展业务，可以有效地招徕到目标顾客，易于把握顾客群体的实际需求，并实施适应市场的运营方案；第二、运营服务策略，为顾客提供"多价位的选择"和"多样化的介护服务"。

　　"木下介护"开展的养老服务设施类型包括护理型收费老年公寓、住宅型收费老年公寓、服务型高龄者住宅、认知症老人之家、短期入住设施等。该集团在日本介护保险制度实施之前就已开展养老服务业务，对日本政府制定养老行业资金支持或政策扶持有一定的示范作用；最大化地减少初期设施建设费用；总部对所有养老设施实施集中物业管理，对旗下所有养老服务人员进行统一培训，提高服务人员整体和综合素质，保证所有设施服务水平的一致性。请思考以下问题：

（1）"木下介护"利用了哪些服务竞争战略？

（2）"多价位的选择"和"多样化的介护服务"满足了老年顾客的哪些服务期望和服务感知？为什么？

（3）"木下介护"在设施选址上考虑了哪些条件？这些条件有哪些优势和不足？

运营是一个"输入——转换——产出"的过程，即投入一定的资源，经过一系列、多种服务形式的转换，使其价值增值，最后以某种形式的产出提供给社会的过程，体现了医养结合养老机构社会存在的基本功能和客观必要性。良好的运营是保证机构提供高品质、高效率医养专业服务的基本手段。

第一节 医养结合养老机构的服务战略

医养结合养老机构的服务战略是指机构在一定发展阶段制定的、带有全局性的规划，以服务为核心，以老年人满意为宗旨，实现机构长远发展的动态体系。服务战略是为达成服务机构与服务环境二者间动态平衡关系的一种长远规划，是为服务机构创造区别于竞争对手的竞争优势。

一、医养结合养老服务的特征

医养结合养老服务（以下简称医养服务）通常以服务包的形式出现，包括医疗与养老设施、康复辅助物品等有形要素，以及显性服务和隐性服务等无形要素。具体可表现为护理老年人的行为过程、创造家庭般的温馨氛围、对老年人的尊重和提供情感方面的支持所带来的心理与精神上的满足等。

（一）医养服务消费的无形性和不可重复性

衣服、家电等物质产品可以反复"使用"，但养老服务、医疗与护理服务、机构氛围等无形服务产品则无法重复"消费"，且下一次的"消费"和上一次的"消费"也可能是不同的。

（二）无形服务产品无所有权且易于被模仿

由于医养服务方式、服务过程、养老氛围、医护人员对老年人的尊重等无形要素必须展现在服务对象的面前，有些无法申请专利，易于被其他机构模仿。如果医养服务机构想保持其服务产品的独特性和差异性，必须不断创新。

（三）医养服务质量不稳定，并难以衡量

由于医养服务产品的无形性和个性化特征，使其具有一定的不稳定性。服务质量的评

价主要取决于两个方面：①服务提供者的服务技术和情绪，因人、因时、因地而异；②老年人的情绪、心态、偏好、对服务的了解与配合程度等。

（四）不便于展示、试用、转售和退货

在商场内的商品展示于货架上，可以试穿、试用，不喜欢可以退货或转售他人。但是，医养服务则无法将老年人实际消费的服务产品"展示"出来，也无法试用或退货。

（五）购买医养服务产品依据的是经验和信任

在商场购物可依据商品的颜色、款式、手感等判断其好坏或适合程度，从而决定是否购买。但购买医养服务时无法通过物理特性来判断，而是通过消费经验或对服务机构品牌的信任。

二、医养结合养老机构服务的基本竞争战略

基本竞争战略是由美国哈佛商学院的大学教授、著名的战略管理学家迈克尔·波特提出的，分为成本领先战略、差异化战略、集中化战略。医养结合养老机构可从这三种战略中选择一种作为其主导战略：①把成本控制到比竞争者更低的程度；②在机构服务中形成与众不同的特色，让老年顾客感觉到所提供的服务比其他竞争者具备更多的价值；③机构致力于服务某一特定的市场细分、某一特定的产品种类或某一特定的地理范围（如图2-1所示）。

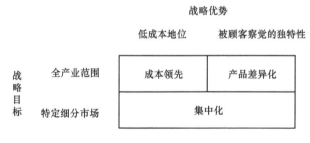

图2-1　基本竞争战略

（一）成本领先战略

随着老年顾客群体对质量价格比日益关注，低成本成为服务竞争的有力优势，且能够获得高于行业平均水平的收益。但是，成本领先战略并不意味着仅仅获得短期成本优势或者削减成本，而是通过低成本地位来获得持久的竞争优势。

1. 寻找标准化老年顾客

医养服务机构推广服务的"日常性""通用化""标准化"，使服务需求走向标准化。例如，许多家庭健康保健服务可以将常规服务标准化，以维持低成本。

2. 降低人力成本

人力成本是可变成本，而固定成本可以随销售量的扩大实现摊薄。资本用于购买设备可以提高效率和稳定性，例如利用智能机器人为老年人提供服务，从而降低机构人力成本。

3. 服务营运非现场化

许多医养服务具有现场化特点，即只有老年人在场的情况下才能完成，而有些服务项目即使老年人不在场，服务也可以完成，以实现服务营运非现场化。例如，通过物联网、云计算、大数据、智能硬件等新一代信息技术优化医养资源，实现智慧养老，在降低成本的同时提高医养服务的质量水平。

（二）差异化战略

差异化战略的核心在于创造一种与众不同的服务消费感受，使老年顾客感受到所接受的服务是独一无二的。差异化有很多载体，包括机构形象、医疗与护理技术、养老服务特色、机构规模等。差异化战略不能忽视成本，而应基于目标顾客可承受的成本水平，明确细分市场，吸引目标老年顾客，建立顾客忠诚度。

1. 无形服务的有形化

医养服务本质上是无形的，且不能给老年顾客留下一些有形的提示物。服务的无形化通常会使服务记忆随服务感受的消逝而淡忘，而有形产品却由于其空间上的有形性，使其能够回忆起使用这个产品带来的效用。例如为老年人提供的日常用品印有机构的标志，或者护理人员身穿印有机构标志的工作服，既能体现其专业性，又能够让老年顾客了解和识别机构。

2. 个性化服务

机构尽力满足老年顾客特殊要求的个性化策略可以用低成本来赢得顾客的高满意度。例如入住机构的老年人可能患有不同种类的慢性病，根据评估使血糖高的老年人避免食用高糖食物，痛风的老人避免摄入动物内脏、海鲜等食物，就可以实现个性化服务。

3. 降低风险策略

由于医养服务的无形性、专业性和复杂性，服务的感知风险远高于有形产品。例如有的老年顾客缺乏医养知识，会出现担心或产生有风险的感觉，影响对机构的忠诚度。经常与老年人及其家属探讨病情、照护方案等，使其获得"安心感"，机构就会获得更高的顾客忠诚度。

4. 关注员工培训

提升员工在专业技术、知识水平、服务态度等方面的能力，是机构服务质量持续提升的保证，也是其他机构难以超越的竞争优势。

5. 高质量策略

高质量对医养结合养老机构而言可以体现在员工专业素质和文化层次、服务程序的清晰度、服务的专业性、同事合作的熟练程度等方面。

（三）集中化战略

集中化战略是针对某一特定顾客群体、某一特定市场区域或某一特定区域的市场，服务于一个较窄目标市场，比致力于较宽市场的机构更有效率。在此目标市场中，机构可以更加有效满足老年顾客需求和提供质优价廉的服务，以达到差异化的目的。例如有的机构只针对失能、失智老年人提供服务，使服务更具有专业化、个性化。

案例 2-1　　失能老人的医疗养老服务成本

　　辽宁省某老年医疗养护中心利用社区卫生服务中心的医疗资源，开设了一所"护养结合"的小型养老机构，实行"社区医院＋养老院"的医养结合形式，依托社区卫生服务中心，由专业医师和护士进行日常医疗管理与服务。

1. 养老护理费用

　　由于失能老人缺乏相应的自理能力，在护理方面需要养老机构投入专业的护理人员为失能老人提供护理服务，在护理费用上需要失能老人承担较大的比例。该养护中心虽然利用社区卫生服务中心的医疗资源，但是由于失能老人的入住需要设置24小时护理人员。高强度的护理工作需要养老机构支付较高的护理费用，而这些费用由失能老人承担。另外护理费用会随着失能老人的年龄、病情等因素而变化，尤其是病情严重、年龄高的失能老人的护理费用更高，甚至远超其退休工资。

2. 医疗费用

　　失能老人的最大开支是各种医疗费用，如购买药品、保健品的费用以及各项身体检查的费用等，治疗费用是医疗成本的主要部分。基于身体机能退化，老年人一旦失去自我管理能力就难以获得康复的能力。例如，患有脑瘫的老年人每个月的治疗费用占所有开支的一半；其次是各种检查费用和床位费。相比一般的养老机构，医养结合的养老机构在床位费上没有多大的变化，而对于各项检查的费用则比较高，这主要是机构需要定期对养老人员进行身体检查，以此监控与记录其健康状况。

3. 失能老人的社保报销比例费用

　　辽宁省出台了关于允许医养结合养老机构实施医保报销的制度，对于在此类机构就医的老年人可纳入到医保报销范畴。但是，由于医保种类不同，支付医疗费用的方式不同，相应的报销比例也不同。有城镇职工养老医疗保险的老年人费用报销比例最高，因此相对自己支付的金额就比较少，从而减轻了经济负担。而参加新型农村合作医疗的老年人保险报销比例相对比较低，加上个人经济能力的限制，入住医养养老机构的积极性就不高。

4. 生活必需品的费用

　　失能老人各项生活必需品费用是养老服务成本的重要构成之一。对失能老人刚性需求费用支出结构分析：①失能老人的饮食费用。虽然在饮食上相对比较简单，但是由于失能老人的特殊性，需要食用高质量的食物，以此保证身体机能的恢复与保持身体健康。②失能老人的各项自我护理费用的开支。以常年瘫痪的老年人为例，由于缺乏自我行动能力，对个人护理物品的需求比较大，需要定期购买相应的护理用品。

三、医养服务的期望与感知

医养结合养老机构要与老年顾客建立更加稳定、长久的关系，应尽最大努力增加顾客价值，提升顾客满意度，从而建立老年顾客对机构和品牌的忠诚度。期望与感知是老年顾客满意的关键，它们之间的差异是满意的具体程度和具体体现，即感知效果低于期望值表现为老年顾客的不满意，感知效果等于期望值表现为满意，感知效果大于期望值则表现为很满意，甚至是感动。

（一）医养服务的期望

期望是评估服务绩效的标准和参考点，满足老年顾客的期望是医养服务所传递的目的，在传递高质量医养服务的过程中了解老年顾客的期望是首要的，也是非常关键的一步。

1. 医养服务期望的类型

（1）理想服务：老年顾客想得到的服务水平，代表了期望的绩效水平。理想服务是老年顾客认为"可能是"与"应该是"的混合状态。

（2）适当服务：老年顾客可接受的服务水平，代表了最低的、可接受的绩效水平。老年顾客对某次服务使用经历，或者平时从媒体、广告处接收到的对于某种医养服务的正面或者负面的报道等会影响老年顾客的适当服务水平。

（3）容忍区域：理想服务和适当服务水平之间为容忍区域，此区域可扩大也可缩小。随着医养服务竞争的加剧，老年顾客最低容忍水平在不断提高（如图2-2所示）。影响容忍区域的因素主要由以下几种：

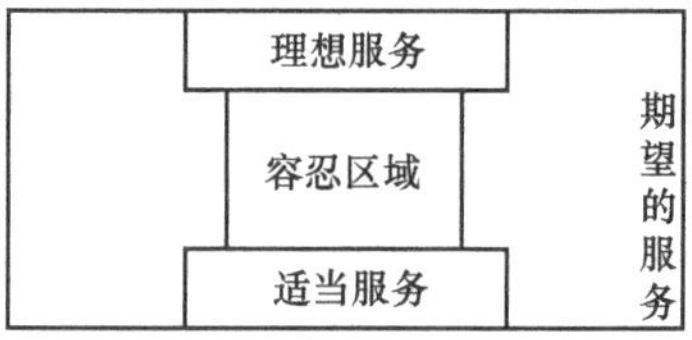

图 2-2　顾客的容忍区域

1）不同的老年顾客有不同的容忍区域：由于老年顾客个人的需要、自身感受到的服务角色不同，容忍区域可大也可小。家庭成员总体的容忍区稍低于老年人，即他们对服务的评价标准比老年人更加严格。

2）不同的服务维度与特性导致不同的容忍区域：老年顾客通常对重要服务的期望值更高，重要服务维度的容忍区域小，理想服务和适当服务的水平提高。例如长期卧床的老年人，照护的要点之一就是不发生压疮（即压力性溃疡、褥疮）。

3）初次服务与服务补救使容忍区域不同：老年顾客通常在接受初次服务时容忍区域宽，补救时容忍区域窄。

4）明确的服务承诺导致容忍区域不同：明确的服务承诺可以降低顾客的风险，但同时使服务的容忍区域变窄。

2. 影响医养服务期望的因素

老年顾客的期望与其受教育程度、价值观、个人经历等因素有关。

（1）影响理想服务期望主要有个人需要和持续性的服务强化两个因素，如图2-3所示。

1）个人需要：对老年人的生理、心理健康十分重要的状态或条件，是形成理想服务水平的关键因素。例如入住机构的老年人能从服务人员那里得到多一些的关心和个性化服务是非常重要的。

2）持续性的服务强化因素：部分老年顾客对服务的要求比其他人更多、更高，主要是受到派生服务期望和个人服务理念的影响。派生服务期望受到其他人的驱动时产生，如子女打算为自己的父母选择养老机构时，其选择可被其他家庭成员所驱使。

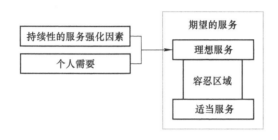

图2-3 影响理想服务期望的因素

（2）影响适当服务期望的因素。一般来说，与理想服务期望相比，影响适当服务期望的因素本质上是短暂的，主要包括暂时服务强化因素、可感知的服务替代物、顾客自我感知的服务角色、环境因素、对服务的预测等，如图2-4所示。

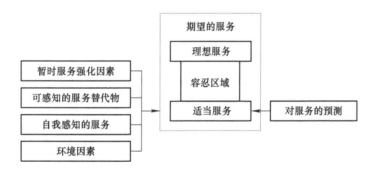

图2-4 影响适当服务期望的因素

1）暂时性服务强化因素：通常为短期的、个人的因素，使老年顾客更加意识到对服务的需要。迫切需要服务的老年人遇到紧急情况时会提高适当服务期望的水平，尤其是在认为所需要的是服务在可以接受的反应水平时。例如，老年人因脑卒中紧急住院治疗，家属认为应在短时间内尽快解除昏迷状态，如这一需要得到满足，其适当服务水平就会提高。

2）可感知的服务替代物：是指老年顾客可以获得服务的其他服务提供商，如顾客有多个机构可供选择，其适当服务期望就会比那些相信在其他机构不能得到更好服务的顾客要高。

3）自我感知的服务角色：是老年顾客对所接受的医养服务水平施加影响的感知程度，

即期望是部分地通过他们认为自己在服务接触中对服务角色表现的好坏而形成。当老年顾客没有履行自己的角色时，其适当服务期望就会降低，容忍区就会变宽。例如老年人没有按照医嘱进行康复训练时，则有可能将并不理想的康复结果归咎于自己，从而就会表现出不满和抱怨。

4）环境因素：是指老年顾客认为在服务交付过程中不由服务组织所控制的条件，如天气、灾害等。环境因素暂时降低了适当服务的水平，扩大了容忍区域。

5）对服务的预测：是老年顾客相信有可能得到的医养服务水平，是对即将进行的交易或交换中可能发生事件的预测。如果预测服务好，对适当服务水平的期望有可能比其预测服务差时要高。

（3）影响理想服务和适当服务的因素。影响理想服务的因素还包括明确的服务承诺、含蓄的服务承诺、口头交流、过去的经历。这些因素同时还影响老年顾客对服务的预测，进而影响着适当服务，如图2-5所示。

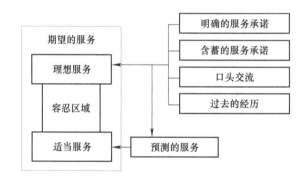

图 2-5　影响理想服务和适当服务的因素

1）明确的服务承诺：明确的服务承诺是机构传递给老年顾客关于服务的个人和非个人说明。员工承诺为个人说明；广告、宣传册等为非个人说明。做出承诺时应准确地描述最终能够实现的服务内容。过高的承诺会提高老年顾客的理想服务水平和预测服务水平。

2）含蓄的服务承诺：即与服务有关的暗示，可以使老年顾客推断出服务会是什么和将是什么？比如高价格暗示着高服务水平，顾客的期望也会越高。

3）口头交流：即专家、朋友等对服务的评价，由于不是由机构直接发表的，被认为是没有偏见的、透明的。

4）过去的经历：即老年顾客以往的服务体验。如果原来体验好，对服务的预期就高。例如，老年人曾经入住过某养老机构并得到了良好的服务体验，那么当他再次入住时，就会对其产生较高的期望。

（4）老年顾客服务期望模型。综合上述内容，即可构成老年顾客期望模型和影响因素。通过这一模型，管理者需要指导顾客群、顾客细分群或者某一位特定顾客的有关期望来源及其相对重要性，如图 2-6 所示。

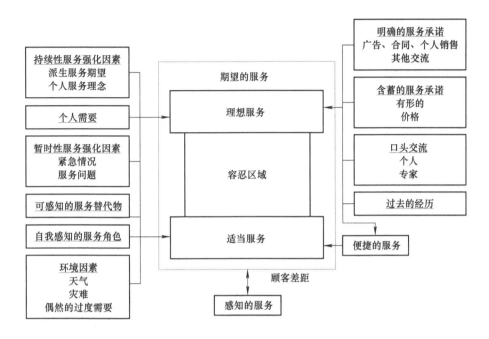

图 2-6　顾客服务期望的模型与决策因素

医养结合下老年人医疗消费行为影响因素

——以某市三个社区为例

以某市三个社区 203 位 60 岁以上老年人为对象进行调查，对影响该地区老年人的医疗消费行为和消费意向进行系统分析，结果显示医疗消费行为意向受行为态度、主观规范、行为信念和规范信念的共同影响。

（1）老年人的医疗消费行为意向首先取决于对看病的行为态度（喜好程度）。这种喜好取决于对看病结果的预期和评估。老年人对医疗消费结果越乐观，则越愿意去进行医疗消费。

（2）老年人的医疗消费行为意向受到其所处的社会网络中各类社会关系的影响。有两极分化的典型特征：一部分老年人受传统观念影响，认为身体不适和病痛是很正常的自然老化，无法通过治疗解决，并受限于经济、交通、人力等条件，而尽量避免医疗消费；而一些社会保障较完善的老年人却存在过度医疗消费情况。

老年人认为医疗消费会受到一定社会压力，其中最主要的是来自邻居，其次是社会大众和亲戚朋友。作为最亲密的老伴和子女，反而是压力来源最小的一部分。邻居对老年人的医疗消费行为意向是负面作用，现阶段社区环境中老年人的医疗消费观念存在误区。

（二）老年顾客的服务感知

老年顾客在消费服务时，会把对服务的感知与其消费前的期望相比较，以评价服务的好坏。因此，管理和提升顾客的感知尤为重要。老年顾客对服务的感知包括感知服务质量、顾客满意感和感知价值三个互相联系的内容。

1. 老年顾客对服务的感知层次

一般情况下，老年顾客根据服务质量及其体验到的总体满意程度来感知服务。对服务的感知包括四个层次，即对单次服务接触的感知、对多次服务经历的感知、对某一家机构的感知、对某业务行业的感知。

不同层次的服务感知之间相互影响、相互联系。如老年顾客接受医养服务时，对该次服务所接触质量的感知会影响其对该机构整体服务质量的感知，对该机构服务质量的感知，会影响他对整个医养行业的感知。

2. 老年顾客感知的服务质量

由于服务的生产和消费无法分割，服务质量在服务生产和服务消费的互动过程中形成。因此，服务或多或少是一个主观体验的过程。如果老年顾客实际体验到的服务绩效高于服务期望，感知到的服务质量就好，反之亦然。老年顾客体验到的服务质量由技术性服务质量、功能性服务质量两个部分组成，通过机构形象发挥作用，如图2-7所示。

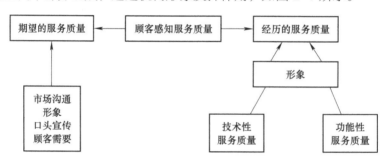

图2-7　顾客感知服务质量

（1）技术性服务质量。技术性服务质量涉及服务的结果，表明老年顾客在与机构的互动过程中得到了什么，如老年人在养老机构得到了想要的生活照料、康复效果良好等都是服务的结果。顾客对服务结果质量的衡量通常是比较客观的。

（2）功能性服务质量。功能性服务质量涉及服务的过程，即服务传递给老年顾客的方式以及对服务过程的体验，与"老年人——机构"互动的"关键时刻"密切相关，并影响老年人对服务质量的感知。功能性服务质量反映的是"如何"得到服务，例如老年人如何获得所需要的医养服务，医疗、护理、康复项目是否纳入医保，老年人用餐是否需要排长队等待等，都属于服务的功能性服务质量。功能质量一般难以用客观标准来衡量，老年顾客通常会采用主观的方式来感知功能质量。

（3）机构形象。机构形象也影响老年人感知服务质量的形成，是老年顾客对养老服务质量感知的过滤器。如果在老年顾客心目中的机构形象不好，服务的失误对老年顾客感知服务质量的影响就会大。如果形象良好，那么即使服务当中出现了一些小的失误，老年人也会予以原谅，但若失误频频发生，那么机构的良好形象就会受到损害。

3. 影响老年顾客服务感知的因素

老年顾客的服务感知是将所接受的服务同优质服务的一种比较，发生在服务的全过程。老年人对医养服务的感知包括机构无法影响的因素、机构可以影响的因素和机构必须管理的因素。

（1）机构无法影响的因素。

1）经历前的事件：包括老年顾客对服务的期望、感知和理解，受个人经历和需要等因素的影响。

2）老年顾客的情感：积极或消极的感情或心情，会直接影响老年顾客对服务过程的体验和感知，并对服务的满意感造成正面或负面的影响。例如由于心情不好，老年顾客就会对良好服务视而不见，并容易对服务质量的任何小问题都反应过度或感到失望。

3）老年顾客对服务的重视程度：对服务重视程度高的老年顾客会对服务的预期相应较高，对服务的容忍区间相对较窄。重视服务的老年人对工作人员的每个服务细节都会给予关注，有时会明确提出自己的意见。

4）同伴的影响：即对平等或公正的感知。例如，老年人会自问："与其他老年人相比，我是不是被平等对待了？""与我花费的金钱相比，我是否获得了相应的服务？"诸如此类问题。

5）经历后的事件：老年顾客对服务的评价对养老市场形象有很大的影响，而这种评价可能会受到其他人和其他相关机构服务的影响。比如，老年人会把经历过的不同养老机构、医院的服务进行比较。

6）环境因素：是指老年顾客认为在服务消费过程中不由机构控制的外部条件。

（2）机构可以影响的因素。

1）老年顾客的需要：老年顾客的需要会直接影响到对服务的满意度评价。如日本木下集团旗下的介护公司针对顾客的不同需求提供了"多价位的选择"和"多样化的介护服务"，养老服务内容针对不同顾客的经济条件或身心状况而量身定制，确保了广泛的老年顾客群体的需要。

2）对服务属性的评价：对服务属性的评价会直接影响老年顾客对服务的满意感。例如，一家医养结合养老机构的重要服务属性包括拥有娴熟专业技术的医护人员、心理支持、机构的适老化设计、房间如家庭般的温馨氛围、合理的价格等。老年顾客对上述服务属性的评价会影响到对该机构的满意感。

3）对原因的评价：加强与老年顾客的市场沟通，找出服务成功或失败的原因。当老年顾客被服务结果（服务比预期的要好太多或差太多）所震惊时，他们总是试图寻找原因，对原因的界定能够影响其满意感。例如，接受康复训练的老年人在寻找康复效果不好的原因时，"究竟是康复计划不合适还是自己没有严格地执行计划？"对原因的评定会影响顾客的满意程度。

4）老年顾客感知到的风险：老年顾客预测的服务风险对满意度有很大影响，连锁经营的品牌往往有助于消除这种潜在风险。

（3）机构必须管理的因素。

1）市场份额：市场份额越大，提供的服务也越标准统一化，难以体现服务的差异化与个性化，也意味着更低的顾客满意。例如，有些小型养老机构，所占市场份额虽小，但努力满足老年人的个性化需求，顾客满意度也就越高。

2）供给要素：医养服务的技术性服务质量和功能性服务质量、环境、服务人员的技能和态度等会直接影响老年顾客的满意度。

3）服务提供过程：服务过程越复杂，员工与顾客的接触越多，出错的可能性就会越大。医养结合是高频率接触的服务行业，发生失误和顾客不满意的概率也就更大。

4）适当的唤起水平：机构对老年顾客及其家属所做的培训和引导，有助于老年顾客更好地了解机构服务，形成更好的服务接触，提高满意度。如老年人入住之前，机构对其进行风险评估，并介绍由于老年人的生理、心理特征，易出现跌倒、噎食等意外等相关知识，一旦出现此类问题会降低老年顾客及其家属对机构的不满。

5）成本与价格：服务定价的高低，会通过老年顾客的期望对满意感产生影响。定价越高，对服务期望就越高，服务容忍区域就会变窄，从而对服务质量更加挑剔，使老年顾客满意的难度也随之提高。

6）形象价值：某一行业的顾客期望值受到其他行业所设定的服务标准的影响，老年顾客会根据其他类似服务行业的标准来评估某一家服务组织所提供的服务质量。

4. 顾客感知战略

机构可以针对医养服务的内容以及影响顾客感知的因素，设计增强感知的战略，主要包括市场研究、服务接触管理、服务证据管理、企业形象和价格策略等。

（1）市场研究：医养结合养老机构应通过市场研究，持续评估和监测老年人及其家属满意感和服务质量，寻找老年顾客感知的具体影响因素，并将其作为员工培训、薪酬制度、组织结构、财务管理等其他战略的依据。

（2）服务接触管理：服务接触的每一个片段（接触点）对顾客感知都是关键的，尤其在医养接触点较多的服务业，只要有一个接触点产生负效应，就可能破坏顾客对服务的整体感知，甚至造成顾客流失。因此，机构须管理好服务接触的每一个环节，追求"零失误"或100%顾客满意。对顾客满意或不满意影响大的服务接触技巧有以下几种：

1）补救技巧：是指员工对服务传递系统的失误（如送餐延误、发错药物），以何种方式反应，如诚恳地道歉、迅速对顾客做出相应补偿等。

2）适应技巧：是指员工在与老年人接触过程中，对满足个性化、差别化的服务需要等是否重视和如何适应。例如，日本木下介护公司通过培养护理计划师、生活援助员，根据老年顾客需求提出新方案及新服务，有效地提升了老年顾客群体的满意感。

3）自发性：是指员工积极地、创造性地、自发地提供某些"额外服务"，即老年顾客存在对医养服务的潜在需要，却自己并未意识到或不好意思提出的服务。这种自发行为使顾客感到服务提供者对自己的尊重和关怀，产生惊喜和愉悦的感觉。

4）接触问题顾客：问题顾客是指那些不愿与机构合作、不愿使其行为与其他顾客和公共规范保持一致的顾客。例如，对于患有失智症老年人来说，由于其认知功能减退和精神行为症状的出现，常被认为是"问题顾客"。此时，机构需加强护理人员的专业知识培训，掌握遇到问题时的应对原则和方法。同时，老年人一旦出现异常行为，服务人员须尽量保持冷静，不要被顾客的情绪所影响。

（3）服务证据管理：机构可以利用服务的证据（参与者、有形展示和服务过程）来影响老年顾客的感知。机构选址以及内部的温度、灯光、指示牌、服务人员的仪态等，都是影响顾客服务感知的证据。对服务证据进行管理，需要与服务接触点的管理结合起来。

（4）机构形象和价格管理：机构形象影响老年顾客的服务感知。形象是指机构的理念和行为在老年顾客心目中留下的印象或记忆。为树立形象，机构可以进行广告、公关活动和宣传报道，但应追求真实，避免做出过度的承诺。

机构形象更多是通过老年顾客在服务消费过程中每个关键时刻的体验逐渐积累起来的。因此，机构加强对服务环境、服务接触细节、服务人员技能和态度、服务流程这些服务体验要素的管理。

第二节　医养结合养老机构的服务流程

服务流程是老年顾客感受到的、由机构在每个服务步骤和环节上为老年人提供的一系列服务的总和。老年顾客会对服务流程的每一个环节做出评价，加以汇总后得出一个完整的评价结果。提高服务流程的合理性、有效性是老年顾客满意的关键，机构应精心设计和有效管理服务流程。

一、医养结合养老机构服务流程的概念

服务流程是服务组织向顾客提供服务的整个过程和完成这个过程所需要素的组合方式，如服务行为、工作方式、服务程序和路线、设施布局等。从运营管理的角度出发，服务流程可视为服务组织对服务对象——顾客和必需的信息与材料进行"处理"的过程的组成方式。

服务对象、服务要求的不同和竞争态势的差异，要求服务组织在服务流程的选择上作出战略性的决策。准确到位的决策是在服务所需求的复杂性（难易程度）和多样性（选择性）基础上所制订的。

服务流程是一种特殊的流程，是以服务为输入输出的流程。在服务流程中，应将重点放在服务的本质上；顾客是服务型组织所有决策和行动的着眼点，在进行服务流程设计时应重点考虑顾客的需求。

服务流程比以产品作为输出的流程更为复杂。产品流程更关注能否高效地生产产品，追求效率与成本间的权衡，而服务流程关注于能否为顾客提供满意的服务，追求顾客满意度与成本间的权衡。此外，在服务流程设计中还应考虑一些特殊因素，如服务组织与顾客间的互动经常会对服务流程绩效产生不利影响。但是，满足顾客的独特需求就意味着存在互动和满意。

二、医养结合养老机构服务流程的特征

由于医养服务的特殊属性，服务流程呈现服务的复杂程度高、差异性大、专业化程度高、服务过程中有服务对象直接参与等特征。

（一）医养服务的复杂程度高

这是指服务流程中评估服务步骤数量和复杂程度的指标。医养服务既包括养老也包括医疗，服务种类多样化，提供服务的复杂程度也高。

（二）医养服务的差异性大

这是指服务流程中服务人员顾客化的程度和主观判断的空间，老年顾客的需求差异大，需要较高的个性化服务。机构应考虑自身特点，设计不同的服务流程，提高老年人的满意度。

（三）医养服务的专业化程度高

对医养服务来说，完成工作需要较多的专业性、灵活性和判断力，在员工和老年顾客之间也要适时地进行沟通交流。由于医养服务过程无固定模式可循，且未被严格界定，因此需要高水平的技巧和分析能力。为了使老年顾客满意，员工应被授予一定的自主决策权。

（四）医养服务过程中老年顾客的直接参与

在医养服务过程中老年顾客会对服务环境有较详细的了解。当老年顾客与员工直接参与服务时，员工处理问题对于保证服务的成功，提升顾客满意度具有十分重要的意义。

三、影响医养结合养老机构服务流程的因素

医养服务流程由"接触面"和支持系统两部分组成。其中"接触面"是指机构和老年人直接接触的服务流程，其他流程则属于支持系统流程，不直接与老年人接触。

（一）"接触面"流程的影响因素

医养服务"接触面"反映了老年人与机构的直接接触，能体验到的服务流程特性也产生于此重要的直接接触过程。

1. 服务流程中的顾客

医养结合服务的生产过程与消费过程的同步性决定了老年顾客或多或少都要参与到服务过程中来，服务体验具有即时性、瞬间性、实地性的特征。因此，在服务过程中某一环节出现差错，都会使老年顾客对服务不满意，从而对服务流程产生负面影响。

2. 与老年顾客接触的员工

接触顾客的员工，即一线服务人员的作用很重要，在关键时刻须通过观察、问答及对顾客行为做出反应以识别顾客的个性需求，同时应进一步地追踪服务质量，在发现问题时及时采取对策，从而对服务流程产生正面影响。

3. 老年顾客直接接触的服务系统

老年顾客直接接触的服务系统包括排队系统、护理站、安全报警系统等。此类系统都会影响服务流程，并且对服务流程的质量有双重影响。首先，由于老年顾客与系统进行互动才可以获得所需服务，所以这些系统直接影响老年顾客对服务流程质量的感知。例如，当老年人及其家属面临要求填写入住机构的文件、健康评估过于烦琐复杂时，就会觉得服务流程的质量较差。其次，服务系统对员工的作业也有影响，如果这种系统太陈旧或太复杂，操作的员工可能会感到困惑或烦恼，对员工情绪产生负面影响，导致服务流程质量下降。

4. 有形资源和设备

有形资源和设备构成服务流程中的服务环境组合，包括提供服务的场所布置等，老年顾客、员工、运营系统及资源在此环境中的相互作用。老年顾客在此环境中感觉到自己参与服务流程时的难易程度，以及服务环境是否友好等，如机构进行以怀旧为主题的环境设计，提供适老家具、如厕扶手、健身器材等，这些有形资源无形中提升了老年顾客对服务流程质量的感知，从而对服务流程产生正面影响。

（二）支持系统流程的影响因素

支持系统指的是为"接触面"提供支持的流程，其影响因素主要包括信息系统支持、管理支持、物质支持等。

1. 信息系统支持

信息系统支持强调服务流程中的处理系统。例如，有效的老年人档案管理、护理管理系统可以满足及时进行快速决策及日常照护的要求，也可以为接触老年顾客的护理人员方便快捷地提供信息服务。

2. 管理支持

管理支持强调对整个服务流程的管理。管理支持决定机构文化，以及机构的共享价值、思考方式和工作群体、团队和部门的工作情况。如果管理者的管理决策或方式出现问题，整个机构就无法正常运行，进而影响服务流程。

3. 物质支持

物质支持是指完成支持工作所必须具备的物质、设备等。与老年顾客接触的员工所提供的服务，还需要无法被顾客直接看到的各职能部门的物质支持，例如化验设备或洗洁、消毒设备等，这些设备出现差错时也将对服务流程产生负面影响。

四、医养结合养老机构服务流程的设计

医养结合养老机构服务流程的设计主要有两种方法：一种是按生产线方式提供服务，比如按照一定流程完成的各项护理操作，以保证稳定的服务质量和高效地运转；另一种是鼓励老年人及其家属积极参与——自助服务法，允许他们在服务过程中扮演积极的角色。

（一）生产线方式

生产线方式是指将制造企业的生产线流程和管理方法应用于机构的服务流程设计与管理。制造业的操作工人各自在生产流水线上完成一定程序的操作，效率高，且不易出现差错。鉴于这种方法的优点，许多医养服务机构引进此种方法，用来指导医养服务流程的设计和管理。

1. 服务系统设计的生产线方式特征

（1）劳动分工：生产线方式要求将全都工作进行分解与分类。例如以各种护理活动为中心的功能制护理，即将护理活动按照功能分类，每个护理人员从事相对固定的护理活动，治疗护士主管病房的治疗活动，基础护理护士承担老年人的各种生活护理。在护理人员有限的情况下，劳动分工可以显著提高服务效率。

（2）用技术替代人力：不断地开发新技术，并用新设备来替代人力，以促进医养服务的效率。例如利用移位机、电针治疗仪等替代人工业务，减少了人力成本和劳动强度。

（3）服务标准化：为老年人提供标准化服务，有利于稳定服务质量。例如对于诊断和预期结果相对明确、病情相对单一的常见病，提供标准化的治疗和护理。

2. 服务系统设计的生产线方式效果

（1）明确合理的劳动分工，对工作任务进行简化：把工作划分为各类较为具体的任务，简化每个员工的作业难度，员工只具备相应的一类或几类技能就可完成。这样可以提高服务效率，减少服务差错降低运营成本。

（2）采用各种设施替代服务人员的工作：需在服务生产和提供活动的过程中尽量采用各种设施和技术替代传统服务的人工劳动，具体包括采用机械化和自动化设备、信息系统等硬技术和现代管理系统等软技术。

（3）促使服务标准化：对服务产品进行准确定位，尽量减少可变因素，使之标准化，为老年顾客提供稳定、规范化服务，以达到提高服务效率的目的。

（4）实现服务人员的行为规范化：通过行为规范化提高服务质量的稳定性和服务效率，使老年人都能得到一致的服务，减少人为因素的影响，提高服务质量和效率。

（二）自助服务式

鼓励老年顾客积极参与，使其能够在服务过程中扮演积极的角色，把一些原来由机构承担的工作由老年人自己来完成。老年人变成（合作生产）者而使机构的生产力得到提高，同时老年人的参与也提高了服务定制的程度，进而提高满意度。例如，与患有失智症的老年人共同制订菜单，并共同制作菜肴，既可以达到一定康复效果，又可以让老年人参与到服务过程中，降低了机构的服务成本。

案例 2-3 养老机构医养结合服务流程

养老机构医养结合具体服务流程包括服务接待、老年人能力评估、制订医养结合服务计划、签订服务协议、提供医养结合服务及评估与改进等内容。具体服务流程如图 2-8 所示。

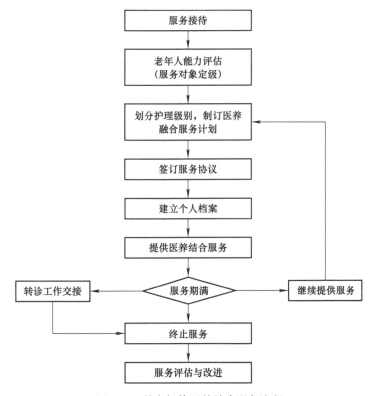

图 2-8 养老机构医养结合服务流程

来源：泰州市地方标准《养老机构医养结合服务规范》DB-3212/T 149-2016

第三节　医养结合养老机构的建筑设计要求

医养结合养老机构的建筑设计既要满足养老需求，也考虑治疗、康复、护理等的医疗需求，保护隐私和尊严，保证老年人的健康生活质量，同时建筑设计还需适应运营模式，保证医养服务的有效开展。

一、医养结合养老机构的设施选址

医养结合养老机构的设施是指医养服务经营得以进行的硬件手段，通常由老年人居住的建筑物、设备、屋顶花园或平台、餐厅等物质实体所构成。所谓设施选址，是指运用科学的方法决定设施的地理位置，使之与机构的整体经营运作系统有机结合，以便有效、经济地达到经营目的。它不仅关系到设施建设的投资和建设的速度，也决定了所提供的产品和服务的成本，从而影响到机构的服务管理活动和经济效益。

（一）医养结合养老机构设施选址的影响因素

设施选址应从系统的观点来考虑。对医养结合养老机构有影响的主要是老年人群体的规模和消费水平，它决定机构的消费量和收入。

1. 是否接近目标市场

设施位置接近目标市场的最大益处是有利于目标人群的就近入住和服务的迅速投放。

2. 市政交通问题

医养机构宜选择交通便捷、方便可达、地势平坦、场地干燥、排水通畅，周边有便利的水、电、通信等基础设施。

3. 区域内老年消费者的医养服务购买力水平

这是影响设施选址的重要因素。一般而言，某个区域的老年消费者收入水平高、人口数量多、消费欲望强烈，则此区域内的医养服务购买力就强，相应的对医养服务消费的需求就大。机构在此类区域选址会有更多的市场机会。

4. 劳动力资源

医养服务业是对劳动力需求较大的行业。失能老年人的行为和心智能力千差万别，机构需提供具有针对性的专业化服务，只有受过专业教育和培训的员工才能胜任此类复杂的工作任务。因此，人力成本所占的比例较大，而且员工的技术水平和业务能力，又直接影响服务的质量和满意度，劳动力资源的可获性和成本是选址的重要条件之一。

5. 自然环境

医养机构应选择在工程地质条件稳定、不受自然灾害威胁、日照充足、通风良好的地段。

6. 与周边的关系

医养机构设施选址尽可能充分利用周边自然环境、现有公共服务资源和基础设施，远离污染源、噪声源和易燃易爆、危险品生产和储运区域，考虑医养工作的特殊性，协调与周边环境的关系。例如新增医疗机构与原有同类、同级别医疗机构之间的最短距离应大于1000米，符合卫生及预防疾病的要求等。

7. 政策、法规条件

在某些国家或地区新建设施可能会得到一些政策、法规上的优惠待遇。在某些情况下，医养机构选址时应能够体现对当地生活习惯、民族习惯和宗教信仰的尊重。

（二）医养结合养老机构设施选址的类型

医养结合养老机构设施选址的类型主要有紧邻型、吸纳型、融合型和依托型。

1. 紧邻型

紧邻型是指以养为主、通过优化选址紧邻医疗机构，在规划设计之初就全面分析、综合考量养老设施项目所在区域中交通的便利性、环境的舒适性、资源的利用性，进而明确其空间布局和形态构成。例如医养机构通过与综合或专科医院签约合作，特约医师定期提供门诊服务和业务培训，与医院合作开通绿色就医通道，在养老设施内备有医疗救护车，适时将患病老人送至邻近医院抢救治疗等。

2. 吸纳型

吸纳型是指以养为主的、通过预留场地吸纳医疗功能。在此模式下，医养机构应着重处理医、养的流线组织、功能配置，并协调两者运营和合作方式。吸纳型模式可以填补周边社区医疗资源的不足，进而提升整体养老服务能力。

3. 融合型

融合型是指医养并行，通过协同发展融合医养功能。以社区嵌入式养老服务模式为主的杭州某养老公寓为例，该养老公寓将养老、医疗功能空间进行重组，开展医疗护理、生活照料、餐饮活动、康复保健等，并共享社区内的配套设施及服务。

4. 依托型

依托型是指以医为主，通过拓展深化依托既有资源，依托医院建立老年康复中心、养护院等养老设施。以致力于失智症诊治和科研的浙江省某医院为例，在运营过程中，该院针对精神类疾病老年人对医院服务有较强的依赖性，充分利用本院专业、优质的硬件资源，将与失智症相关的老年科室抽出并形成相对独立的养护单元。这些养护单元组成特定区域，以服务失智症老年群体为主，实行24小时封闭管理，仍隶属于原有医疗机构，在利用既有资源的基础上充分拓展深化养老功能。

（三）医养结合养老机构设施选址的一般步骤

选址的一般步骤为：地区选择，商圈分析，客源分析，选择适当的地点，比较不同方案选出最佳结果。

1. 地区选择

按照医养机构发展战略，选择若干地区新建或扩建设施过程中应综合考虑所在地区常住老年人口数量及增长趋势、当地经济发展水平、养老资源和服务需求；明确用地控制指标，按建设要求和节约用地原则确定用地面积，建筑密度不应大于30%，容积率不宜大于0.8。

（1）城市设址：城市人口稠密，老龄化程度高，人才集中，交通便利，通信发达，协作方便，动力供应便利，配套设施成熟。但是，市区存在土地资源稀缺，生活成本高，噪音污染大等问题，可面向高龄失能老年人，开发护理型养老设施或社区嵌入式养老机构。

（2）城郊设址：土地资源较为有限，人口密度适中，配套设施相对完善，交通和通信较发达，可开发规模适中、面向高龄老年人的综合型社区养老服务设施。

（3）城市远郊/风景区：具有土地资源充足，人口密度不高，自然环境优越等优势，但是存在交通不便、配套设施不足等问题，可面向健康老年人开发活力老人社区，或"候鸟"式度假养生养老项目。

2. 商圈分析

商圈是指以服务现场所在位置为中心，将向四周辐射所能吸引到的最远顾客距离联结，形成的一个封闭曲线形态，即能够吸引老年顾客入住医养机构所覆盖的地理范围。

例如日本木下集团介护公司的主要业务发展区域为都市圈。该公司把东京城市圈作为设施主要发展区域，主要是由于在人口密度高的商业圈开展业务可以很有效率地招徕目标顾客。

3. 客源分析

周边地区的老年人是医养设施直接的客群来源。提供与收入水平和需求相匹配的医养服务和设施，有助于提高医养机构的入住率。《老年养护院建设标准》中规定："老年养护院的建设规模应根据所在城市的常住老年人口数，并结合当地经济发展水平和机构养老服务需求等因素综合确定，每千老年人口养护床位数宜按19～23张床测算。"

4. 选择适当的地点

经过商圈分析与客源分析之后，要确定在哪片土地建立医养机构。这时要针对医养机构的特点，更深入地分析研究各种有关因素。

（1）尽可能全面考虑选址地点的情况，尽量做到最优选择：为了尽可能接近最多的目标顾客，方便老年顾客接受服务，有些机构将地点选择在城区内，交通方便、基础设施完善、临近医疗设施的地段。例如，日本有料老年公寓通常选址在城市区域中心，靠近大型医院，公寓到车站的距离步行通常在 10 分钟以内。

大型、特大型医养机构可适当远离城市中心区，如周边达不到配套设施要求，可在机构内同步增设相应的功能。建筑规划结构应完整，功能分区明确，出入口、道路和各种室外场地设置须符合老年人特点。有条件的可临近儿童或青少年活动场地。例如，海南某温泉酒店从地面百米以下抽出 45℃ 恒温天然火山岩温泉水，建立火山岩温泉泡池和室外专业游泳池，供入住老年人享用。这项设施使这里成为夏令亲子游的最佳首选地，是周边县市周末旅游的好去处。

（2）选址地点环境的费用：还需要考虑基础设施的建设费用，如环境、道路、超市、银行、药店等，不仅节省建设费用，还可以方便老年人的日常生活，利于维持社会关系。例如，日本木下集团旗下介护公司的初期费用（土地购入及建筑建设的费用）由土地所有者和基金投资者承担，木下作为运营商可以减轻土地与建设资金压力，专心投入设施运营和后期设施服务。

（3）员工生活方便：如果在远离城市的地区设址的，需考虑员工的住房问题；在城市或城郊设址的，要考虑员工上下班的交通问题。

5. 比较不同方案选出最佳结果

在进行以上众多的分析比较之后，机构要根据目前自身的发展状况，结合中长期目标从众多的选址方案中选出最优的一个，以进行后续工作。

二、医养结合养老机构的设施布局

一旦位置和地点选定之后，医养机构应进行服务设施的布局。设施布局是指在一个给定的范围内，对多个活动单元进行位置安排。其目的在于将机构内的各种物质设施进行合理安排，使其组合成一定的空间形式，从而有效地为医养机构运作服务，以获得更好的经济效益。

（一）医养结合养老机构设施布局的原则

设施配置应在时间、成本、技术允许的前提下，安排好服务系统的有形设备。医养结合养老机构的总图布局应与其规模和经营模式挂钩。服务设施布局影响着老年人居住舒适度，也影响着员工的工作动线，与工作效率、劳动强度至关密切。

1. 以人为本原则

由于生理机能的退化和心理状态的转变，老年人对医养机构的要求不同于健康人。设计医养机构时应充分考虑入住老年人的特点，本着"一切为了老年人，一切方便老年人"的"以人为本"原则进行人性化设计，从根本上减少或消除安全隐患，营造安全、舒适、便利的居住环境。

2. 无障碍设计原则

入住医养结合养老机构的老年人大多存在着不同程度的功能障碍，应避免活动场地中出现各种危险因素。充分考虑老年人移动、视力、听力情况，在建筑物的出入口、地面、电梯、扶手、卫生间等进行适老化设计，方便老年人的生活照料与治疗。

3. 弥补性原则

老年人身体功能下降，应通过环境设计帮助老年人弥补其身体机能与生理上的缺陷。例如老年人对明暗转换的适应能力较差，过强的明度反差会造成行动不便，应加强照明的均匀性；居住区的空间、场地、标识性设施宜有鲜明的个性化特征。

4. 安全性原则

老年人在活动中容易磕伤甚至摔倒，所以配置的家具等应该避免锐角和光滑的表面。另外，肌肉力量的减退会导致老年人起卧困难，宜少用沙发、软垫这类难以支撑的家具形式。老年人的安全性应具备五个特征：

（1）易于识别：视觉、听觉等标志应具有明确显示性。

（2）易于控制和选择：考虑老年人伸展、操作等使用的方便性。

（3）易于到达：考虑建筑物、设施、活动场所的可及性。

（4）易于交往：无干扰、无噪音，设置在有利于老年人活动、交往的场所。

（5）无障碍性：防止跌撞、跌倒等意外事故的发生。

5. 适老化原则

在设计中应充分考虑到老年人的身体机能及行动特点，包括引入急救系统等，以满足老年人的生活、照护、治疗及康复需求。适老化设计将使建筑更加人性化，适用性更强。例如考虑到借助拐杖、助行器等老年人的需要，室外人行道路的材料不仅要防滑，而且还要平坦、质地均匀、无反光。

6. 照顾特殊需求原则

失智老年人有时会出现徘徊、妄想、激越等精神行为症状，如与健康老年人在同一场所活动，有可能会发生冲突，需安排专门的护理人员提供照护服务。其活动场所比较理想的布局方式是独立成区，以保障失智老年人的安全，避免打扰其他老年人，同时节约照护人力。

7. 丰富性原则

老年人在医养机构内长期居住，因身体等原因，活动范围较小，接触的事物较为单一。室外活动是老年人开展日常活动的主要场所，在有限的空间内可提供更多的活动可能性。例如，景观绿化场地应充分考虑老年人的参与性，可布置不同类型的园艺种植区、动物区等，让老年人参与劳动，刺激感官，促进身体机能康复。

老年建筑设计理念正在得到不断扩充和完善

从发达国家近百年的老年建筑发展历程中可以看出，老年建筑的设计理念一直在不断扩充和完善，变得更为充实和丰富。例如，从20世纪50年代开始，西方逐步摒弃最早以医院为原型的养老设施建筑设计形式，开始强调养老设施设计的人性化，包括在建筑空间实现居家化（去机构化）、正常化、保护隐私与尊严等设计理念。近几十年来，随着健康老龄化和强调社会融合的设计理念被逐步提出和实践。目前来看，当前发达国家已经形成了较为多层次的、系统化的老年建筑设计理念体系，特点见表2-1。

表2-1　老年建筑设计理念特点

强调人性化	强调健康老龄	强调社会融合
居家化（去机构化）	安全性	设施向周边提供养老服务
正常化	就近医疗	老人到周边社区便捷可达
保护隐私和尊严	空间可识别性	参与丰富的公共活动
舒适性	环境疗法	方便与外部社会交流
个性化、可选择性	刺激五感	促进亲友、青少年参与
自主性、独立性		强调员工、访客参与

（二）医养结合养老机构室外活动场地的布局

1. 出入口

医养结合养老机构的建筑或建筑群应多功能设置，如医疗用房、居住用房、公共活动用房等。各功能区要求不同，有些需设置独立出入口，减少相互之间的干扰。

（1）医疗区有兼顾社区服务，以及急救车停靠和运出医疗垃圾的需要，应设立独立出入口。

（2）自理老年人、失智老年人、失能老年人的服务模式和居住模式不同，其楼栋宜分设出入口。

（3）由于城市主干道交通繁忙、车速较快，主要出入口不宜开向城市主干道。货物、垃圾、殡葬等运输宜设置单独通道和出入口。

（4）大餐厅、多功能厅和教学区等面积较大的公共空间，其位置宜靠近主出入口，或设置独立出入口，并预留外部访客停车位，兼顾对外服务。

（5）老年人是高危疾病和意外伤害事故频率高发的群体，道路系统应保证救护车辆能停靠在建筑的主要入口处，且应与建筑的紧急送医通道相连。

2. 室外活动场地

室外活动场地应保证冬季阳光充足，夏季通风，注重老年人活动的安全性和实用性，营造友善、舒适的室外环境。

（1）根据老年人生理、心理和社会生活的特点，应设置能够满足老年人室外休闲、健身、娱乐等活动需要的室外活动场地，集中活动场地应与满足老年人使用的公共卫生间邻近设置，且需满足乘坐轮椅老年人的无障碍需要。

（2）应避免与车辆交通空间交叉，需保证能够获得充分的日照，宜选择向阳、避风处，避免周边有过高的建筑物。

（3）能够使老年人在室内就能够清楚观看到室外活动的设计为佳，以吸引老年人的注意力，提高其参加室外活动的兴趣。

（4）宜毗邻出入口，使老年人能够观看到进出的人流获得兴趣，也有利于身体虚弱的老年人进行短暂的室外活动，容易达到和返回室内。

（5）屋顶平台可设置花园、小型种植园、休闲茶座等，作为老年人经常活动的场地。

（6）地面应平整防滑、排水通畅，如有坡度，坡度不应大于25%。

（7）室外场地应在室内管理区、前台、公共起居室等室内工作人员或其他人员的可视范围之内，当老年人在室外发生情况时便于及时发现。

3. 室内环境

建筑空间的组织关系反映了空间的流线关系，以及相互间联系的紧密程度。有些空间需要相互邻近以提高服务效率，有些空间需要适当分离，避免影响老年人的居住环境。

（1）公共起居厅：公共起居厅是护理组团中核心的公共活动空间，是老年人开展各类娱乐康体活动、就餐、交往的场所。良好的公共起居厅布局能够吸引老年人到此处活动，可提高整体空间使用率。

1）需要有良好的阳光和视野，宜在较好的朝向，能够保证充足日照，拥有良好的景观视野。

2）营造轻松、温馨环境，备餐台、护理站等功能空间可与公共起居厅邻近融合布置，促进老年人与护理人员共同生活、交流。

3）尽可能靠近主要交通、服务空间，便于护理人员为在此活动的老年人提供服务，同时进行观察；尽可能位于组团中心，便于各居室老年人就近到达。

4）尽可能容纳多样功能，如阅读区、音乐角、电视角、作业活动区等，使有不同兴趣爱好的老年人能够在一起活动、交流。

（2）护理站：护理站是护理人员开展办公、事务管理和为老年人提供日常照料、餐饮、护理活动的空间。护理人员在护理站工作过程中还需要密切观察老年人的活动情况，保持密切视线沟通，因此护理站宜设计为开放形式。

1）位于视线通达的位置，视线尽量能够达到更多的老年人活动区域，如公共起居厅、公共走廊、楼梯电梯、公共服务空间等，以方便照护，节约人力。

2）尽量考虑老年人房间的距离，护理站至老年人房间的服务距离一般不宜超过40m。如果服务距离过长，会大量消耗护理人员的体力，降低服务效率。

3）除具有一定护理功能外，宜有加热食品、提供茶点、清洗餐具等功能。

4）需设置供护理人员记录、监控、开会、查询等办公、管理操作的工作区。同时，周边还需要配置各类后勤服务空间来对护理服务工作给予支持。

5）宜在两个方向就近服务区设置出入口，方便护理人员频繁出入，避免形成袋形空间。

6）工作区与备餐区宜相对独立，工作区宜设置高低台，低台利于护理人员与老年人交流，高台可遮挡电脑、文件等办公物品，保护办公私密性。

（3）老年人居室：老年人居室主要指老年人居住的房间，大多由卧室、卫生间组成，部分还设有厨房、阳台、起居室等，是老年人睡眠、休息和部分日常起居活动的空间。

1）每间居室应按不小于6m²/床确定使用面积。单人间居室使用面积不应小于10m²，双人间居室不应小于16m²。

2）护理型床位的多人间，床位数不应大于6床；非护理型床位的多人间居室，床位数不应大于4床。

3）老年人居住用房的冬至日满窗日照不宜小于2h，宜把南向房间作为老年人居室，但老年人白天通常在公共起居厅活动或用餐，在设计中应加以考虑。

4）居室内应留有轮椅回转空间，主要通道的净宽不应小于1.05m，床边留有护理、急救操作空间，相邻床位的床边间距不应小于0.8m。

5）随着老年人对居住品质要求的提高，建议每个老年人居室配置独立卫生间。护理程度较高的长期卧床老年人使用卫生间频率较低，可考虑合用方式节约造价。

6）坐便器临空侧设上翻式扶手，距坐便器中心线水平0.35～0.4m，放下时上扶手距地面0.7m。坐便器临墙侧设L形扶手，便于老年人借力坐起。

7）设置紧急呼叫器，宜设于坐便器侧前方的墙面上。

8）洗手池下部留空，便于使用轮椅的老年人接近和使用。水池下方的净高不宜小于0.65m。

（4）公共走廊的设计要求。

1）条件允许的情况下公共走廊可适当融合一些功能，尽量满足老年人休憩、交流、锻炼等多种需求。

2）公共走廊的净宽应不小于1.8m，两侧墙体表面之间的距离不小于2m。

3）护理型机构中，由于老年人使用各种助行工具，对走廊宽度要求更高，还须考虑护理床在紧急情况下的通行要求。

4）走廊净高不应低于 2.3m，否则会产生空间压抑的感觉。走廊吊顶可采用适当造型，以丰富空间形式，并具有美感。

5）走廊具备良好采光通风有助于节约照明和空调能耗，排除异味，保持空气新鲜。例如走廊两侧连续设置房间长度超过 20m，且没有直接采光通风条件的，会出现光线昏暗和通风不良的情况。

6）地面材料须防滑、耐磨、防眩光，地毯不能卷曲或材料交接处出现高差，以防绊倒老年人。

7）可利用色彩、图案等的设计进行方向引导和空间界定。走廊两侧宜设置扶手，如宽度不足时至少一侧设置。设置高度在 0.75 ～ 0.85m 之间。

（5）公共餐厅：公共餐厅使用率高，也常用于局举办全院的大型活动，出入流量较大，设置单独出入口可提高疏散的安全性，面积较大的餐厅应保证有两个出入口。

1）餐厅与厨房宜邻近布置，中间通过备餐间衔接，以保证送餐流线不与其他流线交叉。

2）座均面积应考虑轮椅通行、护理人员协助进餐等所需空间。随着机构开业运营时间的推移，入住的老年人不断增多，座均使用面积可适当提高。

3）以收住护理老年人为主的机构，总座位数可为总床位数的 60%，每个座位的使用面积不应小于 $4m^2$；以自理老年人为主的机构，总座位数可为总床位数的 70%，每个座位的使用面积不应小于 $2.5m^2$。

4）可考虑空间的多样化设计，如兼做活动、培训、游戏等功能。

（6）公共卫生间：公共卫生间可供老年人、工作人员、家属、参观者、志愿者等公用，其设备设施的配置应满足多样化需求。

1）由于使用人群身体状况与使用方式的多样性，公共卫生间除采用多人卫生间的形式之外，还可设置一处或多处多功能的独立无障碍卫生间。

2）结合不同空间区域使用需求，合理均匀分布，方便老年人就近使用。

3）如公共餐厅等人员密集、使用时间集中的公共活动空间附件，厕位数量应充足，以满足集中如厕需求。

4）应考虑不同区域独立管理需求，如大型多功能厅、附设于养老机构的日间照料中心等，应为其设置配套卫生间。

5）根据人群灵活选择不同尺寸隔间，应考虑护理人员协助操作与老年人使用轮椅需求。

6）使用轮椅的老年人最好使用专门的独立无障碍卫生间，厕位隔间可采用软帘代替门，以方便进出和照护。

7）根据坐便器的位置设置不同形状的扶手，门侧可安装竖向扶手，以供行动不便的老年人开关门时扶握。

案例 2-4 弗莱堡 St. Carolushaus 老年护理中心建筑设计特色

St. Carolushaus 老年护理中心位于德国西南边陲的弗莱堡市，位于较为成熟的社区当中，与圣文森·冯·保罗圣约瑟夫医院和修女教会旧址仅一街之隔，是一座历史悠久的养老设施。该设施一直秉承着"爱就是行动"的理念为当地老年人提供服务。该中心建筑设计特色表现为以下几个方面：

1．个性化的单元设计

（1）打造环境辨识度：居住单元通过对装饰、色彩、光线、视线等方面的设计强化了老年人对生活环境的感受。为了辅助老年人更好地识别所生活的居住单元，每个单元都以当地人所熟知的广场来命名，单元内的墙壁上贴有这个广场的照片壁纸，老年人用餐的餐垫上也印有相关的老照片，这些图片不仅能够加深老年人对这一居住单元的印象，而且能够唤起老年人的回忆。此外，不同楼层的居住组团还通过家具的主色调加以区分。同时，无论是楼廊还是活动厅都设有大面积的落地窗，充分引入自然光线和室外景观，有助于老年人感知季节和天气的变化。

（2）营造家庭般的生活体验：居住单元的中央设有一个公共的餐起活动空间，老人们日常的用餐、休息和娱乐活动都在这里展开。老人们和护理人员会定期进行讨论，像一个大家庭一样商议每天的活动安排和饮食安排，给老人们充分的自主权来决定每天的生活。餐起活动空间当中设有一个开敞式的厨房，是护理人员为组团内的老人们制作一日三餐的地方。制作过程中，老人们不但能够看到护理人员的每一步操作，而且能够闻到食物散发出来的香味，具有居家生活的气息，而护理人员在做饭的同时也能够照看到组团内的老人们，以一种非常自然的方式达到了节约人力的效果。

（3）关注老年人的心理感受：在居住单元室内空间的布置上，充分考虑了老年人在心理层面的感受。公共的餐起活动空间通过开洞的隔墙和半高的柜子进行了适度的分隔，给在餐起活动空间中的老年人带来踏实稳妥的感受，保证室内的私密性。

2．融入社区的首层公共空间

该中心的首层有很大一部分面向周边社区居民开放，人们可以在这里参加社区活动，获取所需的服务。例如会客厅的一侧临街，另一侧则通向建筑东边的大花园，同时与小教堂前厅相连，最大限度地实现了对外开放，无论是入住护理中心的老年人还是周边社区的居民都能轻松到达。会客厅面积虽然不大，但承担着多种使用功能，包括餐食供应、亲友接待、人员办公、员工培训、对外宣传、保险销售、入住咨询、社区活动等，使用效率非常高，并且颇具人气，深受入住的老年人和社区居民的喜爱。

本章小结

医养结合养老服务多以服务包的形式存在，包括医疗与养老设施、康复辅助物品等有形要素，以及显性服务和隐性服务等无形要素，具有无形性、不可重复性、易于被模仿、不稳定性等特征。具体可以表现为养老护理员护理老年人的行为过程、创造家的温馨氛围、对老年人的尊重和提供的情感支持所带来的心理与精神上的满足等。

服务战略是为达成服务企业与服务环境二者间动态平衡关系的一种长远规划，是为服务企业创造区别于竞争对手的竞争优势。医养结合养老机构的竞争战略有成本领先战略、差异化战略、集中化战略。医养结合养老机构服务流程表现为服务的复杂程度高、服务的差异性大、服务的专业化程度高、服务过程中顾客直接参与等特征。

医养结合养老机构的建筑设计既要满足老年人养老需求，也考虑治疗、康复等的医疗需求，其设计要求更高。设计上的成功与否，直接左右着老年人的入住选择，影响未来运营盈亏情况。在选址过程中要充分考虑是否接近目标市场、市政交通问题、区域内消费者的购买力水平、劳动力资源、与周边的关系以及相关的政策、法规条件。

实训设计指导

分组或独立完成。检索并找出有关医养结合养老机构设施选址的有关政策、文件、标准，选择某一地区，对其商圈、客源、客流量等进行分析比较，确立最优的选址方案。参考以下要求提交1000字左右的分析作业。

1. 选址方案依据了哪些政策、文件或标准？

2. 影响该选址方案的因素是什么？

3. 请对选址地区、商圈、客源、客流量进行分析，最终得出最优方案。

思考与练习

1. 某养护中心与医院相邻。中心建有康复中心、远程医疗健康中心、健康档案管理中心、餐饮中心、老年大学、康体中心等功能板块，是集医、养、康为一体的老年养护基地。管理委员会由入住老年人和中心管理者共同组成，通过入住老年人的参与，获取老人们的意见和建议，及时解决相关问题、改进服务，提高服务品质，提高老年人满意度。

（1）该养护中心采用的服务竞争战略属于以下哪一种？（　　　　）

A. 成本领先战略　　　　　　　　B. 差异化战略

C. 集中化战略　　　　　　　　　D. 营销战略

E. 品牌战略

（2）该养护中心管理委员会由入住老年人和管理者共同参与，以提高老年人满意度属于哪一种增强感知的战略？（　　　）

　　A．市场研究　　　　　　　　　　B．服务接触管理

　　C．服务证据管理　　　　　　　　D．企业形象和价格管理

　　E．顾客情感

（3）该中心的选址类型属于？（　　　）

　　A．紧邻型　　　B．吸纳型　　　C．融合型　　　D．依托型

　　E．辐射型

2．以下哪些不属于医养结合养老机构服务流程的特征？（　　　）

　　A．复杂程度高　　　　　　　　　B．差异性大

　　C．专业化程度高　　　　　　　　D．顾客直接参与

　　E．具有物质属性

3．以收住护理老年人为主的养老机构，总座位数可为总床位数的多少？（　　　）

　　A．50%　　　B．60%　　　C．70%　　　D．80%

　　E．90～100%

第三章　医养结合养老机构的管理

学习目标

识记：1. 简述影响医养结合养老机构人力资源规划的内部因素和外部因素。

2. 简述医养结合养老机构人力资源招聘的原则。

3. 简述医养结合养老机构薪酬管理的类型。

理解：1. 理解医养结合养老机构规章制度制定的原则。

2. 理解医养结合养老机构薪酬管理的原则。

3. 理解医养结合养老机构财务管理的原则。

运用：能运用所学知识拟订医养结合养老机构人力资源规划。

学习重点难点

1. 医养结合养老机构人资资源规划。

2. 医养结合养老机构人力培训与开发、绩效管理。

3. 医养结合养老机构财务管理的原则。

4. 医养结合养老机构财务管理的内容。

导入案例与思考

通过对某医养结合养老机构在职的100名护士调查发现，护士年龄以20~29岁最多，占54.0%。整体文化程度偏低，以高中或中专为主，占69%。职称以初级护士占比例最高，占77%，中级职称仅2名，占2%。护士月收入在2000~3000元的人数占40%，其次为3000~5000元，占比例为25%。80%的护士对薪资待遇表示不满意，认为工作精神压力大、劳动强度大、职称晋升困难等。且大部分护士接受的培训时间每年尚不足七天，在工作中明显缺乏老年护理专业知识与技能。请思考以下问题：

1. 请你对该机构做一份人力资源的规划。

2. 该机构对护理人员的培训和开发上存在哪些问题？为什么？

3. 应对该机构的护士进行哪些方面的培训？

管理的最终目的是为了实现组织目标。医养结合养老机构的管理具有养老机构、医疗保健机构管理的双重特征，需符合科学管理规律，用科学的管理理论、管理方法、管理手段做保证，才能使机构高效运行，提高入住老年人的生活质量。

第一节 医养结合养老机构的规章制度管理

规章制度是国家机关、社会团体、企事业单位在一定范围内为规范人们的行为而制定的一种具有特定约束力和权威性的应用文体。规章制度是一个总的称呼，包括各种制度、公约、章程、条例、规定、细则、守则、办法等。为加强医养结合养老机构的管理和专业活动的有序进行，可根据自身实际需要，制定若干规章制度，使"人有守则、事有章程、言有依据、行有规约"。

一、制定医养结合养老机构规章制度的原则

制定科学有效的规章制度，对工作程序进行规范化要求，指导机构人员开展工作，激励和鞭策人员遵守规则是非常必要的。医养结合养老机构的规章制度是医养机构安全的基本保证，是处理各项业务的标准和依据，制定规章制度应遵循科学性、实用性、员工参与、精简和相对稳定性原则。

（一）科学性原则

医养结合养老机构是根据国家的政策、法规和现代化养老机构、医疗保健机构科学管理的要求，以及医养工作的特点，经过充分的论证，符合客观事物的发展规律，具有科学性、先进性的特征。

（二）实用性原则

制定医养规章制度时，应了解该项工作的全过程及达到的质量标准，根据执行者的职责及应具备的条件，结合医养工作的实际情况，以老年人的利益及安全为中心，通过医养规章制度的实施，达到提高服务质量的目的。

（三）员工参与原则

制定规章制度应充分考虑医养工作的各种情况，吸收不同层次的工作人员参与讨论，广泛征求意见，使有实践经验的一线员工能够充分地发表意见，规章制度实施之时才可容易被接受。

（四）精简原则

规章制度要文字简明扼要，易于理解记忆。医养工作各项制度种类多，对于确定的制度、常规、操作方法等，工作人员都必须掌握执行，才能发挥对医养工作的保障作用。因此，制定的条目不宜过多，必须掌握的重要内容不能遗漏。制定的条目原则上应按工作顺序排列，便于工作人员掌握。

（五）相对稳定性原则

任何一项规章制度都有被员工认识、熟悉、适应和掌握的过程，应保持相对的稳定性，避免频繁改动，否则规章制度不能取得理想的实施效果。因此，规章制度的涵盖面要广，既要满足当前的要求，也要考虑未来发展的需要，以保持规章制度的相对稳定性。

二、制定医养结合养老机构规章制度的方法

规章制度是医养结合养老机构经营、服务与管理的工具。机构内所涉及的重复性或可能重复出现的工作都可以形成制度文件。机构规章制度的制定可采用如下办法：

（一）遵循国家、地方、行业管理规范的基础上制定

制定规章制度之前应深入了解相关的政策法规和行业规范。如制定机构员工管理制度时，应了解《中华人民共和国劳动法》《中华人民共和国劳动合同法》以及其他劳动权益保障法规；制定医养服务管理制度时，需了解《医疗机构管理条例》《中华人民共和国药品管理法》《中华人民共和国执业医师法》和《中华人民共和国执业护士法》《养老机构基本规范》（GB/T 29353—2012）、《养老机构安全管理》（MZ/T 032—2012）等。在深入领会政策法规、行业规范的基础上制定的规章制度才具有科学性、实用性和可操作性。

（二）在总结以往工作经验的基础上制定

根据以往的工作经验、教训，总结经营与管理方面取得的成效与存在的问题，在此基础上制定规章制度，更具有实用性和可操作性。

（三）在充分听取医养机构员工意见的基础上制定

少数人参与拟定的规章制度可能会存在诸多问题，需要广泛听取医养机构一线员工的意见。在此基础上制定的规章制度，内容会更加完善，员工更易理解和接收。此外，听取员工意见的过程同时也是员工学习规章制度的过程，将收到较好的效果。

（四）在借鉴和参考同类机构管理经验、规章制度的基础上制定

借鉴和参考同类机构管理经验和规章制度可以使制定的规章制度更具有先进性和实用性，同时也可以节省时间，但应结合自身机构的实际情况，避免盲目抄袭、生搬硬套。

三、医养结合养老机构规章制度的主要类型及内容

规章制度应当是组织机构产生、经营、服务与管理的工具。目前主要涉及的规章制度类型和内容有以下几种：

（一）部门职能

部门职能的主要目的是明确各部门的分工与任务、应履行的职责、承担的责任和拥有的权限等。部门职能应根据部门设置情况而定，一般可以划分为行政部门职能、后勤部门职

能以及业务管理部门职能。每个部门职能一般由部门名称、上级部门、下级部门、主要职责以及主要任务等构成。

1. 行政部门职能

行政部门主要包括办公室、人事部门、财务部门等。

（1）办公室职能：建立管理组织架构，设置工作岗位，制定和发布机构的相关规章制度，明确职责和工作标准；综合协调各部门、科室的工作，负责公文收发、起草、管理，负责机构的工作动态的收集、审核及发布，负责机构网站的日常管理，负责各级领导和来宾的接待，做好来信来访、突发事件的协调处理等工作。

（2）人事部门职能：制定各类人员的招聘、培训和管理制度，建立各类人员职业健康制度、岗位资质审核制度、绩效考核制度等。

（3）财务部门职能：建立财务制度、资产管理及采购制度等。

2. 后勤部门职能

后勤部门负责制定设施、设备及用品的购置、使用、维保、报废等制度；建立安全管理部门和组织，制定安全管理制度和年度安全工作计划，审查批准安全制度、组织制定并实施安全事故应急预案。

3. 业务管理部门职能

业务管理部门负责制定老年人服务合同管理制度，明确相关内容；建立老年人健康状况评估制度、入住档案和健康档案管理制度；制定服务规范，明确服务内容及质量要求；制定服务提供规范，明确提供服务的时间、地点、内容、环节、程序等；制定服务质量控制规范，明确不合格服务的预防措施，制定服务质量的评价及改进办法。

（二）岗位职责

制定岗位职责的目的是明确各岗位的员工应当承担的工作任务、履行的职责和上下级的关系，使每一位员工知道该做什么、不该做什么、应当达到什么标准或要求、该对谁负责和该承担什么样的责任。岗位职责一般由岗位名称、上下级、工作职责等部分构成。机构主要岗位职责一般包括管理类岗位职责、专业技术类岗位职责以及工勤类岗位职责三类。

1. 管理类岗位职责

管理类岗位职责主要根据机构管理岗位的设置情况而定，如院长、书记、副院长、办公室主任、人事部部长、后勤部部长、科室主任、班组负责人的岗位职责。

2. 专业技术类岗位职责

专业技术类岗位职责如医生、护士、养老护理员、社工、财会以及其他专业技术职称系列岗位的职责。各专业技术职务可根据职称系列进一步分为高级、中级和初级专业技术职务岗位职责。

3. 工勤类岗位职责

工勤类岗位职责如文印员、厨师、锅炉工、水电工、维修工、洗衣工、清洁工、绿化工和门卫等工勤类。工勤类岗位职责也可根据职业资格等级进一步划分高级、中级、初级和技师级岗位。

案例 3-1 　某医疗养老服务中心院长职责

1. 认真贯彻执行党和国家政策、法律法规，领导全院工作。

2. 热爱医疗养老服务中心事业，树立以院为家思想，积极参加生产劳动，带头完成各项经济指标。

3. 制订本院的长期规划和年度计划，并组织实施。对工作要有布置、有检查、有汇报。

4. 教育全院职工树立全心全意为院民服务的思想，提高服务质量，定期检查督促院内各项规章制度的落实。

5. 加强学习，不断提高管理水平和业务能力，深入一线了解情况，及时发现处理问题，严防差错事故发生。

6. 团结工作人员，调动工作人员的积极性，勤政廉洁，做好表率，把单位办成一个团结、活泼、服务优质高效的集体。

7. 加强对财务和捐赠款物的管理和使用，加强安全工作，加强与上下级和有关部门单位的协调，为单位营造一个安全、良好环境。

8. 抓好院内经济，完成全院经营指标。改善在院老年人居住环境，提高老年人生活水平。组织老年人开展形式多样的文体活动，丰富院民的精神生活。

（三）工作制度

工作制度主要依据机构实际工作需要制定出相应的工作、管理与服务规范，明确具体的工作目标、工作任务、工作方法、工作内容、工作程序等。工作制度大致包括以下五类：

1. 行政类工作制度

行政类工作制度包括工作会议制度、人事管理工作制度、突发事件报告制度、行政查房制度、值班制度、接待来访工作制度、消防安全管理制度、食品安全管理制度等。

2. 业务类工作制度

业务类工作制度包括老人入住管理制度、健康评估制度、护理等级评估制度、交接班制度、转诊制度、药品代保管与代发放制度、财务工作管理制度、医疗服务管理制度、护理服务管理制度、其他服务质量管理制度等。

3. 后勤服务类工作制度

后勤服务类工作制度包括物品采购、验收、储藏制度，车辆管理制度，维修管理制度，食堂服务管理制度等。

4．技术操作规程与标准

技术操作规程与标准一般参照国家、行业或地方制定的操作规程，包括服务诊疗规范、临床护理规范、生活护理规范、康复护理规范、营养配餐规范、突发事件应急处理预案、临床医疗及护理、康复服务质量标准等。

5．考核、评价、奖惩制度

考核、评价、奖惩制度既可以参照行业协会标准，也可以根据自身情况制定，一般包括月度、季度、年度考核管理办法。

四、医养结合养老机构规章制度的执行

医养结合养老机构的规章制度是规范工作人员行为，保障医养质量安全的重要保障。规章制度在执行过程中，应做好以下几个方面的工作：

（一）坚持人人平等

规章制度是按规定程序授权制定和发布的，是该机构全面管理的准则，在执行中必须体现公平、公正、公开，确保制度面前人人平等，无论是机构管理者、规章制度的制定者还是员工，都不能凌驾于制度之上。

（二）强化教育培训

在医养服务提供过程中，如规章制度落实不到位，质量安全就会存在隐患。医养机构需定期组织工作人员进行医养相关法规制度、岗位职责、诊疗规范、操作指南的学习和教育，使之充分了解医养工作中面临的风险和潜在的安全隐患，认识执行规章制度的重要性、必要性，提高全员责任意识、安全意识。

（三）加强医养服务监管

员工的职业道德、职业责任、知识水平、技术能力、工作经验、思维方式等都直接影响其医养服务，规章制度是规范医养服务的重要保证。通过监督考评机制，对员工业务水平、工作成绩和职业道德进行定期考核，考核结果与个人奖罚挂钩，与调职晋级挂钩；落实医养安全责任制和责任追究制，完善员工医养行为的监管手段，实施医养安全不良事件报告制度等，推进员工定期考核工作。

第二节　医养结合养老机构的人力资源管理

医养结合养老机构人力资源管理是指运用现代科学方法，对与一定物力相结合的人力进行合理化培训、组织和调配，使人力、物力经常保持最佳比例，同时对人的思想、心理和行为进行恰当的指导、控制和协调，充分发挥人的主观能动性，使人尽其才，事得其人，

人事相宜，以实现医养机构的经营目标。

一、医养结合养老机构的人力资源规划

人力资源规划可以保证劳动力水平的稳定及录用员工的质量，也有助于机构应对未来环境变化，减少未来的不确定性。通过规划人力资源管理的各项活动，使员工需要与组织需要相吻合，形成"高效率——高士气"的良性循环，确保医养机构总目标和战略的实现。

（一）人力资源规划的概念

人力资源是依附于个体的经济资源，用以反映人所拥有的劳动能力，对组织的效益和发挥具有积极作用的劳动能力总和。

人力资源规划是以企业发展战略为指导，以全面考察现有人力资源，分析企业内外部条件为基础，以预测组织对人员的未来供需为切入点，基本涵盖了人力资源的各项管理工作。人力资源的概念包括以下四层含义：

（1）人力资源的制订必须依据组织的长期战略和目标。

（2）人力资源规划要适应组织内外环境的变化。

（3）制订必要的人力资源政策和措施是人力资源规划的主要工作。

（4）人力资源规划的目的是使组织人力资源供需平衡，保证组织长期持续发展和员工个人价值的实现。

医养结合养老机构的人力资源是指医养结合机构里具有一定学历、技术职称，或某一方面具有专长的专业技术人员、管理人员和后勤人员。医养结合养老机构人力资源管理是指为了更好地完成医养机构各项任务而充分发挥人力作用的管理活动，是人力资源有效开发、合理配置、充分利用和科学管理的制度、法令、程序和方法的总称。

（二）医养结合养老机构人力资源规划的影响因素

影响医养结合养老机构人力资源规划的主要有内部因素和外部因素，包括人口和劳动力队伍的变化、经济发展状况、技术变化、法律和法规的约束、机构发展阶段的影响、员工对工作和职业态度的变化等。

1. 外部因素

（1）人口和劳动力队伍的变化：人口的变化将导致劳动力供给的变化，医养机构所需要的具有一定专业技能的人力资源也将随之变化。根据我国民政事业发展"十三五"规划，到2020年每千名老年人口拥有养老床位数达到35～40张，其中护理型床位比例不低于30%，需要更多的养老服务人员。京沪、沿海等经济发达地区养老护理员等岗位对本地人吸引力不足，外地务工人员从事该职业的比例大，导致队伍不稳定，人员流失率高。

（2）经济发展状况：不同的经济发展状况对医养机构人力资源需求产生影响，如人力资源流动成本的变化、流动方向的变化、人力资源结构的变化等。经济发展速度加快，人力资源流入加快，流动成本增加，数量和结构的需求会上升；经济发展速度减缓，则对人力资源数量需求下降，但对人力资源结构的需求会继续上升。

（3）技术变化：医疗、养老的新设备、新技术和新资源的应用，会给医养机构带来多方面的变化，导致对人力资源的需求也发生改变，对人力资源的质量、数量和结构也提出新要求。医养机构需要更多掌握专业知识的人力资源与技术变化相适应，使医养机构的人力资源流动加快。

（4）法律和法规的约束：为保证人力资源活动能够正常有序地进行，政府颁布了平等就业、职业安全与健康、劳动争议、社会保险等一系列法律、法规，对医养机构人力资源活动起到一定规范和约束作用。如2009年人社部颁布《养老护理员国家职业标准》，意在保证养老护理服务质量。但是，由于培训缺乏监督管理等原因，2017年人社部又发文取消养老护理员国家职业资格认定，对养老服务质量产生了一定影响。医养机构在人力资源规划过程中应及时了解相关法律、法规动态，及时采取相应措施。

2. 内部因素

（1）医养机构发展阶段：医养机构在不同发展阶段对人力资源数量和结构的需求也有所不同。在成长期，随着业务的增长和规模的扩大，医养机构对人力资源的需求增加，偏重于员工的开拓性；在成熟期，医养机构对人力资源的质量需求提高，需求有成熟技术、全面型的人力资源；在发展后期，医养机构强调人员的经历和资历。

（2）员工对工作和职业态度的变化：员工对工作和职业的态度反映了社会选择工作的取向和动力，对人力资源招聘、培训和薪金分配都会产生影响。例如人们就业倾向与机构招聘岗位一致，易于应聘到用人单位成为合格员工。相反地，只有提高薪金吸引人才，或对内部员工进行培训，医养机构才能获得足够的人才储备。因此，在人力资源规划中应关注医养机构与所需岗位在社会公众中的吸引力。

（三）医养结合养老机构人力资源规划的内容

人力资源规划由人员分配规划、补充规划、培训规划和补偿规划等组成。

1. 人员分配规划

（1）人力资源晋升规划：将员工放在能够发挥其最大能力的工作岗位上，调动员工的工作积极性，并以最低成本充分利用人力资源。规划过程中需分析各种影响晋升的因素，包括员工的资料、工作成绩、潜力和医养机构的岗位需求因素等。晋升的方式主要有功绩晋升、越级晋升、年资晋升、考试晋升等。

（2）人力配置规划：医养机构内部的人力资源配置主要涉及部门配置和群体配置两种。部门配置是将机构人力资源在各个部门之间进行合理配置，各个部门能够围绕机构的经营目标进行有效的配置，使机构能够在激烈的市场竞争中获得优势；群体配置主要从数量和质量两个方面进行配置。从医养服务的特征来看，工作的协同性较强，合理的配置有利于人力资源竞争心理的激励、人力资源与技术和知识的相互补充、人力资源的分工和协作、团队精神及其作用的发挥。

延伸阅读

《养老机构医务室基本标准（试行）》中的人员配置

国卫办医发〔2014〕57号

养老机构医务室是设置在养老机构内，为养老机构患者提供老年保健，一般常见病、多发病诊疗、护理，诊断明确的慢性病治疗，急诊救护等服务的医疗机构。人员配置如下：

1. 至少有1名取得执业医师资格，经注册后在医疗、保健机构中执业满5年，身体健康的临床类别执业医师或中医类别执业医师。执业医师人数≥2人的，至少应含有1名中医类别执业医师。

2. 至少有1名注册护士。养老机构床位达到100张以上时，每增加100张床位，至少增加1名注册护士。护理员按需配备。

3. 其他药学、医技人员按需配备。

《养老机构护理站基本标准（试行）》中的人员配置

国卫办医发〔2014〕57号

养老机构护理站是设置在养老机构内，为养老机构患者提供常见病多发病护理、慢性病护理、康复指导、心理护理、根据医嘱进行处置、消毒隔离指导、健康教育等服务的医疗机构。人员配置如下：

1. 至少有2名具有护士以上职称的注册护士，其中有1名具有主管护师以上职称。养老机构床位达到100张以上时，每增加100张床位，至少增加1名注册护士。

2. 至少有1名康复治疗人员。

3. 按工作需求配备护理员，注册护士与护理员之比为1:2.5。

《护理中心基本标准（试行）》中的人员配置

国卫医发〔2017〕51号

护理中心应以保障患者安全为基本原则，根据接受护理人员健康状况和实际工作需要，配备相关专业医师或聘用多机构执业医师。应有神经内科、心血管内科、呼吸内科、肿瘤科、老年病和中医等相关专业的医师定期巡视查房，指导或协助处理相关医疗问题。

1. 至少应配备2名具有5年以上工作经验的执业医师，其中，至少有1名具有内科专业副高级及以上专业技术任职资格的医师。

2. 每床至少配备0.6名专职护理人员，其中护士与护理员的比例为1:3~4。

3. 至少配备1名具有主管护师及以上专业技术职务任职资格的护士。设置护理床位达到或超过30张的，至少应配备2名具有主管护师及以上专业技术职务任职资格的护士。若同时提供康复医疗服务，应根据所提供康复医疗服务的需要配备相应的康复医师和康复治疗师。

4. 设置药剂、检验、辅助检查、营养膳食和消毒供应部门的，应当配备具有相应资质的卫生专业技术人员。

5. 护理员应接受过医疗机构或专业机构的系统培训并取得培训合格证书。

6. 所有医护人员必须熟练掌握心肺复苏等急救操作。

7. 有条件的可配备心理治疗师、心理咨询师。

2. 人力资源补充规划

制定补充规划需考虑医养机构今后经营战略发展的需要。在录用普通员工时，应考虑医养机构若干年后对员工的需要，用系统和发展的理念指导补充规划，使医养机构在每一个发展阶段都有合适的人选满足已经出现或即将出现的人力资源需求。人力资源补充的方式包括内部选拔、个别补充和公开招聘。

3. 人力资源培训规划

人力资源培训规划不仅是为部门的局部利益或短期利益服务，更重要的是为医养机构的长期、整体利益服务，为医养机构的经营战略服务，以便更好地满足顾客和市场需要。培训内容主要包括技术能力培训、人际关系能力培训和创新决策能力培训三种。基层员工以技术能力培训为主；中层员工和管理者以人际关系能力培训为主；高层管理者和关键员工以创新决策能力培训为主。

4. 人力资源补偿规划

医养机构根据员工的劳动付出给予相应补偿，有利于激励员工工作积极性与潜力的发挥。人力资源补偿规划可采取现值补偿、保障补偿和期望补偿三种方式。现值补偿包括给员工发放工资、奖金或带薪休假。保障补偿有保险福利补偿、养老福利补偿和抚恤补偿。期望补偿由医养机构股份分配补偿和医养机构股份购买权补偿组成。

二、医养结合养老机构人力资源的招聘

招聘是指通过各种有效渠道，把医养机构所需要的、具有一定技巧、能力和其他特性的申请人吸引到组织的过程。招聘的实质是让符合条件、有潜力的人员对医养机构的相关职位产生兴趣且应聘该职位。招聘规则是否科学直接体现机构的公正、公平，并在一定程度上反映了医养机构的核心价值，对人力资源管理工作有着举足轻重的影响。

（一）招聘的原则

人力资源招聘需遵守客观公正原则、德才兼备原则、先内后外原则、回避原则。

1. 客观公正原则

人事部门及经办人员在招聘过程中，应以客观的态度甄选人才，做到不偏不倚、客观

公正。

2. 德才兼备原则

人才招聘须注重应聘人员的品德修养，在此基础上考察应聘者的才能，做到以德为先、德才兼备。

3. 先内后外原则

人事部门及用人部门在人才招聘中，应先从医养机构内部选聘合适人才，在此基础上进行对外招聘，从而充分运用和整合医养机构现有人力资源。

4. 回避原则

德才兼备、唯才是举是医养机构用人的基本方针，因此对医养机构现有员工介绍的亲朋好友，医养机构应在充分考察的基础上予以选用。与之有关联的内部人员在招聘过程中应主动予以回避，且不能对招聘过程或人员施加压力，以免影响招聘的客观性、公正性。

（二）招聘的基本流程

为了保证招聘工作的科学规范，提升招聘效果，招聘活动一般包括以下几个步骤。

1. 确定招聘需求

由人员需求部门的负责人向人力资源部门提出人员需求报告，人力资源部门对现有人力资源情况进行分析，确认需求数量、岗位工作内容和基本任职资格、期望上岗时间等。

2. 选择招聘来源

招聘来源是指潜在的求职者所存在的目标群体，包括内部来源和外部来源。

（1）内部招聘的来源主要有晋升和工作调换。

1）晋升：通过晋升的方式填补岗位空缺，有利于调动员工的积极性，并有助于个人发展，但易造成"近亲繁殖"。

2）工作调换：在相同或相近级别的岗位间进行人员的调动来填补岗位空缺，如多次调换可有助于员工尽快掌握多种技能，提高工作兴趣，但不利于其掌握某一岗位的深度技能，影响工作的专业性。

（2）外部招聘的来源。

相比于内部招聘，外部招聘的来源比较多。医养结合养老机构的外部招聘的来源主要有学校、其他养老机构或医院保健组织、失业者、外地务工人员等。

3. 制订招聘计划

确定招聘来源之后，即可制订招聘计划。由于内部招聘比较简单，招聘计划大多针对外部招聘。招聘计划的主要内容包括招聘的规模、范围、时间和预算。

4. 选择招聘渠道和方法

招聘渠道是指让潜在的求职者获知企业招聘信息的方式和途径。随着社会的不断发展，机构可选择的招聘渠道日益丰富，主要包括媒体广告、职业中介机构招聘、网上招聘、校园招聘、猎头公司招聘、推荐招聘、申请人自荐等。

5. 回收应聘资料

回收应聘资料过程中，一般会剔除明显不符合要求的人员，从而减轻选拔录用的工作量。经初步筛选后的人员信息，应存入招聘信息库，供以后使用。

6. 评价招聘效果

招聘效果评估的目的是发现招聘过程中存在的问题，提高以后招聘工作的效率和效果。

三、医养结合养老机构人力资源的培训与开发

人力资源的培训与开发实质相同，都是通过改善员工的工作业绩提高机构的整体绩效，但两者的关注点有所不同。培训更多的是一种具有短期目标的行为，目的是使员工掌握当前所需要的知识和技能；开发则更多的是一种具有长期目标的行为，目的是使员工掌握将来所需要的知识和技能，以应对将来工作所提出的要求。

（一）人力资源的培训

培训是人力资源管理的重要内容，有助于改善医养机构的绩效、增进机构的竞争优势、提高员工对医养机构的认同感和归属感、培育企业文化。

1. 培训需求分析

员工培训需求分析是组织确定培训目标、设计培训方案和方法的出发点，可按照组织分析、工作分析和个人分析等三个层次进行（如图 3-1 所示）。

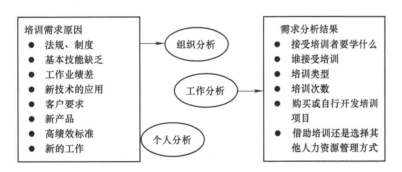

图 3-1　培训需求分析模型

2. 培训管理

为保证培训活动的顺利实施，需要对培训进行科学管理。制订的培训计划应当涵盖六个 W 和二个 H 的内容：Why，培训的目标；What，培训的内容；Whom，培训的对象；Who，培训者；When，培训的时间；Where，培训的地点及培训的设施；How，培训的方法和培训的费用。

延伸
阅读

养老护理员培训设施及考核要求

1. 培训场地及设施

（1）理论培训场地及设施需求。

1）学员人均使用面积不少于 $3m^2$，理论培训场地面积不小于 $60m^2$，总面积满足培训规模的需要。

2）应整洁、干净、安全；多媒体电教设备齐全，含计算机、网线、投影仪、扩音设备；具备条件的可以设录音、录像设备。

（2）技能操作培训场地及设施要求。

1）学员人均使用面积不少于 $6m^2$，至少有 $120m^2$ 技能操作培训场地，总面积满足培训规模的需要。

2）培训场地应整洁、干净、安全，便于开展互动式教学、演示、情景模拟等活动。

3）技能操作培训教室中的专用通用器材、设备和物品的配备应符合《养老护理员培训基地和鉴定站基础标准（试行）》中的要求。

2. 培训考核

（1）考核方式。

1）养老护理员分为理论知识考试和技能操作考试，考试均实行百分制。

2）养老护理师资除理论知识考试和技能操作考试外，还需进行教学能力测试，考试均实行百分制。

（2）考评人员与考生配比。

1）理论知识考试考评人员与考生配比为1:25，每个标准教室不少于2名考评人员。

2）技能操作考试考评人员与考生配比为1:10，且不少于3名考评人员。

3）教学能力测试考评人员与考生采取面对面考核形式，每次测试一名学员，且不少于3名考评人员。

（3）考核时间。

理论知识考试时间为90分钟；技能操作考试时间不少于30分钟；教学能力测试时间不少于20分钟。

来源：浙江省地方标准《养老护理员培训规范》DB33/T 2001—2016

3. 培训效果的评价

培训活动的最后步骤是对培训进行评价和反馈，以监督此次培训是否达到预期目的，且有助于对以后的培训进行改进和优化。评价的方式包括培训后测试、对受训人员进行培训前后的对比测试。

（二）人力资源的开发

人力资源的开发是在医养结合养老机构在现有人力资源的基础上，依据机构战略目标、组织结构变化，对人力资源进行调查、分析、规划、调整，提高组织或团体现有人力资源管理水平，使人力资源管理效率更佳，为其创造更大价值。常用方法包括：

1. 工作轮换

工作轮换是指将员工轮换到另一个同等水平、技术要求接近的岗位。工作轮换有利于促进员工对组织中不同部门的了解，从而对整个组织的运作形成一个完成的概念；有利于提高员工解决问题能力和决策能力，使其能够选择更适合自己的工作岗位；有利于部门之间的协作。

2. 指导学习

指导学习是指让将要被取代的人员与替补人员一起工作，并对其进行指导，使学习的内容实效性更强，但被取代的人往往不愿意倾囊相授。

3. 正规培训

正规培训是指由学校或专业培训机构开设的短期课程，例如高级管理人员的硕士培训计划或大学课程教育计划等。

4. 研讨会、学术会议

该方法既能够借鉴其他机构或学者的最新实践模式或研究成果，也能够获得有关未来走向的前沿信息。

四、医养结合养老机构的绩效管理

医养结合养老机构的绩效管理是管理者为确保员工的工作活动以及工作目标与组织目标保持一致，以提高员工绩效，促进员工发展，实现机构持续不断发展的沟通过程。绩效管理能够促进机构和个人绩效的提升，促进管理流程和业务流程的互动，保证机构战略目标的实现。

（一）绩效计划

绩效计划是指管理者和被管理者共同沟通，就被管理者的工作目标和标准达成一致意见，形成契约的过程。绩效计划制订的主要依据是工作目标和工作职责，在达成共识的基础上被管理者对自己的工作目标做出承诺。

（二）绩效实施与管理

在实施过程中，管理者应与被管理者进行持续的绩效沟通，了解绩效进行情况，为其提供必要的支持，不断进行指导和反馈；记录员工的工作表现，收集必要的信息，以确保绩效考核有充足的客观依据，发现绩效问题和优秀绩效的原因。

（三）绩效考核

绩效期结束之后，依据预先制订的绩效计划，管理者对员工的绩效目标完成情况进行考核。考核标准是双方曾达成一致意见的关键绩效指标，在实施与管理过程中收集到的数据和事实可作为被考核者是否达到指标要求的依据。

（四）绩效反馈面谈

绩效考核之后，管理者需要与员工进行面对面的交谈。通过绩效反馈面谈，使员工能够了解管理者对自己的期望，了解自己的绩效，认识自己有待改进的部分。同时，下属也可以提出自己在完成绩效目标中遇到的困难，请求上司的指导与帮助。

（五）绩效考核结果利用

绩效考核的结果可以说是一种资产，即诊断组织的一种资产。绩效管理实施成功与否，关键在于绩效考核结果如何应用。

五、医养结合养老机构的薪酬管理

薪酬管理是人力资源管理的一项基本职能，是机构在国家宏观分配政策和机构战略规划的指导下，综合考虑内外部各种因素，确定自身的薪酬水平、薪酬结构和薪酬形式，并进行薪酬调整和薪酬控制的过程。

医养结合养老机构支付的薪酬水平应足以吸引和保留人才，促进员工努力工作，最终保证医养机构目标的实现。同时，医养机构的薪酬支出须保持在合理的范围之内，以避免人工成本过高而影响医养机构的长远发展。薪酬管理实质是寻求吸引激励人才与控制人工成本之间保持平衡的一种状态。

（一）薪酬管理的基本原则

医养机构进行薪酬管理或薪酬体系设计时，应该遵循公平原则、激励原则、经济性原则和合法性原则。

1. 公平原则

公平原则包括内部公平和外部公平。内部公平是指在同一机构内部不同员工所获得的报酬须与员工能力、岗位及业绩相匹配。外部公平是指机构内各岗位的工资薪酬水平应与其他机构或行业相同岗位的薪酬水平保持基本持平，不应有明显差异。如果薪酬水平明显低于其他机构的同样岗位，会导致该岗位员工产生不公平感，甚至引发人才外流。

2. 激励原则

薪酬管理的最终目的是激发员工的工作积极性和创造力，引导员工为机构目标的实现努力工作。通过科学的薪酬体系设计，薪酬仍然可以起到较强的激励作用。例如通过提高绩效工资的比重，使员工的薪酬水平更大程度上由工作表现、工作业绩决定；在薪酬体系中设计较多非货币报酬，如个人荣誉、专家待遇等。

3. 经济性原则

经济性原则是指医养机构的薪酬水平要与自身的支付能力相适应，同时需考虑机构服务在市场上的竞争力。为了吸引人才，医养机构要保证某些岗位的薪酬水平高于市场平均水平，同时还需要考虑自身的经营收入和盈利水平能够"付得起"这样的"高薪"。医养机构吸引的不一定是最顶尖的人才，但应该是和机构发展战略相匹配的、能够推动机构向前发展的人才。

4. 合法性原则

政府通过法律法规对机构的薪酬支付做出了一些强制性规定，如最低工资标准、有关员工加班加点的工资支付、各种基本社会保险缴纳、员工福利等方面的规定，构成了薪酬支付的底线。在薪酬管理方面，医养机构应满足法律所规定的最低要求。

（二）薪酬定位

薪酬定位是指在薪酬体系设计过程中，确定医养机构的薪酬水平在劳动力市场中相对位置的决策过程，它直接决定了薪酬水平在劳动力市场上竞争能力的强弱程度。薪酬定位决策需综合考虑本机构的战略目标、所处发展阶段、薪酬支付能力及机构文化特点等多种因素。薪酬定位是薪酬策略的核心内容，决定了医养机构以何种策略在人才市场上开展竞争。薪酬定位主要有三种形式：领先型、追随型、滞后型，可采用百分位来描述：

（1）领先型是指医养机构的薪酬水平高于市场平均水平。

（2）追随型是指医养机构的薪酬水平与市场平均水平基本相当。

（3）滞后型是指医养机构的薪酬水平落后于市场平均水平。

薪酬定位可以采用百分位来描述，如领先型的薪酬定位，可描述为75分位（75P），即假设在薪酬调查中获得某一职位的100个薪酬数据，从低到高排序，排在第75位的工资水平是医养机构该岗位的基准工资水平。追随型薪酬定位可描述为50分位（50P），滞后型则为25分位（25P）。

针对不同的员工可采取不同的定位，为混合型薪酬定位。例如将中高级管理岗位、技术含量极高的岗位以及其他对组织发展和日常运作不可或缺的岗位定义为核心岗位，将承担业务、维持业务运行的大多数员工定位为骨干岗位，一些辅助岗位、见习岗位定为初级岗位，对这三类不同岗位分别采取75分位、50分位和25分位的薪酬定位。

（三）薪酬结构的类型

常见的薪酬结构包括以岗位为导向的薪酬结构、以能力为导向的薪酬结构、以绩效为导向的薪酬结构、组合薪酬结构。

1. 以岗位为导向的薪酬结构

员工薪酬主要由岗位的重要程度、任职要求的高低以及劳动环境等因素决定。岗位变化薪酬也随之变化，岗位工资制、职务工资制等属于此类薪酬结构，适用于岗位职责明确，员工之间差异一般不会在工作成果上有明显差异点的岗位。

2. 以能力为导向的薪酬结构

薪酬主要由员工的工作能力与潜力决定。职能工资、能力资格工资及技能等级工资等属于此类薪酬结构。其优点是有利于激励员工提高技术和能力，但忽略了工作绩效及能力的实际发挥程度等因素。以能力为导向的薪酬结构适用范围较窄，一般用于技术复杂程度高、劳动熟练程度差别大的岗位。

3. 以绩效为导向的薪酬结构

员工的薪酬主要由工作产出和工作表现决定，如销售提成工资、效益工作等。此类薪酬结构的优点是激励效果明显，却使员工只重视眼前效益，不重视长期发展，不重视与人合作、交流。以绩效为导向的薪酬结构较适用于任务饱满，有必要超额完成工作或员工通过主观努力可以改变绩效的岗位。

4. 组合薪酬结构

组合薪酬结构是前三种薪酬结构的综合。员工的薪酬由岗位工资、技能工资以及绩效工资（或称奖金）等组成，由岗位、技能、绩效等因素综合决定。组合薪酬结构保证了与薪酬有关的各个要素都在薪酬中有所反应，岗位技能工资、薪点工资制、岗位效益工资等都属于此类薪酬结构。组合薪酬结构的优点是全面考虑各种影响员工工资水平的因素，容易获得员工的认可。

六、医养结合养老机构的劳动关系管理

劳动关系是否稳定与协调，不仅影响到劳动者的生活水平、身心健康、个人尊严和职业发展，还会影响到经济、社会进步、和谐与稳定。劳动关系是医养市场经济中非常重要的一个领域，作为运营管理者应重视劳动关系的协调与管理。

（一）医养结合养老机构的劳动关系

劳动关系是指劳动者、劳动者的组织（工会和职工代表大会）及用人单位三方劳动关系主体之间在机构经营活动中形成的各种责、权、利关系。《中华人民共和国劳动法》（以下简称《劳动法》）及地方劳动法规则规定了劳动者和用人单位依法享有的主要权利和承担的义务。

1. 劳动者的权利和义务

（1）劳动者依法享有的主要权利：①平等就业和选择职业的权利；②休息休假的权利；③取得劳动报酬的权利；④获得劳动安全卫生保护的权利；⑤接受职业技能培训的权利；⑥享有社会保险和福利的权利；⑦提请劳动争议处理的权利；⑧民主管理的权利；⑨法律规定的其他权利。

（2）劳动者应履行的主要义务：①履行岗位职责，完成劳动任务；②讲究职业道德，遵守劳动纪律；③积极参与管理，维护全局利益；④遵守工作规范，确保安全生产；⑤不断学习进取，提升履职能力；⑥法律法规和劳动合同规定的其他义务。

2. 用人单位的权利和义务

用人单位应当依法建立和完善有关工作时间、劳动报酬、休息休假、职业培训、安全卫生、保险和福利、劳动纪律等方面的劳动规章制度，保护劳动者的合法权益。

（1）用人单位依法享有的主要权利：①依法招聘、录用、调动、辞退劳动者；②依据单位发展需要设置本单位的组织机构和管理体制；③任免管理干部；④制订工资、薪酬和福利方案；⑤依法对劳动者进行奖惩。

（2）用人单位依法应履行的主要义务：①执行国家相关法律法规，服从政府职能部门的管理；②依法录用、安排和管理劳动者工作；③按照劳动者的劳动质量、数量支付劳动报酬；④搞好劳动保护和环境保护，不断改善劳动条件，为劳动者提供安全无害的劳动环境和必需的劳保设备、用品；⑤实行民主管理，保障工会和职工代表大会正常行使其职权；⑥加强员工思想和业务的教育培训，不断提升劳动者素质。

（二）医养结合养老机构的劳动合同

劳动合同，即劳动契约，是劳动者与用人单位之间建立劳动关系、明确双方权利和义务的协议。劳动合同的订立、变更、解除、终止和续订，应当遵循平等自愿、协商一致的原则，不得违反法律、行政法规的规定。员工合同的签订是对员工招聘与甄选结果的法律保证，新聘用的员工必须和用人单位签订劳动合同。

劳动合同的种类可以分为临时工劳动合同、正式工劳动合同、录用合同、聘用合同、集体合同等。

1. 劳动合同签订的原则

劳动合同签订的原则是指在劳动过程中双方当事人应遵循的法律准则。它既是劳动合同签订的指导方针，又是衡量劳动合同是否有效的依据和基本标志。

（1）平等自愿原则：平等是指劳动合同签订的双方当事人都具有相同的法律地位。自愿是指签订劳动合同完全是双方当事人自己的真实意见，不受他人强制命令所胁迫。平等是自愿的基础和前提，自愿是平等的必然体现。

（2）协商一致原则：双方当事人对劳动合同的全部内容在法律、法规允许的范围之内共同讨论、协商，最后取得一致意见。

（3）合法性原则：是指劳动合同不得违反法律、行政法规的原则。劳动合同的目的、主体、内容、程序、形式及行为等均须与国家有关的现行法律、法规保持一致，不得有所违背。

劳动合同依法签订即具有法律约束力，当事人必须履行劳动合同规定的义务。下列劳动合同无效：①触犯法律、行政法规的劳动合同；②采取欺诈、威胁等手段订立的劳动合同。

2. 劳动合同的形式和内容

在签订劳动合同之前，用人单位应当如实向劳动者说明岗位用人要求、工作内容、工作时间、劳动报酬、劳动条件、社会保险等情况。劳动者有权了解用人单位的有关情况，并应当如实向用人单位提供本人的身份证和学历、就业状况、工作经历、职业技能等证明。

劳动合同应当以书面形式签订，由劳动合同的证明人、双方当事人签字及盖章，一式两份，双方当事人各执一份备查。劳动合同应当写明用人单位的名称、地址和劳动者的姓名、性别、年龄、住址、家庭关系等基本情况. 并具备以下条款：

（1）签订劳动合同的宗旨及所依据的法律名称、条款。

（2）劳动合同期限：合同起止时间，合同是固定期限、无固定期限，还是以完成一定工作为限，均需在合同中写明。

（3）工作内容：包括劳动的工种、岗位、生产或工作量达到的数量、质量指标，或应完成的工作任务等。

（4）劳动保护和劳动条件：包括工作安全和工作卫生方面的设施、设备和防护措施等。

（5）劳动报酬：包括工资、奖金、津贴、社会保险、福利待遇等。

（6）劳动纪律：包括交接班纪律，工作时间纪律，安全生产规程，设备保养纪律，保密纪律，防火、防盗及防范其他事故的日常纪律等。

（7）劳动合同变更、终止与解除的条件。

（8）违反劳动合同的责任：劳动合同除前款规定的必备条款外，当事人可以协商约定其他内容，如试用期、职业培训、补充保险等。

3. 劳动合同的期限

《劳动法》规定，劳动合同的期限分为有固定期限、无固定期限和以完成一定的工作为期限。劳动者在同一用人单位连续工作满 10 年以上，当事人双方同意续延劳动合同的，如果劳动者提出签订无固定期限的劳动合同，应当签订无固定期限的劳动合同。劳动合同可以约定试用期，试用期最长不得超过 6 个月。在协商劳动合同的过程中，合理确定劳动合同期限，对于双方当事人来说都是非常重要的。

4. 劳动合同的解除

劳动合同期满或者当事人约定的劳动合同终止条件出现，劳动合同即行终止。劳动合同解除是指劳动合同签订后，未履行完毕之前，由于某种原因导致双方当事人提前终止劳动合同，解除双方的权利、义务关系的法律行为。劳动合同的解除可以由劳动者或用人单位的任何一方先提出，分为企业解除劳动合同和劳动者解除劳动合同两种形式。

第三节　医养结合养老机构的财务管理

在市场经济条件下，企业通常以追求利润最大化或股东财富最大化为其财务管理目标，但医养结合养老事业属于公益性服务，不以盈利为主要目的。合理有效使用现有医疗、养老资源，提高资金使用效率，满足老年人的需求，资金使用效率最大化是医养结合养老服务机构财务管理的最终目标。

一、医养结合养老机构财务管理的概念

财务活动是指经营实体涉及资金的活动，即开展生产经营活动所涉及的筹集、运用和

分配资金的活动。

财务关系是指企业的各项财务活动与国家有关部门、企业所有者、债权人、债务人和职工等发生的经济关系。企业处理各种财务关系既要符合国家利益和企业利益，又要保护利害关系人和股东的合法权益。

财务管理是基于企业再生产过程中客观存在的财务活动和财务关系而产生的，是利用价值形式对再生产过程（经营过程）进行的管理，是组织财务活动、处理财务关系的一项综合性的管理工作，是为提高其整体管理水平和整体价值服务的一项经济管理工作。

医养结合养老机构财务管理是根据有关财务法规制度，对机构的筹资、分配、资金使用、成本控制等财务活动进行计划、组织、控制、协调、考核等工作的总称。

二、医养结合养老机构财务管理的原则

医养结合养老机构财务管理的原则是机构组织财务活动、处理财务关系所必须遵循的基本要求和行为规范，反映了财务活动的内在要求。按照财务管理原则对机构的资金进行直接管理，通过决策、计划、控制等行为，提高经济效益，确保投资人投入资金保值、增值，并力争使机构的价值最大化。财务管理原则一般包括以下六个方面：

（一）合规性原则

合规性原则是医养结合养老机构财务管理的基本原则。在财务管理活动中，医养机构必须执行国家有关法律、法规和财务规章制度，密切结合机构的特点合理组织财务管理工作，建立健全各项财务管理制度，做好财务管理工作，保证财务管理工作在法治的轨道上运行，加强财务监督，确保各项经济活动的合法合规。

（二）正确处理社会效益和经济效益原则

医养结合的公益性属性决定了医养机构在财务管理活动过程中防止片面追求经济效益而忽视社会效益，要在实现社会效益的基础上获取合理的经济效益。医养机构在财务管理活动过程中，须以满足社会公共需要、实现社会效益为主要目标。同时，为了医养机构再生产的需要，充分利用人、财、物等资源，在满足公共需要的基础上，合理组织财务管理活动，取得合理的经济效益。

（三）资金效率最大化的原则

虽然医养结合养老服务是带有一定福利性质的公益服务，财务管理不能以利润最大化或以结余最大化为目标，但并不意味着不需要开展切实有效的财务管理。为合理使用资金，最大限度地满足医养事业发展的需要，医养机构必须努力提高资金使用效率，使有限资金得到充分合理使用，保证医养机构内部的各项资源具有相对最优的结构比例关系，以提高资金的使用效率。

（四）资金收支平衡的原则

资金收支平衡的原则是指要保证机构资金周转的正常进行，应尽可能使资金流量在数

量和时间上达到平衡。如果收入小于支出，会使经营资金不能正常运转，造成资金链的中断或停滞。控制财务活动的过程就是追求资金运动平衡的过程，只有资金收支达到平衡，财务管理的目标才能得以实现。

（五）成本效益原则

成本效益原则是指对医养结合养老机构经营活动中的支出与收入进行比较分析，使收益和成本得到相比之下的最优配置。财务活动中收入是取得利润的基本前提，收入一定时成本的高低直接决定利润的多少。医养机构在经营过程中应随时关注将经营成本与投资收益相联系。

（六）利益关系协调的原则

医养结合养老机构在组织财务活动的过程中，要正确处理国家、医养机构和职工三者的利益，以及其他各方的利益关系。在处理医养机构与相关利益者的关系时，必须在保证医养机构财务目标实现的同时，维护有关各方的合法权益，尽可能地减少各相关者的利益冲突，以保证更好地实现机构财务管理的目标。

三、医养结合养老机构财务管理的内容

医养结合养老机构财务管理是组织机构的财务活动，处理财务关系的一项经济管理活动，是机构为实现运营目标、体现公益性，在组织机构财务活动、处理财务关系的过程中所进行的预测、决策、计划、控制、分析、考核、监督等的经济管理工作的总称，是对机构运营过程中的价值管理。

（一）预算管理

预算是企业开展财务活动的出发点，是监督和检查机构收支情况的依据，同时也是考核机构经济效益的标准。医养结合养老服务机构预算管理主要包括机构业务预算管理和财务预算管理。业务预算管理包括医养服务收入预算、支出预算、费用预算、成本预算和管理费用预算等；财务预算管理包括现金预算、收支结余预算等。

案例 3-2 苏南县域城市民间养老机构基础财务估算

财务运营对民间养老机构的发展起着至关重要的作用，是制约民间养老机构发展的瓶颈。对苏南县域A民间养老机构（以下简称A机构）进行财务评估内容如下。

1. 建设投资估算

A机构投资项目建设期分2014年、2015年两年完成。2014年主要投入土地费用。2015年上半年投入房屋费用、装修费用、设备家电费用等，下半年投入消防费用、二次供电费用、公共绿化费用、车辆费用等。

2. 收入估算

（1）入住率：运营后机构预测第一年入住率为30%，第二年60%，第三年90%，第四

年开始为 100%。

（2）床位费：机构入住费收费标准为自主老人每人每月 1150 元，半护理老人 1550 元，全护理老人 1850 元。

（3）服务费：自主老人每人每月 580 元，半护理老人 2580 元，全护理老人 4880 元。

（4）第三产业：A 机构每年会推出一款价值 300 元老年保健品作为自己的第三产业。

（5）政府补贴：对民间养老机构免征城市维护建设税和教育费附加；养老院占用耕地的，免征耕地占用税；各类养老服务机构免缴城市基础设施配套费、有线（数字）电视建设费，减半缴纳防空地下室易地建设费；用电、用水、取暖、燃气等执行居民价格；机构内每张床位补贴 15000 元 / 年，每位老人补贴 200 元 / 月。

3. 基础支出估算

（1）基建投资：A 机构在建设期间需要的费用为土地、房屋、装修、设备等，其中土地享受政府优惠政策。

a. 房屋：A 机构在房屋上的估值为 19500000 元；A 机构建有公寓楼一栋，分为 5 层，每层 20 个房间，一共 100 个房间，每间房间有两张床位，总共可入住 200 个老人。

b. 装修：装修上 A 机构预计每间房间装修费为 15000 元。

c. 绿化：A 机构总占地 12000m²，其中绿化面积占地 9000m²。草坪绿地为 6.5 元 /m²，纯林为 4.8 元 /m²。

d. 车辆：车辆为 2 辆国产商务车，每辆 90000 元。

（2）设备预算。

a. 呼叫系统：将呼叫系统设置在每个床头，每个 70 元。

b. 家电及设施：电热水器（60 升）100 台，每台 1400 元；浴缸以及淋浴设备共 100 套，每套 1680 元；32 英寸电视机，每台 1600 元，共 100 台；1 匹空调共 100 台，每台 1500 元；8KG 洗衣机共 100 台，每台 1670 元；电冰箱共 100 台，每台 1400 元，其余部分略。

（3）办公用品：台式计算机，共 4 台，每台 3000 元；一台打印机 660 元；两台电话机，每台 76 元；四套办公桌椅，每套 1200 元，其余部分略。

（4）职工薪酬：根据每年不同的老人入住率配备相应的医护人员，自主老人不需要医护人员对其进行特别照看，遇特殊情况由闲置护理人员负责护理；半护理老人实行"一对一"政策，每位老人安排一名医护人员；全护理老人对其进行"二对一"政策，每位老人安排两名医护人员。医护人员工资为每人 3000/ 月；行政人员 4 人，每人 5000/ 月，其余部分略。

（5）医疗器械采购：包括电子温度计、血压计、轮椅、人工呼吸器等。第一年的采购大约花费 8080 元，往后每年按其 10% 的比例更换添置新品。

（6）其他费用：水电费、设备维护费、民事责任保险费、医护人员工作服费、有线电视费及其他综合费用。

（二）筹资管理

医养结合养老机构的筹资是机构资金运作的起点，是医养机构正常运行的保障。在市场竞争日益激烈的环境下，如何解决资金来源，从哪里筹资，如何筹资，筹资多少资金才能保证机构的发展和使用，如何控制负债比例等，是管理者首先需要考虑的问题。筹资管理是财务管理的一个重要内容。

（三）投资决策管理

投资是以收回现金并取得收益为目的而发生的现金流量。在资金有限的前提下，如何选择、如何投资才能发挥资金最大效益是投资决策的核心内容。例如医养机构的一笔资金可以购买设备、兴建医院、建设康复室、增加老年人健康管理服务项目等，同样的一笔资金，投入到哪一个项目才能更好发挥作用，需要对投资进行分析，研究投资决策的可行性、合理性和实用性，才能够做出合理的投资决策。

（四）资产管理

医养结合养老机构的资产组合体现了其经济实力和发展潜力。固定资产体现了机构的规模，流动资产体现了机构的运行规模。医养机构应合理规划固定资产和流动资产的比例，同时还要对流动资产和非流动资产进行分类管理。资产管理是否具有成效，决定着医养机构发展的规模和效果。

（五）成本管理

成本管理是医养机构财务管理的重要部分，开展成本管理能够有效控制机构的成本，增加资源配置的合理性，对于提高医养机构的经营管理水平、提升社会效益和经济效益具有重要意义。

（六）负债管理

医养结合养老机构为了自身发展，会采取负债的方法和手段开展一定数量的筹资。但是，负债经营应以偿还能力为前提，如不能按时偿还债务，医养机构的经营将会受到影响，发展就会陷入困境。因此，对于管理者来说，测定偿还能力，有利于做出正确的筹资决策和投资决策；对于债权人来说，偿还能力是做出贷款决策的基本决定性依据。由于负债具有一定的风险性，负债到什么程度对医养机构发展具有积极作用，是管理者进行理财或资本融资必须要思考的问题。

（七）结余分配管理

制订合理的结余分配政策是医养结合养老机构财务管理中的一项重要内容。科学合理的核算和分配结余，不仅有利于调动员工的积极性，也关系到机构的发展规模和方向。因此，医养机构需要进行正确合理的核算收支结余，真实准确地计算和反映收支结余的形成，以及结余的分配或结余缺口弥补，向决策者提供管理信息。

（八）医疗保险管理

医养结合养老机构是医疗保险制度得以实施的载体之一，加强机构医疗保险管理是规范医疗服务行为、提高服务质量、维护参保人权益的保障，同时有利于优化机构服务流程。医疗保险管理的主要内容包括医保费用申报与拨付、医保结算与流程优化、医保信息化等。

四、医养结合养老机构财务管理的方法

医养结合养老机构为了有效地组织、指挥、监督和控制财务活动，处理好各种财务关系，需运用一系列科学的财务管理方法。财务管理方法是为了实现医养结合养老机构财务管理目标而进行的手段、方式、途径和程序的总和，通常包括财务预测、财务决策、财务预算、财务控制和财务分析等。这些方法相互配合、相互联系，构成了医养机构财务管理方法系统。

（一）财务预测

医养结合养老机构的财物预测是根据医疗、养老业务的特点和历史资料，考虑当前条件和未来要求，对医养机构未来时期的财务收支活动进行全面的分析，并做出各种不同的预计和推断的方法。进行财务预测首先要有全局观念，根据医养机构整体战略目标和规划，结合对未来宏观、微观形势的预测，建立医养机构财务的战略目标和规划。财务预测的主要内容有筹资预测、投资效益预测、收入预测、成本费用预测和结余预测等。通过财务预测，可以评价医养机构各方面的效益情况，为财务决策提供依据，同时财务预测可以为财务预算的编制提供依据。

（二）财务决策

为了适应医养结合养老服务市场的需求，扩大医养服务范围，争取效益最大化，医养机构经常需要上马新项目、更新医疗设备，对外进行合作项目投资，财务决策成为财务管理的核心。财务决策的主要内容有筹资方案决策、投资方案决策、成本费用决策、收入决策和收支结余决策等。财务决策的质量决定了医养机构财务管理的效果，甚至影响医养机构的未来发展。

（三）财务预算

财务预算是医养结合养老机构开展财务活动的出发点的基本依据，是根据各种预测信息和各项财务决策确立的预算指标和编制的财务计划。财务预算一般包括以下环节：分析财务环境，确定预算指标；协调财务能力，组织综合平衡；选择预算方法，编制财务预算。机构的财务预算由收入预算和支出预算组成。收入预算主要包括财政补助收入、上级补助收入、医养收入及其他收入；支出预算主要包括医养支出、药品支出、财政专项支出及其他支出等。

（四）财务控制

财务控制是指以财务预算和财务制度为依据，运用特定的手段对医养结合养老机构的各项财务活动进行调节，对财务活动中脱离规定目标的偏差实施干预并进行校正，以保证财务目标实现。财务控制是确保财务预算完成的有效手段，是实现财务目标的有力保障。财务控制的内容主要有收入控制、支出控制、货币资金控制、库存物资控制、固定资产及无形资产控制、工程项目控制、对外投资控制、债券和债务控制等。

（五）财务分析

科学规范的财务分析对医养结合养老机构实现有效管理，提高医养机构的经济和社会

效益，促进医养机构可持续发展具有积极的意义。财务分析是根据财务报表等有关资料，运用特定方法对机构财务活动过程及其结果进行分析和评价的过程。通过财务分析可以掌握各项财务计划的完成情况，评价财务状况，研究和掌握机构财务活动的规律性，改善财务预测、决策、预算和控制，改善管理水平，提高经济效益。财务分析的主要内容包括预算执行分析、结余和风险分析、资产运营状况分析、成本管理情况分析、收支结构分析及发展能力分析。

第四节　医养结合养老机构的设备管理

医养结合养老机构的设备管理应按照设备自身物质、经济运行的演变规律，科学有效地对设备购置、验收、储存、保管、使用、养护、维修等各环节进行管理，减低消耗，降低服务成本，提高设备使用率，最大限度发挥其作用，提高设备的经济、社会、技术效益。

一、医养结合养老机构设备的特点与分类

医养结合养老机构是一个特殊的单位，医养行业是一个特殊的行业，服务对象是老年人，可变性和不可逆因素较大，设备管理有其一定的特殊之处。

（一）医养结合养老机构设备的特点

现代化的医养设备在设计上更具人性化，技术上更加智能化，功能更加完善，融多种高新技术于一体。因此，医养设备呈现出技术综合化程度增高、技术更新周期缩短、结构一体化与操作自动化、性能与性价比提高、信息网络化程度增高等特点；在诊断方面更加精准、治疗康复方面手段和工具更加先进、生活照料和护理方面更加人性化、操作更加简单与快捷、体积上更加小型化、功能上更加多样化、环境要求上更加简单、预防与康复结合更加密切。

（二）医养结合养老机构设备的分类

对医养结合养老机构设备进行分类可以更好地对其进行科学管理，根据医养服务功能可分为生活服务设备、膳食服务设备、洗涤清洁设备、文化娱乐设备、医疗设备、护理服务设备、康复保健设备、安全防护设备、办公设备和智能化设备等。

二、医养结合养老机构设备管理的特点

医养结合养老机构设备管理是经济与技术相结合的全面动态管理过程，应坚持"以老年人为中心""以质量保证为核心"的管理模式。因此，其设备管理具有以下特点：

（一）安全性

医养设备在使用过程中大部分需要接触人体，甚至需要直接插入或长期植入人体内。

因此，设备管理必须把安全性放在第一位，不能由于设备原因导致人体伤害或造成事故。因此，医养设备在选购、论证可行性时，必须要把设备的安全性作为必不可缺的论证指标；在设备的使用管理上，严格执行操作规程，定期进行设备安全检查；在对设备进行维修后，也必须对其进行安全检查；根据设备特点，按规定进行报废等处理。

（二）有效性

没有使用价值或治疗效果的医养设备，不仅会加重老年人经济负担，还可能会延误病情或造成更为严重的后果。例如紧急呼救系统发生故障，会让老年人得不到及时救助，会出现延误病情，甚至导致死亡。所以，医养机构应切实做好设备的鉴定工作，确保设备对照护、治疗、康复的有效性。设备管理部门须对设备的使用信息进行跟踪和反馈，及时发现问题设备，并且给予维修或淘汰。

（三）经济性

现代医养结合养老机构的设备在固定资产中所占比重，及其产生的收益在总收益中的比重不断增加。因此，在达到一定质量标准的条件下，争取以较少的经费开支，配备最适当的设备。同时，设备管理要根据医疗、养老的不同情况，充分发挥管理职能，积极组织和利用各种科学管理的形式和方法，合理调配，提高设备的使用率，达到提高综合使用效益，提高经济效益的目的。

（四）社会性

随着科学技术的发展，用于诊断、治疗、检验及实验、康复、护理等的设备越来越先进，相对价格也越来越昂贵。封闭式管理方法会导致拥有设备的机构设备利用率不高，而没有设备的机构却无法开展或者申请购置而造成资源闲置浪费。因此，可采用"设备中心／超市"式的社会化方式，进行"协作共用、有偿占用、补偿使用、设备股份、设备租赁制"。同时，设备的维修工作也可充分利用各项社会服务，依靠社会的力量做好保障服务工作。

（五）合理性

合理性就是在设备配置上实现配套性、协调性、互补性，尤其是常规设备与高精尖设备的合理配置。这两类设备的配置标准和比例，应根据各机构的任务、规模、人员水平、技术条件和现状，兼顾考虑未来发展而综合定出。在我国现有条件下，配置顺序应是先基本设备，后高精尖设备；先照护设备，后治疗设备；先单项和常用项目设备，后大型、多功能设备。在条件许可的情况下，医养机构也要重视高精尖设备的引进工作，但需要量力而行。

三、医养结合养老机构设备管理的部门

按照归口管理、分级负责的原则，大型机构的设备管理部门主要由各单位的后勤部门和医养服务部门来负责，分别设置相应的处、科室，同时配备相应的管理和维修人员，明确各自职责范围。中小型机构没有条件单独设立专管机构的，一般归口总务部门管理，并指定

人员专管或兼管这项工作。

（一）后勤设备科职责

（1）负责设备的采购、验收、检测与协助确认。

（2）负责对所有购置的设备进行登记、编号和标志。

（3）组织设备的安装和使用培训。

（4）负责机构设备的维护、保养、维修和报废等工作；管理设备的报废过程和内部调拨过程，办理相关手续。

（5）监督设备使用部门对设备的维护和保养工作。

（6）组织设备故障的评估。

（7）保证机构设备的安全，杜绝事故发生。

（二）医疗护理部门职责

（1）医疗护理部门主管负责医护设备各项程序的监督审核工作。

（2）负责提出医养设备的申购、报废计划，定期统计医养设备使用情况，参与新设备的验收。

（3）负责指定设备的操作人员，并要求其参与新设备验收、操作、培训及日常保养。

（4）后勤设备科管理人员协助医护专业负责人，负责设备的审议、报批、验收、入库、维修及报废处理等工作。

（三）日常维修工职责

（1）负责医养机构供暖、供气设施及家具等的检修，每季度清查电源插头一次，每周配合电工医养对机构内各房间进行一次水电安全检查，并做好记录。定期对所有消火栓进行检查，保证有效，随时能用。

（2）加强机械设备管理，负责对医养机构内用电设备、机械、动力线路、照明线路的检查维修，联系、协助外来人员维修工作。

（3）负责一般设施的制作与安装，保证各种设施的正常使用。

（4）值班人员做到主动上门检查、及时维修、文明服务，维修时需随叫随到，及时解决问题。

（5）配合采购人员搞好专业物品购置，妥善保管专用工具和设备，节约使用原材料和零配件。

（6）严格执行安全生产、操作规程，对各种机械设备定期保养维护。

（7）协助专业维修人员，做好医养设备的维修工作。

四、医养结合养老机构设备的购置管理

医养结合养老机构设施设备购置管理包括购置计划、购置批准和购置执行三个步骤。

（一）购置计划

医养设备的购置计划要本着机构急需、财力允许、人才匹配的原则。机构急需是申购医养设备的前提，申购时要充分明确机构选择设备的必要性、迫切性及合理性；考虑日常医养工作的实际和发展方向的需要，以及上级部门制定的标准化管理的需要。设备的使用率、先进性、可靠性和灵活性是检验设备是否需要的量化指标。

（二）购置批准

设备的购置应由使用部门申请，大型贵重医养设备应提交可行性论证方案并召开专家论证会。1万元以下的小型设备或低值易耗品和消耗品等，经院长审核批准后按采购要求采购；1万元以上的设备采购，必须经由院长办公会集体讨论并经院长签字后，按照大额资金使用规定和招标采购程序办理。

（三）购置执行

设备购置应从实际出发，本着适用、合理、先进的原则，优先选择使用率高、投资回收快的设备。首选质量能满足需要的国产整机、零配件、消耗品等，确需引进的进口仪器设备，需做好购置仪器设备的充分论证，以便购置到适用、合理、经济的仪器设备。购置过程中要熟悉经济合同法，按照法规签订相应合同。购置设施设备需按上级主管部门要求，可以采取公开招标、集中采购的方式，以保证质量，提高效益。

五、医养结合养老机构设备的使用管理

设备购置后使用过程必须有相应管理制度，保证设备能合理、安全、使用。管理人员应保障严格实行责任管理制度，使员工按照岗位职责认真开展工作，相关的技术知识要熟练掌握并运用，在工作中要责、权、利明确，并通过考核奖惩制度提高员工工作的积极性。

（一）建立设备管理档案

设备管理部门对各类设备分类建立设备管理档案，并由此掌握各类设备的基本技术参数，做好相关维修记录，使其发挥最大效益。

（二）实行分级负责制

设备的保管和日常维护实行分级负责制，一般设备由使用部门明确专人负责，原则上为谁使用谁负责。大型精密仪器应专用专管，使用人应按设备操作规程使用，不得违规使用，未经保管人和使用人同意，其他人不得动用设备。专管共用仪器应由专人管理，共同使用中应建立严格的使用登记制度。

（三）进行专业技术培训

大型精密仪器或特殊设备使用前应组织保管使用人进行管理与操作使用的专业技术培训。设备使用人必须熟练掌握设备的构造、性能、用途、工作原理、各种参数技术、操作规程和

使用维护方法。

（四）遵守仪器技术标准和操作规程

设备使用中操作人员应严格遵守仪器技术标准和操作规程，仪器或设备运转中不得擅自离开，发现运转异常或者意外故障时，应立即停止使用并向设备管理部门和相关部门报告，以便及时通知厂家查清原因和排除故障，待故障排除后方可继续使用。仪器设备发生损坏应立即查找原因，确定责任性质。使用中要注意做好使用、检查和维护记录。违反操作规程或人为造成设备损坏的，设备管理部门应查明设备损坏的原因并向院领导报告。在申请设备维修的同时，填写《设备损坏报告单》报送院领导，按照院赔偿规定给予处罚追责。

（五）定期做好日常维护

设备使用人应爱护设备，定期做好日常维护工作，使设备经常处于良好状态，每次保养、检查、维修后应做好文字记录并存档。因维护保养不到位造成早期损坏并发生经济损失的，按规定给予使用部门或使用人相应处罚和赔偿。未经允许，不得自行拆卸或维修设备。

（六）建立使用、操作和常规保养规程

使用部门应当结合机构的实际和设备特点，依据相关设备的说明书对所有设备进行编写操作规程，并将操作规程作为本院重要文件，纳入机构设施设备技术标准。设施设备还必须建立使用台账制度，及时记录设备使用率、运行状态、故障情况和修复情况等。

（七）按程序调配设备

医疗仪器等设备的调配必须经主管院长批准，因抢救老年患者需要发生部门之间临时互借设备时，必须要有交接手续，用后及时归还。

（八）电梯管理须规范

电梯管理依据《特种设备质量监督和安全检查规定》，设电梯安全管理员一名，并建立设备技术档案，委托有质检资质许可的电梯专业维修保养单位对电梯设备进行维修、保养，保证电梯安全。

（九）危险设施按时完成年检

其他涉及生命安全、危险性较大的锅炉、压力容器（含气瓶）等，应有检验合格许可证并按时完成年检。

（十）设备使用状况监管

后勤管理部门应对各类设施设备的使用状况时实监管，并加强日常维护保养的技术指导，及时组织维修，使设备处于功能状态率达到 98% 以上，特种设备的强检覆盖率应达到 100%。

六、医养结合养老机构设备的维修管理

医养机构设备维修是指设备的维护及修理，是对设备的物质磨损进行补偿，主要包括维护保养、检修。

（一）设备维修保养

设备维修重在预防性保养，及时维护、保养设施设备可以减缓设备老化的速度，及时发现设备的故障，避免发生突发性故障，使设备具有最佳的运行效率。

（二）设备检修

设施设备检修的目的是了解设备劣化现象的程度，并根据劣化情况制订相应的补救措施。设备检修有日常检修和定期检修两种。日常检修是一种养护性质的工作，及时处理在运行过程中由于技术状态的发展变化而引起的常见问题，随时改善设备的使用条件与状况，延长设备的使用寿命，侧重于易出现故障的部位和薄弱环节。定期检修是指与设备修理相结合，按计划日程表由专业检修人员所实施的检查，侧重操作系统易损、易磨、易动等部位及步骤，通过定期检查及时查明和消除设备的隐患，针对发现的问题拟订改进的工作措施，有目的地做好维修准备工作，提高维修质量和缩短维修时间。

七、医养结合养老机构设备的损坏或遗失

设备损坏遗失和报废管理是设备管理中一项必不可少的工作。设备的损坏遗失和报废要符合相关规章制度，对报废设备可利用的零部件要最大限度地回收利用，做到物尽其用。

（一）设备发生损坏或遗失

领导部门应及时查明损坏程度或遗失责任，组织员工讨论损坏或遗失原因，吸取教训，制订预防措施并填写设施损坏或遗失报告单送设备管理部备案，根据事实和情节提出处理意见，向主管院长和院长提交书面报告损坏设施设备的数量、经过和原因。

（二）损坏或遗失设备符合赔偿规定

设备管理部门应会同责任部门提出赔偿意见，逐级报主管院长和院长批准后，由责任部门或责任人赔偿。

（三）其他情况

根据实际情况确定赔偿条件，由于疏忽大意和不负责任、对设备不了解不熟悉而擅自使用或搬动、使用中未向老年人说明注意事项等造成设备损坏的，由责任人按损坏程度赔偿；因工作中故意发泄私愤造成设备损坏的，由责任人照价赔偿；因交接手续不清造成设备损坏的，应查清责任或由交接双方共同赔偿；老年人已经了解使用方法而造成损坏的，由其本人负责赔偿。

因设备质量原因而无法查出的、使用中的正常耗损、超出使用期限、紧急抢救患病老年人中不可避免的设备损坏等情况下，不列入赔偿范围。

八、医养结合养老机构设备的报废管理

（一）设备符合报废的条件

设备符合报废的条件主要包括因缺少设备维修元器件不能维修，或因设备已经到更新淘汰期已无维修价值，或维修费用接近新购设备价值等。

（二）设备申请报废

设备申请报废要按规章制度办理，须由使用部门提出申请送设备管理部审核，设备管理部逐级报请院长办公会讨论后与财务科协调制作资产报废表，经院长签署意见后，以正式文件报上级相关部门审核批准。报废的设备经上级审核批复后，履行规定的报废手续。报废设备由设备管理部统一处理，处理资金交财务科入账。

───────────── **本章小结** ─────────────

医养结合养老机构的规章制度是规范工作人员行为，处理各项业务的标准和依据，保障医养质量安全的基本保证，应遵循科学性、实用性、员工参与、精简和相对稳定性原则。在规章制度在执行过程中，应坚持人人平等、强化教育培训、加强医养服务监管。

医养结合养老机构人力资源管理包括人力资源的规划、招聘、培训与开发，以及绩效管理、薪酬管理、劳动关系管理等。财务管理的原则包括合规性原则、正确处理社会效益和经济效益原则、资金效率最大化原则、资金收支平衡原则、成本效益原则、利益关系协调原则。财务管理的内容包括预算管理、筹资管理、投资决策管理、资产管理、成本管理、负债管理、结余分配管理、医疗保险管理。

───────────── **实训设计指导** ─────────────

分组或独立完成。通过分析人力资源规划人口和劳动力队伍变化、经济发展状况、技术变化、法律和法规的约束，以及机构养老护理员对养老服务工作和职业态度的变化等因素，说明目前我们医养结合养老机构在养老护理员人力资源管理上存在的问题，并提出相应的对策与建议。参考以下要求提交 1000 字左右的分析作业。

1. 检索并找出国内外有关养老护理人力资源管理的政策规定。

2. 查找文献，必要时进行实地调查研究，分析我国养老护理员人力资源管理的影响因素。

3. 根据上述要求说明目前我国医养结合养老机构养老护理员队伍在人力资源管理上存

在的问题，并提出相应的对策与建议。

思考与练习

1. 某医养结合养老机构存在人力资源配置不足的现象，且员工普遍年龄偏高、学历低、缺少培训和职业资格认证，薪酬主要由岗位的重要程度、任职要求的高低决定，大部分员工认为工资低、压力大，人力流动大，专业技术能力有待提高。

（1）在人力资源配置不足的情况下，该医养机构计划招聘一批专业人才，以下招聘原则不合适的是（　　）。

    A．遵守客观公正原则　　　　　　B．德才兼备原则

    C．先内后外原则　　　　　　　　D．先外后内原则

    E．回避原则

（2）针对该医养机构缺乏培训的现状，你认为应该采取哪一种方式更加合适？（　　）

    A．工作轮换　　　　　　　　　　B．指导学习

    C．大学教育　　　　　　　　　　D．研讨会会大学学术会议

    E．专业技术培训教育

（3）该医养机构的薪酬结构类型属于以下哪一种？（　　）

    A．以岗位为导向的薪酬结构　　　B．组合薪酬结构

    C．以绩效为导向的薪酬结构　　　D．以市场为导向的薪酬结构

    E．政府规定的薪酬结构

2. 有一笔资金可以购买设备、内设康复室、增加老年人健康管理服务项目等，某医养机构研究这笔资金适用于能最大化发挥作用的项目。这属于哪一种财务管理？（　　）

    A．预算管理　　　B．投资决策管理　　　C．筹资管理　　　D．资产管理

    E．成本管理

3. 以下哪一项不属于医养结合养老机构设备管理的特点？（　　）

    A．安全性　　　B．有效性　　　C．经济性　　　D．社会性

    E．科学性

第四章 医养结合养老机构的服务

学习目标

识记： 1. 简述医养结合养老机构生活照料的主要内容。
2. 简述医养结合养老机构医疗与护理的主要内容。
3. 简述医养结合养老机构康复服务的主要内容。

理解： 1. 理解医养结合养老机构生活照料服务的基本要求。
2. 理解医养结合养老机构医疗与护理服务的要求。
3. 理解医养结合养老机构膳食管理的要求。

运用： 运用所学知识对老年人的日常生活能力进行评估。

学习重点难点

1. 老年人的进食照料、清洁照料、排泄照料。
2. 心理护理的要求与内容。
3. 膳食管理的要求与内容。
4. 医养机构内感染的管理。
5. 老年人社会工作服务流程。

 导入案例与思考

李奶奶，86岁，身高1.55m，体重40kg，因卒中后遗症一侧肢体偏瘫3年，长期卧床，尾骶部有一个3cm×3cm的水泡，可在照护人员帮助下进软食。因家中保姆辞职，在子女陪同下入住医养机构，入住5天来，老人情绪低落，睡眠障碍，食欲不振。请思考以下问题：

1. 应从哪些方面对老年人进行生活照料？
2. 应采取哪些护理服务内容？
3. 应提供哪些社会工作服务内容？

服务是指为他人做事，并使他人从中受益的一种有偿或无偿的活动，它不以实物形式而是以提供劳动形式满足他人某种特殊需要。医养结合养老服务机构的服务内容主要包括生活照料服务、医疗与护理服务、康复服务、膳食管理和社会工作服务。

第一节　医养结合养老机构的生活照料服务

医养结合养老机构的生活照料服务是指协助或照顾入住老年人日常生活服务的全过程。工作人员应根据老年人的生活自理程度，给予相应的帮助，以提高老年人的生活质量。

一、医养结合养老机构生活照料服务的要求

医养结合生活照料服务要求包括基本要求与具体要求。

（一）基本要求

工作人员在提供生活照料服务过程中首先需要了解所服务老年人的基本信息，主要包括姓名、个人生活照料内容和重点、个人爱好、精神心理情况。

（1）提供24小时服务，记录交接班情况。

（2）定时巡查老年人居室，观察老年人身心状况，发现特殊情况要及时报告并协助处理。

（3）防止跌倒、烫伤。

（4）保持皮肤、口腔、头发、手足指（趾）甲、会阴部清洁，外表整洁，无长指（趾）甲；保持老年人床铺整洁。

（5）老年人居室做到清洁、整齐，空气清新无异味。

（二）具体要求

生活照料的具体要求包括"七知道""六洁""五关心""四无"。

（1）"七知道"：知道每位入住老年人的姓名、个人生活照料内容和重点、个人爱好、患病情况、家庭情况、使用药品治疗情况和心理情况。

（2）"六洁"：皮肤、口腔、头发、手足、指（趾）甲、会阴部清洁。

（3）"五关心"：关心老年人的饮食、卫生、安全、睡眠、排泄。

（4）"四无"：无压疮、无坠床、无烫伤、无跌伤。

二、医养结合养老机构生活照料服务的内容

生活照料服务的内容主要包括进食照料、鼻饲照料、清洁照料、排泄照料、睡眠照料与体位转移。

（一）进食照料

由于老年人咀嚼消化能力减退，食物中的营养物质吸收利用率下降，会导致身体抵抗能力降低，影响老年人的健康。

1. 进食前的照料

（1）做好饮食选择，根据老年人的身体、患病状况选择饮食种类、进餐次数，合理安排进餐时间，并进行解释和指导，对禁忌食物和受限制的食物应主动解释原因。

（2）安排舒适的进餐环境，应以清洁、整齐、美观、空气新鲜、气氛轻松愉快为原则。能走动的老年人尽可能在餐厅就餐，以促进食欲。在居室内进餐的，餐前整理床单位，去除一切不良气味及不良视觉印象。

（3）协助老年人餐前排便、洗手，必要时服餐前药，带上义齿。

（4）根据老年人身体状况选择进食体位。

（5）确认食物温度，以温热不烫口为宜。

2. 进食中的照料

（1）观察老年人进食情况，在老年人进餐期间，应加强巡视，鼓励其自行进食。

（2）喂饭前应充分了解老年人日常进餐情况。

（3）每次喂饭取 1/3 汤匙，缓慢喂食。确定咽下后，再喂食下一汤匙。

（4）喂食前应告知食物的名称，以增加其进食的兴趣和食欲。

（5）取坐位或半坐位，将卧床老人的头偏向一侧，餐巾围于老年人胸前，饭和菜、固体与液体轮流喂食。

（6）应先剔除食物中的骨头、鱼刺。不宜喂食圆形、过于光滑或带黏性的食物。对有吞咽障碍的老年人，应将食物打成糊状。

（7）进食过程中应观察老年人咀嚼吞咽能力、进食量、进食时间、进食速度等，发现异常及时通知医护人员。

（8）双目失明或视力受影响但要求自行进食者，告知食物放置的方位和名称，如 6 点钟位置放饭，3 点钟位置放汤，9 点钟、12 点钟位置放菜等。

3. 进食后的照料

（1）及时撤去餐具，清理食物残渣，整理床单位，协助老年人洗手、漱口，必要时做口腔护理，取舒适体位，保持餐后的清洁和舒适。

（2）餐后避免剧烈活动，避免喝浓茶、咖啡。

（3）根据老年人病情需要记录饮食量。

（二）鼻饲照料

为不能经口进食的老年人从胃管注入流质饮食，保证摄入足够的营养、水分和药物，以维持生命。

（1）协助老年人呈半卧式体位。

（2）将少量鼻饲饮食滴在工作人员的掌侧腕部，以感觉温热、不烫为宜。鼻饲时缓慢匀速注入。

（3）每次鼻饲量不应超过 200mL，鼻饲之后保持原卧式体位 30～60 分钟，两餐间隔时间不少于 2 小时。

（4）根据需要记录老年人进食时间、鼻饲量及进食反应。

（5）对长期鼻饲的老年人应每日进行口腔清洁。

（三）清洁照料

清洁的环境与身体，不仅可以使人感觉舒适，还可以起到预防疾病的目的。身体清洁是人的基本生活需求之一，不仅能够保持皮肤卫生，也能够带来身心的愉快和生存的活力。为老年人创造清洁、舒适的环境，可以减少疾病的发生。

1. 协助穿（脱）衣

（1）如遇老年人身体一侧肢体功能有障碍时，应先穿患侧，后穿健侧；先脱健侧，后脱患侧。

（2）根据老年人身体状况采取坐式体位或卧式体位，保持动作轻柔，防止拉伤肢体。

（3）翻身时注意安全，必要时拉上防护栏。

2. 口腔清洁

帮助老年人呈侧卧式体位或平卧式体位躺好，头偏向护理员一侧，抬高床头30°；擦拭过程中棉签或棉球蘸水，应挤压出多余水分，以免引起呛咳和误吸；擦拭上颚及舌面时，位置不可太靠近咽部。

3. 洗澡

（1）地面放置防滑垫，先开冷水，再开热水开关调节水温。

（2）洗澡宜安排在老年人进食1小时后进行，洗浴时间宜控制在15分钟左右。

（3）洗浴过程中观察老年人皮肤及身体状况，如有不适，应迅速停止操作，协助其返回房间休息并通知医护人员或家属。

4. 床上擦浴

（1）床上擦浴前应了解老年人全身皮肤情况。

（2）擦拭过程中随时用浴巾遮盖老年人身体，避免受凉，多人同住一室时，用屏风遮挡。

（3）擦洗过程中，应擦洗干净皮肤皱褶部位，随时添加、更换温水。

（4）床上擦浴时间宜控制在15～20分钟。

（四）排泄照料

排泄照料主要包括协助排便、人工取便、更换一次性纸尿裤等。

1. 协助排便

（1）协助如厕：进入卫生间后，协助老年人脱裤，坐稳坐便器，提醒扶稳安全扶手；便后协助擦净肛门，搀扶起身穿好裤子。行走不便的老年人，可在床旁使用坐便椅。

（2）床上排大便：根据老年人实际情况选择合适的方式放置便盆；排便完毕，为老年人擦净肛门；便后观察粪便和尿液有无异常。取放便盆时，避免擦伤皮肤，注意保暖和隐私。

（3）床上排小便：操作前应对尿壶进行检查，排尿后，观察尿液颜色、气味及量，发现异常，及时通知医护人员。

2. 人工取便

人工取便前应充分了解老年人日常大便情况。操作过程中观察有无面色苍白、呼吸急促、全身大汗等症状，发现异常应立即停止操作，通知医护人员。

3. 更换一次性纸尿裤

更换一次性纸尿裤前应充分了解老年人日常大小便情况。应根据老年人体型选择适宜尺寸的纸尿裤。翻转老年人身体时应防止发生坠床事故。

（五）睡眠照料

随着年龄的增长，老年人睡眠质量逐渐下降，睡眠时间缩短。护理人员应根据老年人的睡眠特点给予相应照料，以使老年人能够获得充足和高质量的睡眠。

（1）睡眠前应打开床档，对于发现精神出现异常的老年人应及时通知医护人员并联系告知家属，经家属同意后，适当使用约束用具。

（2）定时巡视，观察睡眠情况，为卧床老年人定时翻身。

（3）对于身体状况不佳、睡眠障碍的老年人，加强观察、巡视。

（六）体位转移

体位转移主要包括床上体位转换、轮椅转移、平车搬运等。

1. 床上体位转换

床上体位转换包括平卧式转换为侧卧式、侧卧式转换为平卧式两种。转换过程中应动作轻稳，避免发生老年人坠床、摔伤。体位转换后应让老年人保持功能位且稳定舒适。

2. 轮椅转移

轮椅转移包括床与轮椅之间转移和轮椅转移至床两种。将轮椅与床呈 30° ～ 45° 夹角固定。提醒老年人双臂交叉于搬运者颈后，搬运者膝部抵住老年人膝部，双手臂环抱老年人腰部或提起腰带夹紧，转动身体带动老年人转体。

3. 平车搬运

单人搬运适用于身体较轻的老年人。双人搬运由两名搬运者站在床的同侧，一人一手托住老年人颈肩部，另一手托腰部；另一人一手托臀部，另一手托膝下部，同时抬起向近侧床缘。也可同时起身使老年人身体向搬运者倾斜，合力搬运老年人至平车上。搬运前首先固定平车，搬运时应注意使老年人头部位于平车大轮端，动作轻稳，协调一致。

第二节　医养结合养老机构的医疗与护理服务

医养结合养老机构的医疗与护理服务是指为入住老年人提供常见疾病的诊断与治疗、护理、健康管理与健康教育保健的活动，是医养机构最主要的服务内容之一。

一、医养结合养老机构医疗与护理的要求

除部分医养结合养老机构附设医院外，大多数养老院内设诊所、卫生所（室）、医务室、护理站，满足入院老年人基本医疗保健的需求。

（1）服务应由内设医疗机构或委托医疗机构提供。

（2）应有符合多点执业要求的执业医师。

（3）应参照医疗机构设置要求配备设施与设备。

（4）医疗行为应参照临床医疗诊疗常规。

（5）遵医嘱使用约束用具，并与相关第三方签署知情同意书，按操作规范执行。

（6）老年人突发疾病时，应及时与相关第三方联系，不能处置的，应立即联系医疗救助机构，并协助做好老年人转诊转院工作。

（7）应根据老年人评估结果，签订相应的药物管理协议；提供服药管理服务时，工作人员应核对处方和药品，按照医疗卫生相关部门的规定进行药品发放。

（8）老年人Ⅱ级以上压疮在院新发生率应低于5%。

（9）养老机构内设医疗机构应做到：

1）按照内设医疗机构核准登记的诊疗科目开展诊疗活动。

2）观察老年人生命体征、病情变化、体重变化。

3）开展医疗巡视，发现老年人出现病情变化时，做相应处理。

4）对老年人常见慢性病进行监测及健康指导。

5）进行老年人保健和传染病的预防，定期开展卫生知识宣教工作。

二、医养结合养老机构医疗与护理服务的内容

老年人大多患有各种慢性疾病，因此医疗与护理服务是患病老年人、失能失智老年人最需要的服务之一。

（一）医疗服务的内容

医养结合养老机构的医疗服务内容包括常见疾病的诊断与治疗、突发疾病的救治与意外事件的处理、机构内感染控制等。

1. **常见疾病的诊断与治疗**

医务人员应在卫生行政部门批准的服务范围内开展临床医疗服务工作。对现有技术条件下能够诊治的疾病，实行就地诊治；对于超出机构诊疗能力范围的疾病，应及时联系老年人的委托人及家属，转诊治疗；紧急情况下，可以直接拨打120急救电话，转上级医疗机构就诊，工作人员应做好病历资料、病情的转交接工作。

2. **突发疾病的救治与意外事件的处理**

医护人员应当了解机构常见突发性疾病及意外伤害事故的发生、发展规律和救助措施，在此基础上建立起应急处理预案，及时有效地处理老年人各种意外情况的发生。

3. **机构内感染控制**

老年人抵抗力下降，是感染高发人群，可因污染的空气、水、食物、餐具、物品或相互接触、不当护理而导致呼吸道、消化道、皮肤、泌尿道等全身各组织系统的感染性疾病，因此必须做好机构内的感染预防与控制。

（1）机构内的感染控制制度。

1）建立机构内感染管理组织：成立机构内感染管理组织，负责机构内感染管理工作，有效预防与控制机构内感染，采取预防性措施，监测及控制传染病的发生和流行。在机构感染管理组织的领导下，各养老护理单元设立机构内感染监控人员，负责护理单元内的感染监控，评估发生感染的危险性，及时发现，及时汇报，及时处理。

2）完善各项规章制度：完善清洁卫生制度、消毒隔离制度、污物处理制度和感染管理报告制度，及消毒效果的监测制度等。

3）认真落实机构内感染管理措施：严格进行清洁、消毒工作；规范执行洗手操作要求，遵守各项操作规范；严格进行消毒效果的监测；按要求处理机构内的污水、污物等。

4）加强对各级人员有关机构内感染的知识培训教育。加强对全体人员机构内感染的知识培训教育，自觉执行有关规章制度。发现机构内感染病例，如实填写报表，查找感染源，及时送检，控制蔓延。

（2）机构内清洁与消毒操作内容及要求。

1）保持室内整洁，定时开窗通风（或利用通风设备进行通风），室内物品陈设简洁，地面、窗台不得堆放杂物。

2）保持地面、走廊、墙壁、门窗清洁、无异味，地面应湿式清扫，床头桌、椅每日湿式擦拭，保持清洁，每周大扫除一次。抹布、拖把应分区专用，用后消毒、洗净、晾干。

3）保持床单整洁，老年人床单、被褥保持清洁、平整、干燥，定期更换。

4）护理人员必须了解消毒剂的性能、作用、使用方法、影响消毒效果的因素，配制时注意有效浓度，并定期监测。

5）各护理单元应设有流动水洗手设施，开关采用脚踏式、肘式或感应式。洗手用的肥皂应保持清洁、干燥或用液体皂，擦手毛巾最好专人专用，每天清洁消毒，亦可用吹风机吹干。

6）护理人员护理老年人前后和接触污染的物品后均须洗手。

7）连续使用的氧气湿化瓶、雾化器等器材必须定期消毒，用毕消毒、清洗、晾干保存。

8）老年人出院或死亡后，居室及室内物品必须做好终末消毒。疑有传染病的老年人，其用过的物品、被服、病室均要严格进行消毒处理。

9）严格管理废弃物，根据废弃物的种类实施不同的收集处理办法，使用过的引流袋、尿袋等一次性医疗用品按医用废弃物统一处理。

（二）护理服务的内容

护理服务是指为老年人提供促进身心健康的医疗照护活动，对保证和提高生活质量，实现生命价值方面发挥至关重要的作用。其目的是以照顾老年人日常生活起居为基础，用护理理念和护理技术辅助老年人尽量维持现有的生活能力和健康状况，最大限度地延长自理自立生活的期限，提高生活质量。

1. 生命体征监测与护理

（1）体温。

1）正常人腋下体温为 36～37℃，24 小时内波动一般不超过 1℃。正常状态下早晨略低，下午略高，运动和进食后稍高。体温高于正常范围称为发热，37.5～38℃为低热、38～39℃为中热、39～40℃为高热、40℃以上为超高热。体温低于 35℃称为体温过低，常见于年老体弱、严重营养不良、慢性消耗性疾病、甲状腺功低下、急性大出血、休克等情况。

2）体温异常老年人的护理：①密切观察病情，包括面色、脉搏、呼吸、血压及一些伴随症状，如有异常，立即与医生联系；②体温在 39℃以上时进行物理降温，可采用冷毛巾、冰袋置于头部、大动脉处局部冷敷，也可采用温水擦浴；③体温在 32～35℃时为轻度体温下降，30～32℃为中度体温下降，低于 30℃为重度体温下降，严重体温下降可危及生命。对体温下降的老年人需做好保暖，调节室温至 22～24℃，用衣物、毛毯、棉被、热水袋等给予保暖。

（2）脉搏。

1）脉搏是指动脉搏动，正常人的脉搏与心跳一致，为 60～100 次 / 分，常为 70～80 次 / 分，平均大约 72 次 / 分，老年人较慢，为 55～60 次 / 分。正常人脉率规整，强弱均等，不会出现间隔时间长短不一的现象。运动和情绪激动时脉搏可增快，而休息、睡眠时脉搏则减慢。如果出现脉率不整、强弱不一，可能是心房纤颤；病情危重，特别是临终前的脉搏，其次数和脉率都会有明显的变化。

2）脉搏异常老年人的护理：①加强观察脉搏的频率、节律、强弱及老年人自觉症状，观察有无药物引起的不良反应，发现异常及时报告医生；②做好心理护理，控制情绪激动，消除老年人紧张恐惧心理，稳定情绪；③提醒老年人注意休息与活动，避免剧烈活动，勿用力排便，戒烟限酒；④在医嘱指导下做好相关疾病的护理。

（3）呼吸。

1）老年人的呼吸一般可通过胸部起伏进行观察，正常人在安静状态下呼吸频率为16～20次/分。呼吸频率增快常见于活动、发热、贫血、疼痛、甲状腺功能亢进、心功能不全等；呼吸频率缓慢表浅常见于脑膜炎、昏迷、休克等；出现潮式呼吸或间歇呼吸则提示病情预后不良，多在呼吸即将停止时发生。

2）呼吸异常老年人的护理：①评估老年人目前健康状况，观察有无咳嗽、咳痰、气急及胸痛等症状，帮助有效咳嗽，保持呼吸道通畅，发现异常及时报告医生；②注意保持环境安静、空气清新，调节好室内的温度、湿度；③根据病情合理安排休息与活动，剧烈、频繁的咳嗽者应取合适的体位卧床休息；④根据健康状况适当增加蛋白质与维生素摄入，给予充足的水分和热量；⑤保持心理安静，根据医嘱给予氧气吸入，半坐卧位，以改善呼吸困难情况。

（4）血压。

1）成人正常血压为：收缩压90～139mmHg（1mmHg≈0.1333kpa），舒张压60～89mmHg，脉压为30～40mmHg。如果高于正常范围，常见于高血压病或情绪激动、运动、紧张等。

2）血压异常老年人的护理：①检测血压做到四定：定体位、定时间、定部位、定血压计，按要求准确监测血压，教育老年人遵医嘱用药，不可随意增减药量、停药或自行更换药物；②指导合理饮食，减重、限盐、戒烟限酒、有规律锻炼，保持心情舒畅，避免情绪波动；③体位性低血压预防：老年人从卧位、蹲位站立要慢，早晨起床先在床上活动半分钟、床上坐半分钟、床沿腿下垂坐半分钟，再慢慢站立。

2. 临床护理

（1）身心情况观察：包括生命体征的观察、一般情况的观察。一般情况观察包括饮食状况、表情和面容、姿势和体位、皮肤黏膜、心理反应等的变化。

（2）常见疾病的护理：包括高血压、糖尿病、冠心病、慢性阻塞性肺部疾病、急性脑血管疾病、骨关节疾病、失智症等疾病的日常照顾和护理。

（3）协助正确服用药物：注意剂量正确、给药时间正确、给药途径正确，不得擅自服用药品。给药时老年人应处于便于吞咽的体位，避免误吸，给予足够的水送服，以帮助药物顺利进入消化道；使用鼻饲管的，应将药物碾碎后注入胃管。

（4）协助使用助行器具：助行辅助器是为身体有残障或因疾病及高龄而行动不方便者，提供保持身体平衡的措施，辅助老年人活动，保障安全。常见的助行器具有拐杖、手杖、步行器、轮椅和支架等。

（5）协助标本收集和送检：老年人由于疾病原因，经常需要进行标本检查，常见的有尿标本、大便标本、痰标本等，标本的收集和送检通常由护理员或护士协助完成。

（6）预防并发症的发生：做好口腔护理，防治口腔溃疡及糜烂的发生；对体弱多病的老年人，预防坠床、跌倒、烫伤等意外事件的发生；对长期卧床的老年人，预防压疮、坠积性肺炎、失用性肌萎缩、下肢深静脉血栓。

3. 心理护理

心理健康是衡量老年人健康的一个重要指标。步入老年期后，大多数老年人因社会角色的变化、感觉器官功能的减退、体力不支及疾病、经济收入减少等因素的影响，常常表现为忧心忡忡、孤独不安、猜疑、失落等。因此，要及时采取相应护理措施，使老年人摆脱不良心理的影响。

（1）心理护理的要求：

1）养老机构内应配备心理或精神支持服务所必要的环境、设施与设备。

2）心理护理应由心理咨询师、社会工作者、医护人员或经过心理学相关培训的养老护理员承担。

3）护理人员应适时与老年人进行交谈，及时掌握老年人心理或精神的变化。

4）养老机构应安排专业人员制定心理咨询和危机干预工作程序，以及时有效地应对老年人心理问题的发生。

（2）心理护理的内容。

1）有效沟通：通过观察、交谈来了解老年人的心理状况，与老年人有效沟通要做到以下几点：①沟通的态度要真诚、友善，要有礼貌并以老年人习惯或喜欢的方式进行，使其感到真诚、关注和尊重。②倾听老年人的诉说要专心、耐心，倾听时不东张西望、心不在焉；在倾听中观察老年人说话的态度、表情和措辞，用心体会老年人的感受。③与老年人说话需简短、清晰、温和，措辞准确、语调平和；注意以平等方式，切忌声音过高，以免伤害老年人自尊心；语速不要过快，以便老年人听得清楚。④善于借助表情、手势、姿势或实物，帮助老年人理解；善于采取核实、重复、移情、触摸、沉默、鼓励等沟通技巧，增强沟通效果；不要在老年人看得见的地方与其亲友或工作人员窃窃私语，以免产生误解；兼顾老年人的身体状态、疾病情况、心理特点、性格特征，做到轻松、愉快交流。

2）情绪疏导：发现老年人出现焦虑、紧张、恐惧、失落、烦躁等消极情绪时，护理人员需及时对老年人进行心理疏导。机构内可设立"谈心室"，为老年人提供劝慰、支持和鼓励，使其在生活化的环境中得到心理疏导，消除不良情绪的影响。

3）心理咨询：是由专业的心理咨询师利用科学的心理理论，对求助者进行安慰、劝导，并提供信息、同情、支持、建议或忠告等帮助，以帮助求助者走出内心阴影，协助其自助、自治的一个过程。为老年人进行心理咨询应遵循保密性、信赖性、艺术性和坚持性的原则，有助于老年人能及时寻求帮助，尽早解决心理问题。

（3）危机干预：老年人心理问题较严重时，可能会出现严重的心理危机，甚至导致自杀。因此，当发现有老年人出现精神状况异常时，如独自流泪、唉声叹气、拒绝见任何人、面容紧绷、愁眉紧锁、坐立不安等情况，应引起高度重视，尽可能帮助其解决问题。除进行一般性劝说和疏导以外，还应及时请心理医生进行诊疗，尽早实施危机干预，防止悲剧事件的发生。

4. 临终护理

临终护理是对濒死者通过全面的身心照顾，提供姑息性的治疗，控制解除疼痛，减轻焦虑、恐惧等不良情绪，得到心理、社会的支持，使其在生命最后时刻仍可以感受到自己的价值和尊严。临终阶段以治疗为主向以照料为主转变，目的是使老年人在有限的时间内提高生命质量，保持生命尊严。

（1）接纳临终事实：死亡是人生必经之路，通过临终护理，使临终老人与家属接受临终事实，在良好的照护下使老人有尊严、无痛苦和无遗憾地走完人生最后一程。

（2）提高生活质量：努力为老年人提供一个安静、舒适、有意义、有尊严的环境，使用药物或各种护理手段来减轻或消除老年人的痛苦、不适症状，调动家庭和社会力量，尽量满足临终愿望，减轻心理压力，提高其生命最后阶段的生活质量。

（3）尊重临终老人的尊严和权益：临终老人虽然临近死亡但仍有生命价值，只要未进入昏迷状态，就仍然有思维、意识、情感，拥有个人的尊严和权利。护理人员应在临终照顾过程中尽量满足其提出的合理要求，并注意保护其个人隐私，尊重和维护老年人的人生价值和尊严。

（4）做好家属的心理支持：提供临终护理时，应注意安慰和支持其家属，使其能够正确应对亲人的离去，坦然地接受现实。

（三）健康管理与健康教育

1. 健康管理

健康管理是指以预防和控制疾病发生与发展，针对与老年人的生活方式相关的健康危险因素进行全面管理，通过健康指导和不良生活方式干预，利用有限的资源来达到最大健康效果，最大限度地提升老年人的生活质量，减轻社会负担。

（1）健康信息收集：在老年人入住养老机构时应对健康状况做全面的检查（通过体检报告），收集基本信息（年龄、性别、文化程度、退休前职业、医保情况等）、当前健康状况及疾病的控制情况、用药情况、既往史、疾病家族史、不良生活方式、社会支持情况，为健康管理提供必要的判断依据。

（2）健康评估：老年人健康评估应包括一般性评估（基本情况、健康状况）、日常生活能力评估（日常生活功能指数评价量表，见表4-1；工具性日常生活活动能力量表，见表4-2）、老年人心理评估（焦虑评估——汉密尔顿焦虑量表、抑郁评估——Zung 抑郁自评量表、认知能力评估——MMSE）、老年人社会功能评估（角色功能评估、社会环境评估、文化与家庭评估），在此基础上对老年人进行健康分级，以便于后续针对性的跟踪管理。健康评估每一年进行一次，并根据病情变化随时评估，若有相应的改动，应与入住老年人及其委托人（家属）积极沟通，且这一过程应在入院合同中加以明确说明。

表 4-1　日常生活功能指数评价量表

序号	生活能力	项目	分值
1	进食	进食自理，无须帮助	2
		需要帮助备餐，能自己进食	1
		进食或经静脉给营养时需要帮助	0
2	更衣（取衣、穿衣、扣扣、系带）	完全独立完成	2
		仅需要帮助系鞋带	1
		取衣、穿衣需要协助	0
3	沐浴（擦浴、盆浴、淋浴）	独立完成	2
		仅需要部分帮助（如背部）	1
		需要帮助（不能自行沐浴）	0
4	移动（起床、卧床，从椅子上站立或坐下）	自如（可使用手杖等辅助器具）	2
		需要帮助	1
		不能起床	0
5	如厕（大小便自如、便后自洁及整理衣裤）	无须帮助，或借助辅助器具能进出厕所	2
		需帮助进出厕所、便后清洁或整理衣裤	1
		不能自行进出厕所完成排泄过程	0
6	控制大小便	能完全控制	2
		偶尔大小便失禁	1
		排尿、排便需别人帮助，需用尿管或大小便失禁	0

表 4-2　工具性日常生活活动能力量表

序号	日常生活活动	项目	分值
1	您能打电话吗？	不需要帮助	3
		需要一些帮助	2
		完全不能打电话	1
2	您能走一段路吗？	不需要帮助	3
		需要一些帮助	2
		完全不能履行，除非做特别安排	1
3	您能出去购物吗？	不需要帮助	3
		需要一些帮助	2
		完全不能购物	1

（续）

序号	日常生活活动	项目	分值
4	您能自己做饭吗?	不需要帮助	3
		需要一些帮助	2
		完全不能做饭	1
5	您能自己做家务吗?	不需要帮助	3
		需要一些帮助	2
		完全不能做家务	1
6	您能做勤杂工所做的工作吗?	不需要帮助	3
		需要一些帮助	2
		完全不能做	1
7	您能自己洗衣服吗?	不需要帮助	3
		需要一些帮助	2
		完全不能洗	1
8	您能自己服药吗?	不需要帮助（服药剂量、时间正确）	3
		需要一些帮助（由他人备好或提醒）	2
		完全不能自己服药	1
9	您能自己理财吗?	不需要帮助	3
		需要一些帮助	2
		完全不能理财	1

（3）建立健康档案：健康档案是掌握老年人健康状况的基本工具，完整的健康档案能够帮助工作人员系统了解老年人的健康问题及患病的相关信息。老年人在入住医养机构时，应将入院体检报告，历次体检结果、就医记录等健康信息，录入到综合健康管理平台；健康档案还应该包括个人的生活习惯、过敏史、既往病史、输血史、手术史、诊断治疗情况、家族疾病史等。同时，应注意保护个人隐私，所有关于入住老人健康的个人或机构档案信息不可以泄露。

（4）健康指导：根据健康评估结果，医养机构的医护人员应向老年人及其家属提供健康指导，内容包括健康饮食、健康运动、心理健康、日常生活等综合性指导。

（5）健康干预：除了为入住老年人提供健康指导外，还需制订个性化的健康干预计划。计划确定之前需与老年人及其家属沟通，医护人员在保障其安全的情况下支持、鼓励与辅助老年人实施健康计划，进行营养干预、运动干预、中医保健、心理辅导、慢性病管理等，以维持其自理能力。

（6）医养结合养老机构应严格按照健康管理三部曲的要求开展服务，建议可以分入院期、在院期及出院期三个阶段进行，如图4-1所示。

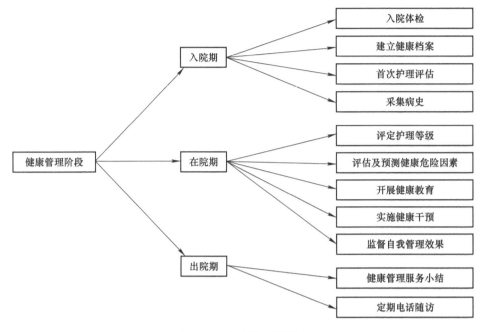

图4-1 健康管理阶段图

2. 健康教育

健康教育是指通过有计划、有组织、有系统的社会教育活动，使人们能够自觉地采纳有益于健康的行为和生活方式，消除或减轻影响健康的危险因素，预防疾病，促进健康，提高生活质量。

（1）健康教育主要内容：维持良好生活方式的指导、饮食指导、运动指导、老年常见慢性病的自我管理、老年退行性变与防护、老年常见意外事件的预防与处理、老年用药管理、老年心理健康等。

（2）健康教育方式：可采用放置健康教育知识资料、健康教育宣传海报，播放健康教育录像，口头教育，知识讲座等形式。健康教育应根据老年人的特点，表达方式力求口语化，教育内容少而精，以老年人共同参与的形式展开，以提高参与的积极性，同时要注意发挥部分老年人的榜样作用，提高健康教育的效果。

（3）健康教育的管理：

1）专人管理：根据老年人的健康状况与需求，设有相对固定人员负责制订计划和组织实施，确保健康教育的效果。

2）做好计划、实施和效果的评价管理：健康教育应有总体计划与阶段目标，有具体实施的过程和实施后效果的测评记录。根据机构总体情况和年度计划，明确本年度、季度及月度目标，组织不同层面的健康教育活动，制订相应的测评表，组织对健康教育活动效果进行测评，及时反馈信息，做好健康教育质量管理。

第三节　医养结合养老机构的康复服务

医养结合养老机构开展的康复服务是指工作人员根据老年人对康复的需求和特点，为老年人提供康复评估、功能康复、康复护理、康复宣教、辅助器具使用等康复服务的总称。

一、医养结合养老机构康复服务的要求

康复服务是专业人员运用各种康复技术针对老年人进行康复训练和护理的一系列活动。医养结合养老机构提供康复服务的场地要求、设施要求、设备要求、人员要求和服务要求如下：

（一）场地要求

（1）应根据养老机构服务对象和服务内容的规模设有康复治疗服务场所和场地。康复服务的相关场所、场地的面积大小应遵照卫生部门对医院康复科的设置要求进行配置。

（2）康复服务场所宜在老年人的生活区域或就近位置，每60名老年人活动场所的面积建议 $30 \sim 50 m^2$，有条件的养老机构宜在每个养护区设立老年人康复服务活动场所。

（二）设施要求

（1）医养结合养老机构按医疗机构执业要求提供的康复服务，其设施应按医疗规范配置。

（2）根据《老年人照料设施建筑设计标准》（JGJ450—2018）要求，设置康复用房时，除符合国家现行有关标准的规定外，还应符合下列规定：

1）室内地面应平整，表面材料应具有防护性，房间平面布局应适应不同康复设施的使用要求。

2）宜附设盥洗盆或盥洗槽。

（三）设备要求

（1）医养结合养老机构的设施设备应遵照卫生部门对医院康复科的设置要求进行配置。

（2）根据康复服务的对象和范围配置设备，可配备设备包括：

1）运动功能康复设备：如关节功能评定装置、肌力计、握力计、平衡功能测试装置等。

2）心肺功能康复设备：如心电图平板运动测试仪，运动心肺功能测试系统包括跑步台和功率自行车，适用于老年人的卧式功率自行车等。

3）理疗设备：如低频电仪、短波、中频电疗仪、激光、热磁波治仪、TPP治疗器（俗称神灯）等。

4）其他：肌电生物反馈仪、气压式循环促进仪等。

（四）人员要求

医养结合养老机构宜根据自身条件及老年人需求配备专业康复人员，人员须持证上岗，或接受过系统的老年康复服务岗前专业培训，并具备实际操作能力。

（五）服务要求

医养结合养老机构开展的康复服务应能够满足老年人的需求，并对其进行科学管理，从而充分发挥现存的功能和优势。

（1）开展康复服务之前应征得老年人或其家属的知情同意，并签订康复服务书面协议。

（2）康复活动应体现尊重和沟通原则，服务人员需尊重老年人的人格和服务需求，在康复过程中多与老年人进行交流，及时了解康复意愿和心理变化，鼓励其积极参加。

（3）医养机构应开展老年人基本的康复服务，主要包括康复知识宣教、文体活动、肢体活动、心理疏导以及促进老年人社会交往的活动等。

（4）提供医疗康复服务的机构，可根据需求为慢性病、失智、肢体功能障碍的年人提供认知康复、肢体康复和康复护理服务。

二、医养结合养老机构康复服务的内容

医养结合养老机构为老年人提供的康复服务项目有运动治疗、物理治疗（理疗）和作业治疗等。

（一）康复评估

1. 康复评估要求

（1）提供康复服务前，应先由专业康复人员根据老年人的需求，对老年人的身心受限功能水平进行评估，并根据评估结果确定功能康复的目标、措施和计划。

（2）每1～2月对老年人接受康复服务的内容、方法和效果进行阶段性评估或中期评估。终止康复活动时，应对整个康复服务工作进行小结或进行末次康复评估。

（3）评估人员应接受过康复专业培训。

2. 康复评估的内容

对于自理老年人，评估内容可围绕预防失能、预防社会功能退化等方面进行；对于已经存在功能障碍、认知水平下降及心理情绪异常的老年人，可对功能状态、自理能力进行针对性评估，以确定相关功能损害程度，并为康复效果提供依据。

（二）功能康复

1. 肢体康复

（1）自理老年人：宜开展有氧运动训练，如健步走、太极拳、园艺等；开展群体康

复训练，如舞蹈、手工艺作品、书法绘画、下棋、编织作业等。

（2）半自理老年人：宜进行的康复服务内容包括床上活动、呼吸训练、坐位训练、排便训练等。

（3）完全不自理老年人：宜进行的康复服务内容包括拍背、翻身训练、维持关节活动范围、排便训练等。

2. 语言及吞咽康复

（1）语言康复：对有语言交流障碍的老年人，宜根据其需求由经过相关专业培训和有资质的治疗师进行。语言交流训练应在相对安静、没有干扰的房间内进行。

（2）吞咽康复：对有吞咽障碍的老年人，由专业治疗师进行，在进行吞咽康复训练摄食时特别要注意进食安全。

3. 失智症康复训练

对患有失智症的老年人，根据需求，宜开展失智症康复训练。失智症康复训练主要包括怀旧疗法、童年疗法、音乐疗法、游戏疗法、美术训练、认知训练等康复项目。

4. 社会功能康复

根据老年人的需要，为老年人提供社会支持服务，包括法律援助、获得家庭成员的支持、老年人之间的交流及定期举办社会交往活动等。

（四）康复护理

康复护理是医养结合养老服务的重要组成部分，对残疾、患有老年病、慢性病且伴有功能障碍者提供的符合康复医学要求的专业性护理活动，以预防残疾的发生、发展及继发性残疾，减轻残疾的影响，以达到最大限度的康复并使之重返社会。

1. 日常生活能力训练

老年人由于疾病或残疾的影响部分或全部失去日常生活自理能力，针对丧失的功能，通过康复指导、训练，以维持、促进和改善健康状况，达到能够全部或部分恢复自理能力，减少他人帮助，提高生活质量的目的。日常生活能力训练主要包括进食、个人卫生、入浴、穿衣、床上转移和如厕等。

2. 自我照顾能力训练

自我照顾是个体在稳定或变化后的环境中参与某种活动，并发挥主动性、创造性，以维持生命，增进健康和幸福，确保自身功能健全和发展为目标而进行的活动。对残疾老年人进行必要的康复知识宣传，通过耐心地引导、鼓励和训练，使其掌握自我照顾的技能，从而部分或全面地做到生活自理，以便重返家庭和社会。

3. 康复心理护理

康复是一个漫长的过程，需要坚强的意志和持之以恒的精神。心理脆弱的老年人，易对疾病的康复丧失信心，参加训练的积极性不高。护理人员应有针对性地开展心理护理，与老年人及其家属一起全面分析康复的意义、当前面临的困难、今后要共同努力的方向等，以减轻压力，消除烦恼，促使老年人主动积极地参与康复训练。

（五）康复宣教

针对老年人的疾病特点，护理人员应积极对老年人及其家属开展健康教育，包括介绍相关疾病的发生、发展及预后处理，科学合理地解释康复治疗和康复护理的作用及药物的副作用；指导基本康复知识和训练技巧，强调康复训练的意义和重要性；帮助老年人树立康复意识，增进对疾病的了解，改变不健康的行为，以实现康复目标。

（六）辅助器具使用

根据老年人功能障碍的程度指导选用合适的康复器具，并训练在日常生活中正确使用。常见的康复辅助器械包括拐杖、步行器、矫形器等。例如拐杖使用过程中应注意以下事项：

（1）应根据老年人身高调整拐杖的高度，双手扶拐时，拐顶距离腋窝宜 5～10cm。

（2）拐杖的手柄位置应调节到双臂自然下垂时与手腕平齐，使老年人双手握住拐杖手柄支撑体重时肘关节适当弯曲，不应用腋窝顶在拐杖上。

（3）老年人开始行走之前，确保其已经站稳，拐杖分置身体两侧。

（4）避免让老年人上下台阶或楼梯时使用拐杖。

第四节　医养结合养老机构的膳食管理

规律而又均衡的膳食有利于老年人保持身体健康，因此食品的安全性、膳食结构的科学性对他们尤为重要。

一、医养结合养老机构膳食管理的要求

膳食管理作为医养结合养老机构服务的基础服务之一，起着重要的作用，其要求如下：

（1）食品加工与制作应符合食品监督管理要求，符合食品安全相关法规。

（2）从业人员应每半年体检 1 次，并作记录。

（3）膳食服务人员应身着洁净的工作服，佩戴口罩和工作帽，保持个人清洁。患有传染病者不得从事膳食工作。

（4）加工食品的储存应做到成品与半成品分开、生熟分开。

（5）每周应对食谱内容进行调整，向老年人公布并存档，临时调整时，应提前告知。

（6）应建立食品留样备查制度。

（7）老年人集体用餐时，应配备相应服务人员予以协助。

（8）应做好食品储存、运输、加工、制作的环节管理，食品应做到无毒、无致病菌、无寄生虫、无腐败变质、无杂质。

（9）保持厨房内外环境卫生整洁，做到"四定"即"定人、定物、定时间、定质量"，划片分工包干负责，消灭苍蝇、老鼠、蟑螂和其他害虫滋生条件。

（10）食物中毒率为零，老年人满意率≥80%。

（11）应尊重老年人的宗教信仰、民族习惯，结合老年人的生理特点、身体状况、生活习惯制订食谱，做到膳食营养均衡。

二、医养结合养老机构膳食管理的原则

医养结合养老机构的膳食管理既要保障营养均衡，又要满足不同老年人的需求。为老年人提供安全的食品与合理的膳食，应遵循以下原则：

（一）平衡膳食，科学搭配

以《中国老年人膳食指南》为指导，膳食供应之前应对老年人进行营养评价，根据其体格测量、生化检查结果及身体情况制订个性化膳食清单，保障膳食的合理性。后期根据定期观测到的营养评价指标予以持续性改进。老年人每日消耗热量为：60～70岁为1700～2000kcal，70岁以上为1500～1800kcal，能量补充应不超过最高消耗限量。为老年人制订食谱时应坚持按照以下比例进行配置：粮食25%、薯类5%、蛋类3%、鱼肉类5%、豆类及豆制品15%、蔬菜25%、水果10%、海藻2%、鲜奶及奶制品10%。

（二）食物供应多样化

食物供应要尽量多样化，保证四大类食物组成，即粮油类、奶类、蔬菜水果类和鱼肉蛋及豆制品类，确保营养较为全面，少吃或不吃荤油、肥肉、油炸食品、甜点心及含胆固醇较高的动物内脏等食物，以少油、少盐、少辛辣、不凉、易消化、易吸收为准则，多选用蒸、煮、烩、炖等方法烹调。

（三）少食多餐

提倡少食多餐，一般为一天4～5餐（三餐两点式）为佳，注意早餐的质量。

（四）充分尊重个体饮食习惯

养老机构的菜谱应尊重老年人宗教信仰、民族习惯，结合生理特点、身体状况，由专业的营养师进行制订。自理老年人自选饭菜，失智症老年人则由营养师为其搭配，以达到既保证营养需求又符合个体饮食习惯的原则。

三、医养结合养老机构膳食管理的内容

医养结合养老机构的膳食内容主要包括以下几个部分：

（一）食品安全管理

医养机构的膳食服务必须坚持"安全第一"的原则，应严格遵守《中华人民共和国食品卫生法》，预防食物中毒和人为投毒，预防火灾发生，确保食堂饮食安全。

（二）食品的采购

采购员不买腐烂变质的原料，库房保管员不收腐烂变质的原料，厨师不用腐烂变质的食品。

（三）食品的储存

食品储藏室应保持卫生整洁，不堆放杂物，不进行与存储食品无关的活动；对于易变质的食物应冷藏，熟食、生食、肉类与蔬菜类应分开存放。

（四）食品的烹饪

食物要煮熟烧透，防止内生外熟；不提供生拌冷菜，从源头控制病原传播途径；一般而言杜绝外购食品，如必须供应的话，应有相应卫生安全资质。

（五）食品的供应过程

所用的器皿宜采用不锈钢或陶制器皿，且必须洗净消毒，生熟器皿严格分开，且标识清晰；配餐员必须戴口罩，使用经过严格消毒的专用饮食用具，做到一洗、二刷、三冲、四消毒。

（六）提供适宜的就餐环境

保持进餐环境清洁、整齐、舒适、空气清新，营造轻松愉快的进餐氛围。

（七）食品留样

对每餐食物进行留样处理，分别盛放在已消毒的餐具中，用保鲜膜密封后在其外部贴上标签，标明留样日期、时间、品名、餐次、留样人，每日留样品种齐全，每种样品不少于100g，并在专用盒上标注品名、时间、餐别、采样人，并将留样盒放置于0～4℃冰箱内，样品一般在冰箱内保存48小时，并做好留样记录。

（八）提供膳食

1. 基本饮食

基本饮食分为普通饮食、软食、半流质饮食、流质饮食。

（1）普通饮食：为没有特殊要求的普通老年人准备的以副食为中心的饮食，注重以鱼肉、瘦肉等肉类，及豆制品等含有优质蛋白的食品的摄入。同时，控制盐的摄入量，食物以细软为宜，减轻胃肠负担，促进消化。鼓励老年人与家属、朋友共同进餐，愉快的氛围有助于食物的消化及营养的吸收。

（2）软食：对发热、术后恢复、因口腔疾患而影响咀嚼能力、消化能力较弱以及尚拥有一般性吞咽能力的老年人，应提供软烂、无刺激性、易消化的膳食。

（3）半流质饮食：对发热、因消化道疾患而消化不良、由于口腔疾患而严重影响咀嚼能力、手术后恢复期的老年人提供半流体食物，如粥、面条、鸡蛋羹、麦片、藕粉等。

（4）流质饮食：对高热、暂时或永久失去吞咽能力、胃肠道手术后恢复饮食者、重危或全身衰竭的老年人，应提供呈液体状食物，如米汤、各种汤类、果汁、牛奶、豆浆等，待其恢复到一定的程度后，可尝试进行半流质饮食或软食。

2. 治疗饮食

治疗饮食是指在基本饮食的基础上，根据病情的需要，适当调整总热能和某些营养元素而达到治疗目的的一种饮食。

（1）糖尿病饮食：饮食控制是患有糖尿病老年人的一项重要治疗措施，应该遵循糖尿病饮食原则，控制饮食热量及甜食的摄入。

（2）低盐饮食：患有高血压、肥胖、冠心病、肾功能不全的老年人应严格控制钠的摄入，以延缓心血管功能的恶化。

（3）忌碘饮食：甲状腺肿大或甲亢的老年人需要忌碘饮食，以免诱发甲亢或甲亢危象，饮食中应该严格控制碘的摄入。

3. 访客饮食

针对前往医养机构探望老年人的亲朋好友，需注重以下几方面的膳食：

（1）提供点餐服务，亲朋好友前往医养机构探望老年人，可提前一天与工作人员预约，从机构提供的菜谱中点餐。

（2）如果来访者自带食品到机构，应避免容易引起噎食的食物，如汤圆、粽子、糯米等。如果老年人进食此类食物时，应有家属或护理人员陪同，以防噎食等意外的发生。

第五节　医养结合养老机构的社会工作

医养结合养老机构的社会工作是指社会工作者运用专业方法为有需要的入住老年人及其家庭成员提供困难救助、矛盾调处、人文关怀、心理疏导、行为矫正、关系调适、资源协调、促进个人与环境适应等服务。

一、医养结合养老机构社会工作的内容

通过提供专业性服务活动，协助老年人及其家庭解决各种问题，提高服务有效性和针对性。同时，挖掘老年人潜能，提高其自助能力，促进其发展，提高生活质量。

（一）环境适应

帮助新入住的老年人认识和熟悉医养机构的环境，了解并使用医养机构资源，建立和发展新的社会关系网络，尽快融入集体生活。

（二）关系调适

处理和协调老年人的人际关系问题，使老年人与他人良好互动，主要包括老年人之间、老年人与工作人员、老年人与亲属的关系。

（三）矛盾调处

调解和处理老年人与他人之间产生的纠纷或冲突，主要矛盾包括老年人之间、老年人与工作人员、老年人与亲属的纠纷或冲突。

（四）心理支持

运用社会工作的理论与技巧，对心理方面出现问题并需要解决的老年人，通过语言或者文字的交流，共同讨论找出引起心理问题的原因，分析问题的症结，进而寻求摆脱困境解决问题的条件和对策，恢复心理平衡、增进身心健康。心理支持主要包括情绪疏导、心理咨询和危机干预。

对处在危机情境中的老年人，应首先保障其安全，再提供服务。心理支持的后期侧重于协助老年人发挥潜在的能力，利用人际支持网络以及社会资源，恢复自尊与自信，培养自主能力以面对和克服危机。

（五）休闲娱乐

根据老年人的身心特点与需求，有针对性地开展休闲娱乐活动，内容包括文艺、美术、棋牌、健身、游艺、观看影视、参观游览等。

（六）教育发展

通过开展各种教育活动，让老年人获得新的知识与技能，增强个人能力，预防生理、心理和社会功能的迅速退化，发挥老年人的潜能。活动的形式包括讲座和培训班。

（七）资源整合

帮助老年人充分利用社会资源以解决生理、心理、经济、社会交往方面的问题。社会资源主要包括老年人的亲戚、朋友、邻里，以及志愿者、政府部门、企事业单位、非营利组织所提供的人力、物力、财力和信息资源。

二、医养结合养老机构社会工作的流程

社会工作的流程包括接案、预估、制订服务计划、介入、评估、结案和转介（如图 4-2 所示）。

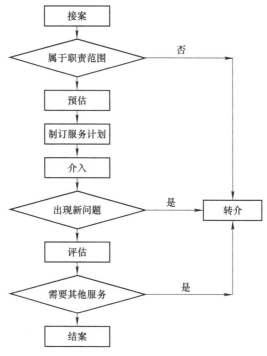

图 4-2 社会工作服务流程

（一）接案

与老年人面谈，初步界定老年人的问题，建立专业关系，做好接案会谈记录。

（二）预估

收集老年人的资料，分析和界定老年人的问题与需要，确定介入的策略。

（三）制订服务计划

与老年人一起制订具体的服务目标、服务阶段和服务方法，可采取的服务方法包括个案工作、小组工作。

（四）介入

社会工作者根据服务计划，运用个案工作或者小组工作的方法为老年人提供服务。

（五）评估

服务结束后，对接受服务的老年人以问卷或访谈的形式，系统的评价社会工作服务的介入效果与目标达成情况。

（六）结案

对整个介入过程进行回顾和总结，帮助老年人巩固已经取得的成果，解除工作关系，做好记录并存档。

（七）转介

接案、介入和评估流程均涉及转介。接案时，社会工作者应初步界定老年人的问题是否属于职责范围，对不属于职责范围的老年人应转介至其他专业人员或者机构；介入过程中老年人出现新的需求或问题而社会工作者无法解决的，应转介至其他专业人员或者机构。

经评估，对于还需要其他服务的老年人，应转介至其他专业人员或者机构；转介前社会工作者应在征询老年人意见并解释原因，由老年人自主决定是否进行转介；转介时，社会工作者应向老年人提供其他专业人员或者机构的信息供老年人选择，并协助其联系其他专业人员或者机构；转介后，应不定期回访老年人，询问转介的效果。

三、医养结合养老机构社会工作的方法

医养结合养老机构社会工作的方法主要包括个案工作法、小组工作法和社区工作法。

（一）个案工作法

个案工作法适用于环境适应、关系调适、心理支持、休闲娱乐、教育发展、资源整合方面内容的服务。

（1）接案时社会工作者应与老年人面谈，初步了解并界定老年人的问题，与老年人建立专业关系。

（2）收集资料时应详细了解老年人生理、心理状况、家庭结构、人际关系、过往经历以及老年人自己的需求，填写《个案转介／接案记录表》。

（3）制订服务计划时，社会工作者应与老年人共同商讨并明确服务工作的目标、阶段、方法、时间进度以及机构能够提供的具体服务，应与老年人口头达成或者签订书面的服务协议。

（4）应根据服务计划提供服务，每次面谈后，填写《个案工作内容记录表》。

（5）结案前应预先告知老年人做好结案准备，关注情绪变化。

（6）在最后一次服务时告知老年人需要结束个案。

（7）结案后，评估老年人的改善情况、工作目标的实现程度和资源投入情况。

（8）个案工作结束后，应不定期探访老年人，给予持续支持。

（二）小组工作法

小组工作方法适用内容与个案工作法相同。

（1）制订服务计划时小组的每次活动时长应不超过60分钟，人数不超过20人。

（2）社会工作者应负责带领小组，并安排1～2名社会工作者、护士或护理员协助。

（3）开展服务前，应提前至少1天与每位老年人交流，邀请参加小组，告知活动的具体时间、地点和注意事项。应提前至少1小时准备好活动场地和设施设备。每次小组活动开始前，填写《小组组员出席记录》。

（4）小组工作初期，首先开展符合老年人身体情况的热身游戏，与老年人一起讨论并建立小组契约和小组规范，每次小组活动结束后填写《小组工作内容记录表》。

（5）小组工作中期，应引导老年人实现小组目标，正确处理组员之间的冲突，工作进程和节奏应相对缓慢，安排一些比较容易看到成效的活动内容。

（6）小组工作后期，应继续围绕小组目标开展活动，协助老年人从活动中获得新的认知，并将认知转变为行动，建立老年人之间的支持网络，解决有关问题。

（7）小组工作进程中，应及时将身体不适或情绪失控的老年人带离小组，作为个案进行处理。

（8）小组工作结束期，应处理好离别情绪，做好小组工作的评估。

（三）社区工作法

社区工作法是通过社会工作改善老年人与社区的关系，提高其自助与互助能力，促进社区参与，以此提高生活质量的一种服务活动，通过此种方法可以降低老年人与社会的隔离，增进社会参与意识。同时，发挥老年人的潜在能力，争取和巩固老年人的权益。

四、医养结合养老机构社会工作的质量控制

（1）社会工作者在服务过程中应随时自我检查，发现问题应立即纠正，并调整服务方案，不能解决的问题及时向社会工作部门负责人报告。

（2）社会工作部门负责人每周检查服务记录不少于1次，现场检查不少1次，发现问题及时纠正并调整。

（3）社会工作部门负责人每半年以问卷的形式调查老年人服务满意度，服务满意度应≥90%，对未达到指标的服务项目应分析原因，并及时调整服务方案。

（4）社会工作部门负责人每半年检查社会工作服务开展情况，服务完成率应达到100%，服务记录率应达到100%。

本章小结

医养结合养老机构的服务内容主要包括生活照料服务、医疗与护理服务、康复服务、膳食管理和社会工作。生活照料服务是指协助或照顾入住老年人日常生活服务的全过程，主要包括进食照料、鼻饲照料、清洁照料、排泄照料、体位转移与睡眠照料。医养结合养老机构的医疗与护理服务是指为入住老年人提供常见疾病的诊断与治疗、护理、健康管理与健康教育保健的活动，是医养结合养老机构最主要的服务内容之一。康复服务是指工作人员根据老年人对康复的需求和特点，为老年人提供康复评估、功能康复、康复护理、康复宣教、辅助器具使用等康复服务的总称。医养结合养老机构的社会工作是指社会工作者运用专业方法为有需要的入住老年人及其家庭成员提供困难救助、矛盾调处、人文关怀、心理疏导、行为矫正、关系调适、资源协调、促进个人与环境适应等服务。

实训设计指导

分组或独立完成。组织学生为当地一家医养结合养老服务机构提供志愿者服务。参考以下要求提交800字左右的书面报告。

1．收集入住老年人的基本信息。

2．通过访谈或利用量表对入住老年人进行心理评估和社会功能评估。

3．根据评估结果，运用社会工作的理论与技巧，制定心理支持方案。

思考与练习

1．张奶奶，78岁，独自生活，因在家跌倒后致左侧股骨颈骨折，术后2个月出院，家人将其送入医养结合养老机构，入院时老人可借助助步器行走，情绪低落，自述被家人抛弃。

（1）对老人进行生活照料服务的具体要求错误的是（　　　　）。

　　A．做到皮肤、口腔、头发、手足、指（趾）甲、会阴部清洁

　　B．做到无压疮、无坠床、无烫伤、无自杀

　　C．关心老年人的饮食、卫生、安全、睡眠、排泄

　　D．知道老人的姓名、个人生活照料内容和重点、个人爱好、患病情况、家庭情况、使用药品治疗情况和心理情况

　　E．每天为老人开窗通风保持空气清新无异味

（2）对老年人采取的护理服务中，下列不可取的一项是（　　　　）。

　　A．做好老人的心理护理，缓解其低落的情绪

　　B．为了防止老人再次跌倒，尽量减少老人下床活动，以卧床为主

　　C．协助老人正确使用助行器具

　　D．做好压疮、跌倒等并发症的预防

　　E．提高生活质量

2．王奶奶，86岁，入住机构1个月，身高155cm，体重40kg，瘫痪在床，无法经口进食，采用鼻饲饮食，偶有小便失禁。

（1）在进行鼻饲过程中，下列措施错误的是（　　　　）。

　　A．进行鼻饲前先测量鼻饲液的温度

　　B．采取半卧位进行鼻饲

　　C．由于王奶奶营养不良，应增加鼻饲量，每次250mL

　　D．每次鼻饲间隔时间2小时

　　E．做好老年人的口腔护理，每天2次

（2）为王奶奶宜提供的护理服务内容不包括（　　　　）。

　　A．拍背　　　　　　　　　　　B．翻身训练

　　C．维持关节活动范围　　　　　D．排便训练

　　E．吞咽康复

第五章　医养结合养老机构的安全防范

📖 学习目标

识记：1. 简述医养结合养老机构安全事故类型。

2. 简述影响入住老年人安全的因素。

理解：1. 理解医养结合养老机构安全管理的原则及方式。

2. 理解医养结合养老机构安全管理措施。

3. 理解医养结合养老机构意外伤害事件的应对原则。

运用：运用所学知识制定医养结合养老机构意外伤害事件的防范措施。

✎ 学习重点难点

1. 医养结合养老机构安全管理的原则及方式。

2. 医养结合养老机构安全管理措施。

3. 医养结合养老机构意外伤害事件的防范措施。

4. 医养结合养老机构意外事故纠纷的处理。

💡 导入案例与思考

李爷爷年过八旬，入住于某医养结合养老机构，因患有心脏病和眼疾，须每天服用药物。最近，一直负责照顾老人的护理员离职，由新的护理员接任。新任护理员对药物管理不熟悉，医养机构对此也无操作标准。某天中午在给老人服药时，新任护理员错拿了隔壁床上老人的药给李爷爷服用。发现身体异常后李爷爷被送往医院抢救，医生诊断为药物中毒。李爷爷经过治疗虽已康复，但一直处于紧张状态，担心再次发生此类问题。李爷爷的家属要求该机构支付医疗费、精神损失费等。请思考以下问题：

1. 该事故属于何种安全事故类型？

2. 该机构的安全管理存在哪些问题？

3. 应该如何处理此次安全事故？

4. 医养结合养老机构应该如何防范类似安全事故的发生？

近几年来，入住医养结合养老机构的老年人数量逐年增加，随之而来的各类意外事故和纠纷也不断增多，老年人的安全问题成为医养机构服务质量的重要影响因素之一。作为运营与管理人员，了解医养机构的常见安全问题与事故，具备安全责任意识，知晓安全管理工作存在的问题，掌握安全管理的防范措施及处理方法，建立健全安全防范制度，配备安全防护设备，全面开展安全管理措施是非常必要的。

第一节　医养结合养老机构安全管理概述

所谓安全是指平安、无危险、不受威胁、不出事故。安全管理是管理科学的一个重要分支，对象是人、物、环境的状态管理与控制，是一种动态的管理。医养结合养老机构的安全事故具有发生频率高、种类多样、事故责任难以认定等特点，因此必须要进行经常性的检查、分析、判断、调整、强化动态中的安全管理活动。

一、医养结合养老机构安全管理的概念

安全事故是指生产经营单位在生产经营活动（包括与生产经营有关的活动）中突然发生的，伤害人身安全和健康，或者损坏设备设施，或者造成经济损失的，导致原生产经营活动（包括与生产经营活动有关的活动）暂时中止或永远终止的意外事件。

安全管理是指为实现安全目标而进行的有关决策、计划、组织和控制等方面的活动，主要运用现代安全管理原理、方法和手段，分析和研究各种不安全因素，从技术、组织和管理上采取有效的措施，解决和消除各种不安全因素，防止事故的发生。安全管理贯穿于医养服务活动的各个环节，包括治疗、护理、康复等。

医养结合养老机构的服务对象是需要养老与医疗双重服务的老年人，大部分患有各种疾病或失智、失能，生活自理能力差，反应速度慢，遇到险境难以依靠自身能力脱险，特别是在发生火灾、触电、走失等事故时会造成严重的人员伤亡和经济损失。因此，医养结合养老机构存在的安全问题多，管理难度大。

二、医养结合养老机构常见的安全问题

医养结合养老机构常见的事故类型可以分为社会安全事故、医疗安全事故、护理安全事故等。

（一）社会安全事故

目前，多数医养结合养老机构并不是一个封闭的场所，而是身处流动人员较多的环境，如老年人的访友或外出就诊、家属的探访、领导的视察、学生的参观、志愿者的服务等，在丰富老年人日常生活的同时也带来了较多的安全隐患。此外，工作人员欺负、虐待、谩骂老年人等侵犯老年人权益的行为也可能导致事故的发生，且较容易引发矛盾和纠纷。部分安全

事故是由于工作人员玩忽职守、违反规章制度、一时疏忽大意造成，如地面积水没有及时擦干，造成老年人摔倒，物体表面、工作人员的手、空气、餐具消毒不严格，容易引起病菌的传染等。如果在老年人群体中发生传染病，具有感染途径多、感染病种复杂、感染范围大、后果严重等特点。除此之外，还包括火灾、触电、传染病、老年人外出的交通意外事故等，也不容忽视。

延伸阅读

构成医养机构意外伤害事故必须具备五个条件

1. 受害方必须是入住医养机构的老年人。
2. 必须有导致老年人意外伤害事故的行为。
3. 导致伤害结果的原因可能是管理人员或护理人员的行为，也可能是老年人自身及其他老年人的行为。
4. 必须有伤害结果发生，导致伤残，甚至死亡，也包括精神上的伤害。
5. 伤害行为或结果必须发生在医养机构对老年人负有管理、护理等职责期间和地域范围内。

（二）医疗安全事故

医疗安全事故是指在实施医疗行为过程中，病人发生法律和法规允许范围以外的心理、机体结构或功能损害、障碍、缺陷或死亡。老年人是疾病的高发人群，他们身体虚弱，免疫能力较低，容易感染疾病，所以需要医养结合养老机构为其提供医疗服务。在提供医疗服务的过程中可能发生的事故有误诊、错误用药等。医疗事故一旦发生，会损害老年人的身体健康甚至危及其生命安全。医疗安全管理是围绕医务人员在实施医疗行为、病人在接受医疗服务过程中为了病人不受到意外伤害所进行的全部管理活动，包括医疗安全管理、药品安全管理、医技安全管理、后勤安全管理、设备仪器安全管理及医技治安管理等。医养结合养老机构在提供医疗服务的同时须加强医疗安全管理，防止医疗安全事故的发生，达到安全与健康的目的。

（三）护理安全事故

护理安全事故是指老年人在接受护理的过程，发生在法律或规章制度允许范围以外的心理、机体结构或功能上的损害、障碍、缺陷或死亡。护理安全管理是为了保证老年人身心健康，对各种不安全因素进行有效控制。医养结合养老机构常见的护理安全事故主要包括以下几个类型：

1. 跌倒

跌倒是首要关注的护理安全问题。老年人跌倒的发生是由多种因素相互作用的结果，如生理因素、心理因素、环境因素、药物作用，其中环境因素是基本因素。

2. 窒息

老年人的咀嚼吞咽功能下降，如果在进食的时候不能细嚼慢咽，他们很容易发生呛咳或窒息。

3. 坠床

由于疾病原因出现意识不清或意识障碍的老年人，常因躁动而自主或不自主地发生坠床，意识清楚的老年人也可能会因为身体平衡能力下降发生坠床。

4. 误服药物

老年人记忆力减退，特别是老年痴呆症患者，因记忆功能的降低和分辨能力的下降，易出现漏服、少服、错服、多服药物等现象，导致药物剂量不足或过多，甚至误服导致生命危险。

5. 冻、烫伤

随着年龄的增长，老年人感觉功能减退，容易引起烫伤、冻伤、皮肤擦伤等。

6. 压力性溃疡

对于活动受限的老年人，特别是全身瘫痪者，皮肤长时间受压，加上老年人皮肤干燥失去弹性，容易造成皮肤发红、肿胀、起水泡，从而引发压力性溃疡。

7. 自杀

自杀是指任何由死者自己完成并知道会产生这种结果的某种积极或者消极的行动，并直接或者间接地引起的死亡。老年人自杀的影响因素主要包括社会人口学特征、身体健康状况、心理健康状况、经济条件、家庭状况等。引发个体消极情绪的负性生活事件是导致老年抑郁症、自杀发生的重要危险因素。

8. 自伤或他伤

相对其他安全问题，自伤或他伤比较少见。常见有失智症老年人攻击同室老年人，患有精神类疾病的老年人伤害自己或他人，烦躁老年人在使用防护性约束带后有情绪上抵触，用肢体撞击床栏，导致手臂皮肤血肿等。

医养结合养老机构事故的发生多与老年人生理性和病理性衰老有关，也与工作人员缺乏责任意识、安全意识，服务不规范、不及时、不到位等有密切关系。医养结合养老机构的安全管理不仅需要管理部门的重视，也需要全体员工的参与，树立安全事关全体员工的理念，坚持"群防群治"原则，制定安全奖惩条例，监察机构安全状况。

三、影响入住老年人安全的因素

影响入住老年人安全的因素比较复杂，主要包括自身因素和机构因素。

（一）老年人自身因素

1. 生理因素

老年人是发生意外伤害事件的高危人群。由于生理性衰老，不可避免地存在着组织器官机能衰退，且随着年龄增长而更加明显，成为影响老年人生活质量的重要因素之一。老年人的视力、听力、嗅觉以及皮肤感知冷、热、痛的能力下降，维持身体平衡能力降低，肢体协调功能减弱，出现步态改变、脚抬不高、关节活动不灵活等，易发生跌倒、烫伤、骨折等意外伤害。

2. 疾病因素

大多数老年人伴有各种类型的慢性疾病，如脑血管病及后遗症、高血压、糖尿病等，生理性衰老加速，日常生活自理能力进一步下降，意外伤害事件发生的概率增加。例如老年人上厕所排便后起立时，易出现体位性低血压，容易导致跌倒、股骨颈骨折等；脑中风留有肢体偏瘫的老年人，长期卧床可能会出现压疮等。

3. 药物因素

由于患病老年人需服用多种药物，如降压药、降糖药、血管扩张药、强心剂、抗心律失常药等，易诱发体位性低血压导致跌倒；服用中枢神经系统药物，如镇静药、催眠药、抗精神病药等，可削弱老年人的认知能力、平衡能力、反应速度等，增加意外损伤的概率。

4. 社会心理因素

入住医养机构的老年人将会面临更多的负面生活事件，如离开子女、丧偶、失去亲人、患病等，同时社会交往减少，易出现孤独、焦虑、抑郁等心理问题，自杀倾向明显高于其他人群。

（二）机构因素

1. 服务人员因素

目前，养老服务从业人员缺乏、流失严重，同时队伍整体素质较低，大多没有经过专业培训或培训不到位，缺乏相关理论和技能，老年人生理和心理相关知识不足，病情判断及其处理能力低，安全指导和管理知识少，易出现安全问题。例如压疮防护知识缺乏、护理措施不当，导致卧床老年人出现压疮；服务人员的责任心和安全意识不足，对高龄老年人因骨质疏松可能出现自发性骨折等预测不足等。

2. 安全管理因素

部分医养结合养老机构缺乏健全的安全管理制度及应急预案，安全工作流程尚不健全，管理制度不完善，缺乏监控力度，不重视对工作人员的教育和培训等都是导致不安全的因素。同时也表现在管理不到位、老年人入住后缺乏安全保障，如老年人食堂内熟食、生食混放，导致食物中毒事件；与老年人及其亲属未签署入住协议，或即使签订也没有明确责任条款，如发生意外事故可能会由医养机构承担主要责任；医疗力量投入不足，缺乏连续的动态管理和安全隐患识别机制，意外发生前无防范措施，意外发生后的应急处置措施不妥，缺乏救助、护理记录，易引发纠纷。

3. 环境设施因素

部分医养机构的设施陈旧简陋、设备老化、环境改造不彻底，如走廊无扶手，体质虚弱的老年人行走时缺少支撑物；居室无床边呼叫器、求助门铃或电话等求助设施，老年人一旦有紧急情况时不能获得及时帮助；夜间无地灯，夜尿频繁的老年人易发生跌倒；老年用品缺乏安全设计元素，如坐便器、凳子等过于简便、不稳固；护理床、轮椅等保护性设计不合理，躁动或痴呆老年人护理保障不足。

4. 安全文化因素

安全文化是个人和群体的价值观、态度、能力和行为方式的产物，它决定组织健康与安全管理的责任、方式和能力。发展安全文化是改善安全的潜在战略，对于提高机构内安全水平具有重要的意义。安全文化是将安全提升到最优先地位的一种行为过程，将安全渗透到组织的每个单元，注入每个操作规范之中。安全文化中重要的是报告文化，是指工作人员自愿报告安全事故，积极分析原因并构建解决方案，而不是因为担心受到惩罚而不愿报告。部分医养结合养老机构安全文化建设尚不完善，有待进一步提高。

第二节 医养结合养老机构的安全管理措施

安全管理以保护老年人安全为主要目的，执行安全管理的方针、决策、计划、组织、指挥、协调、控制等职能，合理有效地使用人力、财力、物力、时间和信息，为达到预定的安全防范目的而进行的各种活动的总和。

一、医养结合养老机构安全管理的原则

安全管理是医养结合养老机构管理的一个重要组成部分，主要包括医养服务与安全管理统一、坚持安全管理的目的性、预防为主、"四全"动态管理、前馈控制五项基本原则。

（一）医养服务与安全管理统一的原则

安全管理寓于医养服务之中，以促进和保证医养服务的有效提供。安全管理是医养服务的重要组成部分，两者存在着密切的联系，提供医疗及养护的过程同时管理安全，不仅是对各级人员明确安全责任，同时也是向一切与医养服务有关的部门进行管理责任的落实。医养服务与安全管理的目标、目的应保持高度一致和完全统一，明确服务人员的安全管理责任，建立和落实安全管理责任制度。

（二）坚持安全管理目的性的原则

安全管理是对服务中的人、物、环境因素的掌控和管理，有效控制人的不安全行为、物的不安全状态、环境中的不安全因素，消除安全隐患并避免安全事故的发生，以达到保护老年人安全与健康的目的。没有明确目的的安全管理是一种盲目的行为。盲目的安全管理在一定程度上会纵容或威胁老年人的安全与健康状态，甚至向更为严重的方向发展或转化。

（三）预防为主的原则

安全管理的方针是"安全第一、预防为主"。"安全第一"是从保护老年人的角度和高度，不是单一地处理事故，而是在服务过程中，针对医养服务的特点而采取的管理措施，有效控制不安全因素的发展与扩大，保证老年人的安全与健康；落实"预防为主"的方针，首先要明确不安全因素，选准消除不安全因素的时机，经常检查、及时发现不安全因素，明确责任，对可能出现的危险因素或安全隐患，及时采取措施予以消除。

（四）"四全"动态管理的原则

"四全"动态管理是指坚持全员、全过程、全方位、全天候的动态安全管理，强调全员参与，树立"机构安全事关全体员工"的理念。安全管理涉及医养服务的方方面面，从老年人入住到善终的整个过程。

（五）前馈控制的原则

前馈控制又称事前控制或预先控制，是指在管理工作之前，对管理活动所产生的后果进行预测，并采取预防措施，使可能出现的偏差在事前就可以避免的一种方法。安全管理是一个动态的过程，是不断发展，不断变化的，需要不断摸索新的规律，总结管理、控制的办法与经验，指导新的变化后的管理，从而使安全管理不断上升到一个新的高度。前馈控制可以把各种不安全的因素控制在服务提供之前，分析意外事故原因，从而达到安全管理的目的。

二、医养结合养老机构安全管理的方式

医养机构安全管理主要是组织实施安全管理的规划、指导、检查和决策，同时，又是保证医养服务处于最佳安全状态的根本环节。主要的安全管理方式包括：

（一）OEC 管理模式

OEC 是下列英文单词的首字母：

O：Overall，即全方位。

E：① Everyone，每个人；② Everything，每件事；③ Everyday，每一天。

C：① Control，控制；② Clear，清理。

OEC 管理模式的本质是将机构的核心目标量化到人，将每一个细小的目标责任落实到每一个员工身上。该管理模式由目标体系（确立目标）、日清体系（完成目标的基础工作）、激励机制（日清的结果与激励挂钩）三个体系构成。

（二）安全管理 PDCA 循环模式

PDCA 循环模式反映了安全管理工作的四个必经阶段，是全面做好医养结合养老机构安全管理最基本的思想方法和工作程序，是持续改善机构整体质量的重要工具。其中：

P（Plan）计划：包括方针和目标的确定以及活动计划的制订。

D（Do）执行：执行就是具体运作，实现计划中的内容。

C（Check）检查：总结执行计划的结果，分清哪些对了，哪些错了，明确效果，找出问题。

A（Action）处理：对检查结果进行处理，认定或否定。成功的经验要加以肯定，或者模式化或者标准化以适当推广；失败的教训要加以总结，以免重现，这一轮未解决的问题放到下一个 PDCA 循环。

（三）安全管理持续改进模式

持续改进包括确定根本原因、选择解决问题的方法、监控改进措施的执行、评价效果、得出结论、修订标准、巩固改进结果等。医养机构应成立安全管理小组，定期进行全面安全检查并记录，通过会议进行及时反馈，讨论改进措施，不断改进服务流程。该模式关注安全管理督导的全过程，强调在原有基础上不断定位更高的标准，使安全管理始终处于良性循环。

（四）安全事件的非惩罚性自愿报告制度

医养机构应建立不良事件内部上报系统，实行安全事件的非惩罚性自愿报告制度。鼓励自愿上报不良事件，对当事人避免单纯的批评责备和处罚，倡导主动报告过失和缺陷，营造良好的安全管理文化，促进安全管理系统的持续质量改进。

（五）SHEL 事故分析法

日本医疗事故调查委员会提出 SHEL 事故分析法，认为医疗事故的形成主要受几个方面的影响，可以通过对这些因素的分析来找出医疗事故的原因，并制订相应的对策，以实现医疗、护理安全的目的。SHEL 事故分析法中，S（Software）表示软件部分，指护理人员的业务素质和能力，包括医德素质、专业素质、技术素质、身体素质等以及技术才能，是分析事故的核心；H（Hardware）表示硬件部分，指护理人员工作的场所，如护理室、治疗室等；E（Environment）表示临床环境，狭义上通常是指护理人员执行临床护理最多的地方，是以患者为中心，半径为 3.3m 以内的范围，广义上是指医院环境、治疗环境、物理环境等；L（Liveware）表示对相关人员及当事人的分析，即从管理者及他人的素质（如老年患者的违医行为等）分析，找出管理者存在的问题。

（六）5S 质量管理法

5S 质量管理法起源于日本，可以改变医养结合养老机构服务场所环境脏、乱、差所产生的安全隐患，提高设备的利用率，精简无效劳动，减少工作失误，同时可培养员工良好的工作习惯及安全防范意识、严谨的工作作风和为他人服务的精神，降低消耗，减少浪费，增强了团队意识和员工的管理及专业技能，提升安全管理质量的同时也打造了机构的品牌。所谓 "5S" 代表整理（Seiri）、整顿（Seiton）、清扫（Seiso）、清洁（Seiketsu）、素养（Shitsake），其含义分别如下：

1. 整理

整理就是明确区分需要与不需要的东西，要求在工作场所不放置与工作无关的用品。

2. 整顿

整顿就是使所需物品始终处在需要使用的位置，要能够及时获取，高效使用。

3. 清扫

清扫就是要求工作场所始终处于无垃圾、无灰尘的整洁状态。

4. 清洁

清洁就是经常进行整理、整顿和清洁，始终保持环境清洁的状态。

5. 素养

素养就是正确执行相关的规定和规则，并养成良好的习惯。

三、医养结合养老机构安全管理的措施

安全管理措施是安全管理的方法与手段，其重点是对各种因素状态的约束与控制。安全管理措施在保护老年人生命安全及促进健康的同时，也能最大限度地避免纠纷的发生，主要包括以下几个方面：

（一）完善管理制度

医养结合养老机构应当有规范化的安全管理制度，并在民政等相关部门的倡导下不断推广完善。

1. 健全各项安全管理制度，加强制度的学习与考核

医养结合养老机构要在坚持法制化、标准化和专业化相结合的基础上，建立健全各项规章制度和考核标准，逐步形成完善的标准化和专业化社会服务体系。定期进行检查，及时发现和纠正安全隐患；建立安全评估机制，跌倒风险评估，压力性溃疡风险评估；建立《感染控制登记本》，定期检测养老机构的感染控制指标；加强工作人员关于制度的学习，并定期进行考核，使工作人员学规章、知规章、守规章。

2. 成立护理安全管理小组

实行护士长、护理安全员、责任护士三级安全监控网络。责任护士每日检查老年人的安全隐患，并做好记录和交接班，对高危老年人进行动态、阶段性的跟踪评估；护理安全员应由优秀且资历较高的护士担任，每周对每位老人和护理单元中存在的潜在危险进行评估，检查防护措施是否落实，将存在的安全问题及时上报；护士长要定期检查，抽查安全护理质量，对安全措施的有效性进行评价，对存在的问题进行分析和改进。

（二）制订应急预案

管理人员及护理人员应认真评估和分析老年人在生活和疾病护理中容易出现的紧急

风险，制订突发事件的应急处理流程和应对措施，如坠床的应急预案、跌倒的应急预案、药物致过敏性休克的应急预案等，并组织工作人员共同学习，熟练流程，有效降低护理风险。应急预案的实施也可以提高工作人员的理论水平和技术水平，强化风险意识和自我保护意识。

（三）进行安全培训，强化安全防范意识

掌握安全知识可以有效地降低安全问题的发生率。因此要确保老年人的安全，不仅要对工作人员进行培训教育，同样也要对老年人进行健康教育。考虑老年人的特殊性，采用他们易于掌握接受的方法，最好的宣传方法是一对一地指导和讲授。医养机构可与院校联合，充分发挥学生参与安全健康教育的作用，运用学校所学的专业知识对老年人进行一对一的安全健康教育，还可以在宣传栏中张贴教育宣传画、观看安全教育视频等，增强老年人的安全及自我保健意识。此外，由于医养机构的照护者大多是护工和护理员，如果缺乏相关的理论知识和技能，就应开展多种形式、多种途径的疾病护理及急救技能培训，将安全教育工作系统化和规范化，及时为老年人提供相关的安全信息。医养结合养老机构须全面了解医护和养护工作中不安全的相关因素，工作人员应始终保持高度的责任感和洞察力，养成良好的职业操守，重视工作中的不安全因素，用高度的责任心，加强专业知识的学习，参加突发安全事件应急预案的学习，提高安全应急能力，更好地防范不安全事件的发生，并提高处理突发事件的能力。

（四）构建安全文化

管理者要更新观念，积极倡导安全文化，营造一种强烈的职业安全氛围，树立安全第一的思想，把人文关怀放在重要位置，建立一套完整、有效的自愿报告系统。管理者应建立分享而非惩罚为目的的不良事件报告制度，提倡缺陷共享，鼓励勇于暴露风险和隐患，主动报告不良事件。通过召开会议分析讨论，制订改进措施，从而营造一个良性的安全文化氛围，使安全管理更积极主动。只有积极落实安全文化，医养机构才能确保"安全的人员"在"安全的环境"中执行"安全的医养服务"。

 案例 5-1

以"危机管理法则"打造养老机构安全屏障

浙江省杭州市西湖区拥有养老机构18家，每百名老年人床位数达4张以上，入住老年人2000余位。各地养老机构安全事故时有发生，普遍存在集体消防安全、老人个体走失、跌倒、猝死以及护理员的护理技能不到位而引发的安全隐患。为此，杭州市西湖区总结提炼了"危机管理法则"，即"入门有槛、管理有法；培训有量、考核有度；沟通有方、服务有爱；监督有制、配合有力"，并在全区各养老机构中运行和推广。

1. 入门有槛、管理有法

（1）危机防范工作有章可依：核清身体状况。认真把好"入住审核关"，通过专业医师对初次入住老年人的体检报告进行分析，防止机构收住患有传染病等不适宜集体居住的老年人；对其身体状况、家庭环境、心理状态等进行评估，明确可能存在的身体状况风险，并根据评估结果确定服务等级；让家属、机构和老人都能及时了解最新身体状况，建立"一人一档"。

（2）明晰入住责任：邀请专业法律顾问编制入住合同，明确服务内容、服务方式、收费标准、服务期限、意外伤害责任认定等内容，在争议发生时做到有法可依。按照管理规范化、服务标准化的要求，制定休养员手册，明确休养员入住权利和职责。

（3）编制应急预案：根据养老机构实际运行情况，积极编制应急预案，对养老机构较容易发生的冲突、走失、跌倒、噎食、猝死、自残等个体事件以及消防安全、食物中毒等集体事件明确预防和处置流程。

2. 培训有量、考核有度

（1）危机自救能力稳步提升：开展业务技能培训常态化。每季度邀请专业医疗机构工作人员组织护理知识培训，每月由养老机构具有高级证书的护理员进行护理技能实操培训，重点对噎食急救、心肺复苏、跌倒救护等养老机构中常见的老年人意外伤害事件进行反复操作练习，提高护理工作人员的应急救护水平。

（2）消防安全培训全员参与：邀请专业消防人员每季度开展消防安全知识技能培训，结合近年来典型火灾案例，讲解火灾的应急和预防、消防器材正确使用。每年两次开展较大规模的消防安全应急演习，发动护理员、老年人全员参与，提高火灾自救能力。

（3）风险防范考核与收入挂钩：设立护理员风险防范考核奖励，制定《西湖区社会福利中心护理员风险防范奖励考核暂行办法》，将护理员年中、年末奖金发放和意外风险防范考核挂钩，提高护理员风险防范意识。成立由专家、老年人等组成的护理员风险防范考核专项小组，每年经过实地考核后结合日常工作实施奖惩。

3. 沟通有方、服务有爱

（1）危机防范意识从心强化：养老机构实施"养医结合"，引入绿康老年康复医院，为老年人突发疾病提供及时救助，为入住老年人提供专业医疗服务。以星级评定活动为契机，安装监控摄像头和室内紧急呼叫器，完善无障碍设施建设和楼梯、厕所等防踩空、防滑警示标志，从细节着手进一步防范老年人意外事件的发生。

（2）服务活动注重情感交流：除定期开展各类文体活动外，养老机构注重设计一些亲情服务项目，增进与老年人的情感交流。在休养员生日、患病等期间，组织开展庆祝生日、慰问病人等活动，让他们感受到亲情般的温暖；分期分批组织具有抑郁倾向的老人游览周边景区，帮助他们打开心扉；设立心理咨询室和爱心传递热线，邀请心理医生定期坐诊，及时帮助老年人解决心理问题。

（3）安全教育注重多方沟通：针对老年人行动能力弱、记忆力较差的实际，采用墙报、宣传栏、警示标语、主题活动、广播等形式，持续开展意外伤害事故预防等各种安全常识教育。同时，采取定期"家长会"形式，主动介绍老人的健康状况、可能突发的疾病与意外，以及养老机构能够采取的各项防范措施，以增加入住老人亲属对养老机构工作的理解与支持，并通过家属向老年人进行安全教育，使老年人更加容易接受。

4．监督有制、配合有力

（1）危机处理手段健全完善：建立危机管理三级监督体系。西湖区民政局联合西湖消防大队，定期对养老机构危机管理工作进行监督管理；西湖区社会福利中心设立内审委员会，加强对资金、工作流程等的规范管理，每月对护理员服务质量考核进行审核；老年人自发组建养老机构民管会，对机构内各部门的工作进行监督。

（2）建立部门协作应对机制：成立由民政、卫生、消防、公安等多部门共同参与的协调联络小组，明确各自职责，确保危机事件发生后，相关部门能快速联动、密切配合、有序分工，按照应急方案有效解决问题。西湖区社会福利机构每年邀请消防中队全程指导开展消防演习活动，提高老人及护理人员的消防意识和逃生技能。

（3）注重整合社会各界力量：与辖区内多所高校结成尊老爱幼道德教育共建对子，为养老机构的心理咨询工作提供支持。与西湖区统战系统签约"同心奉献385行动"爱心服务活动拓展基地，建立书画协会、新闻媒体、志愿者组织等社会各界实践基地，进一步整合社会各界力量，宣传养老机构和危机管理知识，形成浓厚的关心支持养老事业发展的氛围。

第三节　医养结合养老机构意外伤害的防范与处理

预防入住老年人意外伤害事件的发生，减少矛盾和纠纷，妥善处理意外事件，为老年人提供安全有效的医疗、养老环境，是当前医养结合养老机构面临的重要课题。

意外伤害是指老年人在入住医养机构期间所发生的、未曾预料的突发事件，通常指导致老年人躯体和精神伤害。意外伤害可以是轻微的，如轻微皮肤擦伤、磕伤、扭伤等，也可以是严重的伤害，如跌倒、噎食、窒息、坠床、烫伤、走失、自杀、自伤、他伤、突发疾病死亡（猝死）等。轻微意外伤害一般不会引起纠纷与矛盾，较严重的意外伤害如果构成意外事故，容易发生矛盾和纠纷。

事故是指造成人员伤亡或重大财产损失事件，一般分为意外事故和责任事故。意外事故是指由于老年人个人（如不适当的操作或活动、个人不注意、不小心等）和其他不可抗拒的非机构方面的原因造成的，工作人员没有过失行为，法律上不应追究养老机构和养老工作人员的责任。责任事故是指医养结合养老机构工作人员玩忽职守、违反规章制度和操作规程等失职行为所造成的有责任过错的事故。

一、医养结合养老机构意外伤害的应对原则

根据医养结合养老机构意外伤害的特点，应坚持以下几项基本原则：

（一）以人为本原则

医养结合养老机构具有生活照料、康复护理、紧急救援等功能，能够为老年人提供专业的养护服务，因此维护老年人的生命与财产安全是其最基本的职责和使命。当意外事件发生时，保护老年人的人身安全是首要的，这是以人为本原则的客观要求。

（二）积极预防原则

在医养结合养老机构中建立监测预警机制，实时对老年人可能发生的意外事件进行监测预警和风险评估是这一原则的有力体现，它不仅有利于把隐患消除在萌芽状态，也能够提高护理员、医养机构负责人的安全意识，克服消极应对的麻痹心理。

（三）科学应对原则

伴随着现代科技的快速发展，人们对科技手段在意外事件中的应用也不断增强。医养机构在意外事件的监测、预警、决策、执行等诸多系统和环节中都应注重现代科技在信息的获取、分析、加工、处理等方面作用，确保对意外事件进行科学有效地处理。

（四）快速反应原则

在老年人这个特殊群体中，意外事件具有突发、高发、复杂的特点，必须第一时间快速反应、及时处理，一旦处理不及时很可能发生转换、蔓延、衍生和耦合机理，从而使事态不断恶化、矛盾不断升级，给老年人和医养机构带来难以估量的损失。

（五）依法应对原则

在医养结合养老机构意外事件的应对处置过程中，必须遵守国家的相关法律法规和制度，坚持有效合法地应对处置程序和步骤，形成合情、合理、合法的应对机制，切实有效地维护老年人及其家属及医养机构的合法权益。

（六）协调配合原则

意外事件的预防和应对涉及各方各面，在应对处置过程中需要医养机构负责人、护理员、后勤保障人员、老年人及其家属及社会公众同心协力，更需要各部门、各单位充分发挥职能作用积极配合，只有这样才能取得意外事件应对处置的良好效果。

二、医养结合养老机构意外伤害事件的防范措施

通常各种意外伤害事件属于突发事件，无固定模式，养老工作对象的特殊性给服务人员提出了更高的要求。意外伤害事件的防范措施是保障老年人的生命健康和生活质量的重要内容，主要包括以下几个方面：

（一）完善制度，加强行业督管

1. 建立、健全事故的预防机制，强化事故预防

对于医养结合养老机构来说，为老年人提供良好的服务就是最有力的自我保护和事故预防措施。因此，贯彻和落实相关法规和标准，努力提高护理人员的技术水平和护理质量，加强护理工作流程的管理，健全老年人入住管理制度、护理登记评定制度、健康管理制度、员工管理制度、岗位职责及服务规范、操作标准等各项规章制度，确保消防、食品、医疗服务、环境设施等各类安全措施的落实，从制度上保障入住老年人的安全。进一步明确责任人员，层层落实目标任务，建立报告、登记制度。对检察发现的安全隐患，要立即着手整改。完善应急预案，预案要简便易行、实用有效，发现问题妥善处置，并及时报告。要结合实际进行演练，提高在院老年人安全意识及维护安全能力，加强对无自理能力老年人的安全服务，落实专人负责，确保他们人身安全，尤其要做好失能、失智老年人的监控工作。

2. 加强行业服务监控

政府的监管力度不够也是医养结合养老机构事故日益频发的重要原因。建立一套有效的监控体系，实施统一的行业准入制度，政府应把医养结合养老机构纳入行政许可范围，建立起法制化资格审定制度；设定行业最低准入标准，从而加强行业入口的控制；修订完善管理法律法规，加强对运营的监管，使医养服务行业发展成为平衡上升的进程。

（二）完善硬件，加强安全防范

认真执行医养结合养老机构的设计和施工标准。在新建、改建和扩建中严格执行设计和施工法规及标准，要充分考虑老年人的生理特点及其对设施、设备和场地的特殊要求，并且定期检查，消除隐患，最大限度地减少事故的发生，积极利用现代科技给安全管理提供有效的支撑及保障。常见的安全管理设备包括以下几个系统：

1. 电视监控系统

电视监控系统主要由摄像机、手动图像切换、屏幕等组成，一般安装于医养机构的出入口、电梯内、楼房通道等地方，用于监控老年人日常生活中出现的突发情况和可疑人员或其他异常现象，以便及时采取措施。

2. 安全报警系统

在消防通道、门卫、财务部等重要位置安装报警系统，以防止盗窃等不良事件的发生。在设有煤炉、燃气炉等设备的房间内，应该安装有害气体报警器，防止人员中毒。

3. 自动灭火系统

自动灭火系统由多种火灾报警器、灭火器、防火门、消防泵、正风送风机等组成，是

医养结合养老机构的必备设置。由于老年人行动不便，一旦发生火灾，逃生比较困难，利用这些防火设备能够阻断或减轻火情，方便火灾处理及延长逃生时间。

4. 通信联络系统

通信联络系统是以安全监控中心为指挥枢纽，通过无线通信器材而形成的联络网络，使医养机构的安全管理工作具有快速反应能力。

5. 电子门锁系统

目前，电子门锁系统已在原有安全防卫功能的基础上加入了自动破坏解码器的装置，当恶意解码时该装置能将解码器毁坏并报警。有些机构为老人配备防走失系统，为其佩戴定位设备，可快速定位走失老人。

（三）提高素质，增强员工意识

医养结合养老机构要切实增强全员的安全意识，克服麻痹松懈思想，加强安全教育及培训，加强安全的"四个能力"建设（检查整改、组织救护、组织疏通、教育培训），落实各项工作措施。让每一位员工从思想上意识到安全工作的重要性，进一步提高安全事故的防范意识，并能正确使用各类安全设施，全面提高应对不良事件的能力。医养机构要经常开展安全工作大检查，做到认真、细致、全面、彻底，纵向到底，横向到边，不留死角，对检查中发现的安全隐患和问题，落实专人负责，立即整改，同时要增强全员的法律意识及自我保护意识，加强对管理人员和护理人员的法律法规及业务的培训，规范护理环节的书写记录。制订完善的入住协议书，对老年人及家庭的个案情况，在协商一致的基础上，签订相应的条款，作为协议的附件，以减少纠纷的发生。

（四）加强沟通，证得家属理解

目前我国对医养结合养老机构的意外伤害事件的处理尚无专门的法律法规做指导。老年人入住时，签订的入住协议，应明确规定相关的事故应对和赔偿办法，明确事故的定义、类型、处理原则、处理流程、鉴定标准，以及入住机构、入住老年人、监护人、家属、政府主管部门等相关主体的法律责任和赔偿要求、赔偿方式、赔偿标准等，按公开、公正、公平的事故定性与处理的法定程序，对事故的鉴定、赔偿、诉讼做出全面的法律规定，强化老年人和家属的沟通与联系，对老年人及其亲属加大宣传、沟通，对老年人在医养机构内易发生的事故应先事先告知，耐心解释，以得到社会、亲属和老年人对老年服务工作的理解和体谅，理性地看待伤害事故的风险，营造健康的舆论氛围与和睦的休养环境。

（五）建立常见意外事件处理和应对流程

医养结合养老机构意外事件的应对需要各系统、各部门单元围绕各自的任务目标协同作战，依托良好的运行机制有序实施。医养结合养老机构意外事件处理和应对的流程，如图5-1所示。

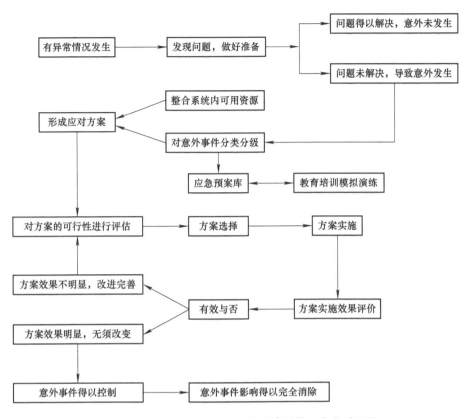

图 5-1　医养结合型养老机构意外事件处理和应对流程

从意外事件应对的运行流程图中可以看出，机构意外事件应对过程可分为预警、识别、实施和善后处理等若干步骤。当没有意外事件时，应对机制处于日常运行状态，照常提供医养服务，监测系统根据获得的信息对相关指标进行比对监测。当异常情况发生时，决策系统及时对意外事件进行分类分级评估，进而选择相应类别和级次的应急预案，指挥调度系统会结合意外事件的实际情况提出处理方案，任务执行系统则会采取相应的措施，尽量降低意外事件造成的损失，控制意外事件的恶化和升级。一旦意外事件突破了实际的控制，进一步恶化、升级，应对机制的运行状态也应提高到相应的级别状态。如果应对实施部门自身拥有的资源难以满足实际需要，资源保障系统就该及时地征调其他组织系统的资源，直至将该意外事件妥善处理完毕。当整个意外事件的消极影响彻底消除之后，医养机构应将意外事件的应对机制再次恢复到平时运行状态，及时做好资源的补给和维护，做好意外事件的补偿、恢复和总结评价等工作。

三、医养结合养老机构意外事件纠纷的处理

意外事件发生后，如果能及时发现，妥善处理，不一定会引起纠纷；处理不善，即使是轻微的意外，也有可能矛盾激化，引起纠纷产生。医养结合养老机构发生了意外事故后，要积极采取以下处置措施。

（一）立即启动应急预案

当事人应立即向班组、科室负责人、主管部门报告和院领导报告。例如对于发生意外事故但仍有抢救机会的老年人，医养机构应组织力量全力抢救。

（二）及时通知老年人的亲属和原单位

情况严重的，医养机构应当及时向民政及有关部门报告。属于重大伤亡事故的，主管部门应当按照有关规定及时向同级人民政府和上一级民政部门报告。

（三）妥善保管第一手资料

调查小组须保管好病历资料、护理记录及原始资料，或移交指定部门封存保管，不得擅自为事件定性，家属需要复印病例资料时，应该按照正规程序办理复印手续。

（四）保护现场或保留物样

抢救现场、老年人的尸体由相关人员做好现场整理和记录后，最好让亲属过目后，再将尸体移送殡仪馆保存。如果老年人属于自杀、他杀或自伤的，医养机构要积极进行救治；如果老年人已经没有生还的可能，应该维护好现场，不要移动，可由公安部门来勘查现场；对引起老年人受伤、残疾、死亡的物品，以及残留的血液、呕吐物、药液等物证，要留样备查。

（五）成立意外事故调查处理领导小组

医养机构及时成立事故调查小组，指定专人调查，以科学的态度，及时认真地做好事故调查与调解工作，力求定性正确，并写出调查报告。医养机构工作人员须坚守各自岗位，未经允许，不得擅自发布未经授权的信息，共同做好稳定工作。

（六）家属工作

意外事故发生后，医养结合养老机构要做好家属来访接待工作，与受害人及其家属妥善协调。医养机构要以科学的态度，以坚持依法应对的原则，不徇私情，不护短，不息事宁人，牢固树立服务思想，冷静、耐心、细致地与其沟通，避免受害人家属出现过激行为，避免矛盾的激化。

（七）做好新闻媒体接待工作

事件的信息发布应当准确、客观、全面。在事故尚未做出定论前，原则上不接受媒体采访，以免影响正常调查、误导舆论；新闻媒体必须要求调查的，必须经过正规途径履行相关手续并经过院长同意。如接受媒体采访，医养机构须派专人接待新闻记者，对其介入持积极肯定的态度，做到实事求是，出言谨慎，坦诚地与新闻媒体沟通，避免不实报道。

（八）依法维权

依法进行责任认定，需要医养机构承担责任的事故的，在赔偿问题上，医养机构应注意依法进行。在处理赔偿过程中，受害人可能会提出一些无法律依据或不合情理的要求，医养机构应充分考虑可能带来的社会影响。

（九）其他事项

（1）召开老年人及相关人员会议，进行安全再教育，稳定老年人及其家属情绪，做好事故后情绪稳定和秩序维护工作。

（2）认真分析事故发生的原因、责任以及所产生的后果，对照目前机构的基本情况，进行必要的整改，避免类似事件的再次发生。

延伸阅读

老年人发生走失的紧急处理方法和流程

　　医养机构接收的失智或存在某些心理问题的老年人，因管理疏忽等原因，容易发生老年人走失的情况。此时，医养机构一旦发现此类异常情况应紧急启动应急预案，其处理方法和流程，如图5-2所示。

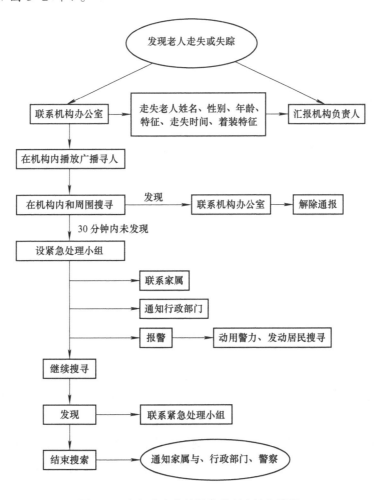

图5-2 老年人走失的紧急处理方法和流程

医养机构发生火灾时，紧急处理办法和流程

入住医养机构的老年人因其身体机能下降，大多行动迟缓或行动不便，一旦发生火灾时，严重威胁其生命安全。医养机构必须做好火灾应急处理预案，以防造成严重后果。火灾紧急处理办法和流程如图5-3所示。

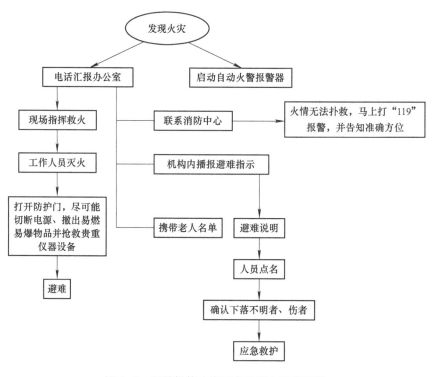

图5-3　医养机构火灾紧急处理办法和流程

本章小结

医养结合养老机构安全事故具有发生频率高、种类多样、事故责任难以认定等特点，安全管理以解决和消除各种不安全因素，防止事故发生为主要目的，贯穿于医养服务活动的各个环节，包括治疗、护理、康复等。医养结合养老机构安全管理以了解影响入住老人安全的因素为前提，坚持安全管理的原则，在明确安全事故类型的基础上有针对性地实施安全管理措施，维护入住老年人的安全及健康。坚持意外事件的防范原则，妥善有效处理并防范，防止不良纠纷。

我国医养结合养老机构的医疗护理专业照护力量普遍较弱，高素质的专业人才较为缺

乏，应进一步借助现代信息技术和管理知识提高各个机构的安全管理能力，完善安全管理相应政策，以减少组织体系、人员管理、质量控制等方面的局限性，保障老年人的安全，促进我国养老事业的健康快速发展。

实训设计指导

分组完成。通过网络查找或实地调查某一医养结合养老机构意外伤害案例，以小组为单位对此案例进行讨论分析。各小组成员为主分阶段承担资料查找、案例分析、总结归纳、撰写书面报告等工作，参考以下要求提交 1000 字左右的书面报告。

1. 介绍某一医养结合养老机构发生的意外伤害事件。

2. 从入住老年人自身因素和医养机构自身因素分析该意外伤害发生的原因。

3. 通过分析结论制订该医养结合养老机构的意外伤害防范措施。

思考与练习

1. 单项选择题

（1）入住医养结合养老机构的老年人最常见的安全问题是（　　）。

　　A. 跌倒　　　　　　B. 呛咳　　　　　　C. 坠床　　　　　　D. 误服药

　　E. 交叉感染

（2）以下防止入住医养结合养老机构的老年人跌倒的措施中不正确的一项是（　　）。

　　A. 地面保持平整，无障碍物，避免潮湿

　　B. 卫生间应设有坐便器，且配有扶手

　　C. 告知老年人坐姿时间过久时不宜起身太快

　　D. 浴缸不宜过高，浴室设有防滑垫

　　E. 为了保证老年人舒适须穿大码鞋

2. 案例分析

入住在某医养结合养老机构的王大爷，71 岁，二级护理，平时身体情况尚可。某天早上 4 点钟左右，护理员发现他的脸色异常，面部浮肿，满头虚汗。由于早晨人手少，护理员没有及时告知院总值班，到早晨六点多，护理员再到房间查看老人时才发现他已经去世。护理员说不清老人的具体死亡时间，这让家属实在难以接受。想到父亲临终前身边一个亲人都没有，王大爷的子女不由黯然神伤。家属对老人的死因提出了质疑，并要求赔偿。

请结合本案例回答以下问题：

（1）此安全事故的主要归责属于哪一方？

（2）请结合案例分析此安全事故的原因？

（3）如何预防此类安全事故？

第六章 医养结合养老机构的质量管理与标准化建设

学习目标

识记：1. 简述质量、质量管理、全面质量管理、医养结合养老机构质量管理的概念。
2. 简述标准、标准化的含义。

理解：1. 理解医养结合养老机构质量管理的原则。
2. 理解医养结合养老机构标准化建设内容。

运用：1. 能够运用全面质量管理思路加强机构的养老服务质量建设。
2. 能够运用医养结合养老机构标准体系促进机构的标准化建设。

学习重点难点

1. 全面质量管理的内涵。
2. 医养结合养老机构质量管理的原则。
3. 医养结合养老机构标准化建设的内容。

导入案例与思考

陈爷爷，今年89岁，双膝患有关节炎，无法自主行走及站立，行动只能依靠护理员帮助。某日凌晨，陈爷爷在未通知护理员的情况下独自去卫生间，由于头晕导致重心不稳，从坐便器上摔了下来。陈爷爷这才赶紧叫护理员。当时护理员躺在陪护床上休息，听到叫声后急忙过去搀扶，并立即通知值班医生为老人检查伤势。结果显示陈爷爷"右侧股骨颈骨折"。请思考以下问题：

1. 此事件中护理员存在哪些问题？
2. 医养机构管理者应从哪些方面采取措施来提高服务质量，以避免类似问题的发生？

随着医养结合养老行业的不断发展，"质量"已经成为医养机构建设与评估中的一个关键因素。质量的好坏与否反映了医养机构服务水平的高低，也直接影响了老年人的生命质量。科学高效的质量监督与评估是质量管理的核心要素，也是医养机构服务能够取得长足发展的重要保障。

第一节 医养结合养老机构的质量管理

"质量"是我们在生活、工作中经常会提及的一个词，而且经常其前面加上限制词，如产品质量、教育质量和服务质量等。因此，质量是一个具有丰富内涵的概念。追溯人类的发展史，有文字记载的历史几乎都包含了有关质量及其控制、管理的内容。

一、质量管理概述

质量是产品的立足之本，产品没有质量就难以在竞争中生存。医养结合养老机构就本质而言，提供的也是一种产品。因此，管理学中有关质量管理的理念不仅适用于生产线上的产品，同样也可用于机构的服务质量管理。

（一）质量

随着社会经济和科学技术的发展，质量的内涵以及人们对质量的认识也在不断地充实和深化中。

1. 质量的概念

质量管理专家们对质量的理解各有不同。著名质量管理专家朱兰（Joseph H.Juran）从顾客的角度出发，提出产品质量就是产品的适用性，即产品在使用时能成功地满足用户需要的程度。质量管理大师德鲁克认为"质量就是满足需要"。当前，管理学普遍认可的观点认为质量是事物、产品或服务的优劣程度。国际标准化组织（International Standardization Organization，ISO）对质量的定义是：一组固有特性满足要求的程度。一般而言，质量包含三层含义：

（1）规定质量：指产品或服务达到预定标准。

（2）要求质量：指产品或服务达到特性满足顾客的要求。

（3）魅力质量：指产品或服务的特性超出顾客的期望。

用户对产品使用要求的满足程度，反映在对产品的性能、经济特性、服务特性、环境特性和心理特征等方面。因此，质量是一个综合的概念。

2. 质量观的演变

质量观即人们对质量的认识和看法，影响着企业、组织经营管理战略的制订和实施，大致分可分为四个阶段。

（1）符合性质量：即以符合标准的程度作为衡量依据。"符合标准"就是合格的产品，符合的程度反映了产品质量的水平，此种理念始于20世纪40年代。

（2）适用性质量：以适合顾客需要的程度作为衡量的依据。从"符合性"到"适用性"，说明人们开始把顾客的需要放在第一位，此种理念始于20世纪60年代。

（3）满意性质量：即一组固有特性满足要求的程度，以顾客的满意为衡量依据，体现了"以顾客为关注焦点"的原则，此种理念始于20世纪80年代。

（4）卓越性质量：即顾客对质量的感知远远超过其期望，其核心是"零缺陷"。

回顾质量观的演变历史，可以说"符合性质量"和"适用性质量"的提出意在防止顾客（服务对象）出现不满意，而"满意性质量"和"卓越性质量"意在提高顾客（服务对象）的忠诚度和满意度。

（二）质量管理

质量管理专家朱兰把质量管理定义为：质量管理就是适用性的管理，市场化的管理。费根堡姆认为：质量管理是指为了能够在最经济的水平上并考虑到充分满足顾客要求的条件下进行市场研究、设计、制造和售后服务，把企业内各部门的研制质量、维持质量和提高质量的活动构成为一体的一种有效的体系。我国管理学界普遍把质量管理理解为：组织机构为保证产品、过程或服务满足质量要求，达到服务对象满意而开展的策划、组织、实施、控制、检查及改进等一系列活动的总和。质量管理的核心在于制订、实施和实现质量目标。

1. 质量管理的范畴

质量管理一般通过质量策划、质量控制、质量改进三方面的活动来实施对质量的管理。质量策划主要致力于制订质量方针、质量目标和规定必要的运行过程的活动。

（1）质量方针：需结合医养结合养老机构的特点，把质量方针具体落实到养老对象的"住、养、护、医、康、乐"等方面，形成量化的指标，即质量目标。

（2）质量控制：是指为达到质量要求，对影响产品或服务质量的各环节、各因素制订相应的监控计划的活动。

（3）质量改进：指为向本组织及其顾客或服务对象提供增值效益，在整个组织范围内所采取的提高活动和过程的效果与效率的活动。

2. 质量管理的发展阶段

质量管理发展前后经历了五个阶段，分别是质量检验阶段、质量统计控制阶段、全面质量管理阶段、标准化质量管理阶段（ISO9000）和数字化质量管理阶段。

（1）第一个阶段（质量检验阶段）：20世纪初到30年代，以质量检验把关为主。此阶段的特点是从半成品或者产品中间挑出废品和次品，是一种事后把关式的管理，依靠的是检查人员的经验和责任心。

（2）第二个阶段（质量统计控制阶段）：20世纪30年代到60年代之间，是数理统计质量控制阶段。此阶段的特点是为了适应生产力大发展的要求，利用数理统计的原理对生产过程进行分析，及时发现异常情况，从而采取处理措施，把质量检验由事后把关发展到事前控制。

（3）第三个阶段（全面质量管理阶段）：20世纪60年代，进入了全面质量管理的阶段。

此阶段的主要特点是强调抓质量应从源头抓起，而且贯穿于从设计开始到售后服务的全过程，要动员全体员工、全体人员来参与这项活动，以顾客为关注的中心来开展活动。

（4）第四个阶段（标准化质量管理阶段）：20世纪60年代，是质量保证阶段。此阶段的主要特点是强调把企业一切应该做的事情订立成质量手册，通过程序文件以及一系列的质量表格文件来控制，主张想到的就要写到，写到的就要做到，用严密的程序手册来保证过程的进行，其中最典型的就是ISO9000族系列标准。

（5）第五个阶段（数字化质量管理阶段）：进入21世纪，为零缺陷的质量管理阶段。主张抓质量主要是抓住根本，即抓住人。人的素质提高了，才能真正使质量获得进步。其目标是第一次就把事情做对，而且把每次做对作为奋斗方向。

3. 质量管理体系

质量管理体系（Quality Management System，QMS）是指在质量方面指挥和控制组织的管理体系，是组织内部建立的、为实现质量目标所必需的、系统的质量管理模式。它包括制订质量方针和质量目标以及质量策划、质量控制、质量保证和质量改进等活动。简而言之，质量管理体系是为了实施质量管理的组织机构、职责、程序、过程和资源。

目前，我国经济发达地区的一些国有社会福利机构都在积极推进ISO9000族质量标准体系认证工作。通过获得ISO9000族质量标准体系认证，可以帮助这些机构建立一套完整的被国际认可的质量管理体系，使其部门与岗位职责更加清晰，经营管理更加规范，服务质量得到全面提升，从而提高机构的竞争力。根据ISO9000族标准体系，质量管理体系标准要求包括：①强调建立质量体系；②强调质量管理职责；③强调全过程控制；④强调全员参与；⑤强调预防性活动；⑥强调质量体系文件化；⑦强调质量体系审核、评审和评价；⑧强调持续质量改进。凡通过ISO9000族认证的组织，均表明该组织对其产品质量已经做出了庄严承诺，所提供的产品质量有保障，将得到世界各国的承认或认可。

二、医养结合养老机构的质量管理

"医养结合"是指将医疗资源与养老资源相结合，其服务质量兼具医疗的专业性与养老的特殊性。

（一）医养结合养老机构质量的概念

医养结合养老机构质量又称医养结合养老机构工作质量或服务质量，是以老年人为中心和医疗、养老工作为中心的服务质量，强调医疗服务和生活服务相统一。医养结合服务质量可分为两类：

1. 医疗相关服务

医疗相关服务包括疾病诊治、大病康复服务、健康咨询服务、健康检查服务、护理服务以及临终关怀服务等。

2. 养老相关服务

养老相关服务包括生活照护服务、精神心理服务、文化活动服务。

（二）医养结合养老机构质量管理的内涵

质量管理是医养结合养老机构生存和发展的基础。为适应外部竞争和内部管理的需要，医养机构有必要建立起完善的制度化的质量管理体系，以服务老年人为中心，规范服务流程，提高质量管理水平和工作效率，杜绝不合格的服务，规避质量风险，争取超越服务对象（老年人及其家属）的期望和提高满意度，树立品牌意识，从而建立医养机构良好的社会形象。

医养结合养老机构是一类特殊的为老服务机构，它既不同于的一般养老机构，又不同于一般的医疗机构。服务对象所看到的、感受到的只是服务效果，犹如浮出水面的冰山之巅，即质量冰山理论（见图6-1）。根据此理论，质量可分为三个层次，容易被看到的是最上层的效果质量，而过程质量与基础质量往往沉在水下，不易被察觉。

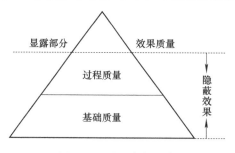

图6-1　质量冰山理论

（三）医养结合养老机构的全面质量管理

全面质量管理（Total Quality Management，TQM）是现代质量管理的基石。全面质量管理是指一个组织以质量为中心，以全员参与为基础，目的在于通过顾客满意和本组织所有成员及社会受益而达到长期成功的管理途径。

全面质量管理的含义强调"三全"，即全范围（包括全面的科学管理方法和全面的质量管理内容）、全体员工（全员参加的质量管理，包括高层管理人员、技术人员以及普通员工）、全过程（全过程的质量管理指要在组织活动的每个环节都把好质量关），如图6-2所示。

全面质量管理具有下列特点：

1. 全面性

全面性是指全面质量管理的对象是企业生产经营的全过程。

2. 全员性

全员性是指全面质量管理要依靠全体员工。

3．预防性

预防性指全面质量管理应具有高度的预防性。

4．服务性

服务性表现在企业以自己的产品或服务满足用户的需要，为用户服务。

5．科学性

科学性是指质量管理必须科学化，自觉运用现代科学技术和先进的科学管理方法。

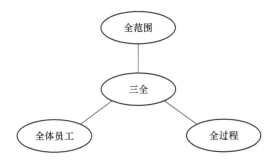

图 6-2　全面质量管理中"三全"的含义

全面质量管理在 20 世纪 80 年代已经被广泛运用于工商业部门，之后越来越多的社会服务机构也开始使用全面质量管理来提升其服务质量，并取得明显的效果，为医养结合养老机构实施全面质量管理提供了良好的契机。全面质量管理和机构服务都关注客户；全面质量管理强调客户界定质量，医养机构的工作人员中也强调以老年人为中心；全面质量管理强调减少误差和过程控制，这同样适用于养老机构。

在医养结合养老机构中推行全面质量管理，从老年人来到医养机构开始到在医养机构内接受医疗、养老服务的全过程进行质量监控，包括医养机构的规模、人员结构、企业文化、建筑布局、老年人及其亲属的满意程度、收费合理程度和持续改进的能力等方面，以此来有效提升养老机构的服务水平和竞争力。

（四）医养结合养老机构质量管理的原则

针对质量管理体系的要求，国际标准化组织的质量管理和质量保证技术委员会制定了 ISO9000 族系列标准，适用于不同类型、产品、规模与性质的组织。ISO9001 是国际标准化组织融合现代管理学新的理念，为组织提供的一种切实可行的方法，以体系化模式来管理组织的质量活动，并将"以顾客为中心"的理念贯穿到标准的每一个元素中去，使产品或服务可持续地符合顾客的期望，从而拥有持续满意的顾客。依据 ISO9001 质量管理体系所规定的质量管理，医养结合养老机构应遵循以下原则：

1．以老年人及其亲属为关注焦点的原则

应了解老年人现有的和潜在的需求和期望，测定满意度并以此作为行动的准则，这是七项质量管理原则最核心的内容。医养结合养老机构作为一个组织，其存在和发展依存于他们的服务对象，因此应理解老年人当前的需要并预测他们未来的需求，在满足老年人基本需要的同时争取超过老年人的期望。老年人及其家属的要求是动态变化的，医养机构可按照马斯洛需求层次理论，不断识别、理解并提供超越期望的服务，从而提高满意度。本原则相关的活动包括：

（1）全面地理解服务对象（老年人及其家属）在养老、医疗服务有关的内容、费用等方面的需求和期望，并最大限度给予满足。

（2）将服务对象的需求传达并落实到整个机构。

（3）定期测定服务对象的满意度并以测定结果作为工作改进的依据。

（4）建立医养机构管理者和服务对象之间畅通的双向反馈机制。

2. 领导作用的原则

领导者建立机构统一的宗旨、方向和能使员工充分参与实现组织目标的活动。本原则相关的活动包括：

（1）明确地提出本医养机构长远发展的愿景。

（2）设定具有挑战性的目标。

（3）了解和预测外部环境条件的变化并对此做出响应。

（4）不断分析社会、服务对象、所有者、员工等所有受益者的需求。

（5）教育、培训和激励员工，向员工提供所需的资源及在履行其职责和义务方面的自由度。

3. 全员参与的原则

人是管理的第一要素，医养机构内管理人员、医护人员、养老服务人员和后勤服务人员都是组织长足发展的根本，他们的态度和行为直接影响着医养机构的服务质量。因此，医养机构管理者必须重视人的作用，对员工进行培训和引导，增强他们的质量意识，并且能自觉、主动地参与医养机构的质量管理。同时，管理者还应鼓励服务对象积极参与医养机构的日常事务管理，为医养机构的发展献计献策。依据本原则，员工应做到：

（1）承担起解决问题的责任，主动地寻求机会进行改进。

（2）主动地寻求机会来加强他们的技能、知识和经验。

（3）注重满足服务对象的需要。

（4）在团队中自由地分享知识和经验。

4. 过程方法的原则

过程方法即用动态的、持续的方法进行管理，将活动对象和资源等当作一个过程加以管理，可以更高效地达到预期目的。医养服务是一个复杂的系统，包括入院过程、出院过程、日常生活照料过程、医疗服务过程、膳食服务过程和后勤服务过程等。任何一个环节在管理和服务上不到位，都可能造成服务上的差错或留下安全隐患，甚至造成入住老年人和养老机构的损失。采用过程方法有利于对每个过程都给予恰当的考虑和安排，从而有效地使用资源、降低成本。实施本原则要开展的活动包括：

（1）对过程给予界定，以实现预期的目标。

（2）评价可能存在的风险、因果关系以及内部过程与顾客、供方和其他受益者之间可能存在的相互冲突。

（3）在设计过程时，应考虑过程的步骤、活动、流程、控制措施、培训需求、方法、信息和其他资源，以达到预期的结果。

5. 持续改进的原则

持续改进是指通过管理评审以及预防／纠正措施，在现有水平上不断提高服务质量，持续地改进质量体系的有效性。质量只有更好，没有最好，因此持续改进是一个组织永恒的目标。质量改进是质量管理的灵魂，要满足老年人日益增长和不断变化的需求，必须遵循持续质量改进的原则。医养机构管理者和所有员工应对影响质量的相关因素有敏锐的洞察力、分析能力和反省能力，以适应入住老年人不断提升的需求变化，持续、有效改进服务质量，以便吸引和留住更多的老年人。实施本原则要开展的活动包括：

（1）将持续对医养服务过程和体系进行改进作为机构每一位成员的目标。

（2）持续地改进服务过程的效率和有效性。

（3）向医养机构每一位员工提供有关持续改进的方法和工具的相关教育及培训。

以医养结合养老机构的服务过程为例，可按照 PDCA 方法进行服务质量的持续改进。医养结合养老机构的整个医养结合服务可以看作是一个循环的过程，从入住、评估、日常照顾、医疗护理服务到离开，每一环节都应严格按照预设程序执行，详尽规定该控制程序的目的、适用范围、职责及实际操作步骤，明确做什么、为什么做、谁来做、怎么做以及做到什么程度，以确保服务的标准化与规范化。医养服务的每一过程，都可以按照 PDCA 的方法处置，这是全面做好养老服务质量管理最基本的思想方法和工作程序，是持续改进业绩的重要工具。

6. 循证决策的原则

医养机构决策者要做出正确有效的决策，必须以审核报告、纠正措施、服务对象投诉及其他来源的实际数据和信息为依据。医养机构管理者可运用统计技术，分析各种数据之间的逻辑关系，寻找内在规律，从而最大限度提高医养机构的运作效率。就医养结合养老机构而言，集计算机技术、通信技术和管理科学为一体的机构信息化管理系统是基于事实决策的最好工具。

医养机构信息化管理系统涉及机构经营、服务和管理的各个方面。作为部门管理者，可以通过该信息平台提供的数据分析，对部门工作中存在的问题进行及时分析、处理和改善；作为机构的最高管理者，可以借助该系统实时监控机构的运行状况和老年人的需求变化，进行重大问题的科学决策。实施本原则要开展的活动包括：

（1）对相关的目标值进行测量，收集准确可靠的数据和信息。

（2）使用有效的统计方法分析数据和信息。

（3）根据逻辑分析的结果以及经验进行决策并采取行动。

7. 关系管理的原则

随着生产社会化的不断发展，各种分工越来越细，专业化程度也越来越高。相互信任、相互尊重，共同承诺让服务对象满意并持续改进。组织和供方之间应保持互利关系，可增进两个组织创造价值的能力。实施本原则要开展的活动：

（1）识别并选择主要的供方。

（2）把与供方的关系建立在兼顾组织和社会的短期利益和长远目标的基础之上。

（3）共同理解顾客的需求。

第二节　医养结合养老机构服务的标准化建设

近年来，我国政府高度关注医养事业，出台了多项政策用以指导医养结合理念下养老事业的发展。医养结合养老机构作为一项新生事物，建立相应的管理规范与质量标准已成为职能部门的一项重要任务。

一、医养服务标准化的概念

要切实做好医养结合养老机构服务的标准化管理，首先需了解标准、标准化以及标准化管理的内涵。

（一）标准

标准是指为了在一定的范围内获得最佳秩序，经协商一致制定并由公认机构批准，共同和重复使用的规则或文件。它以科学、技术和实践经验为基础，经有关方面协商一致，由一个公认机构批准，以特定的形式发布，以此作为共同遵守的准则。标准的类型按使用范围划分有国际标准、区域标准、国家标准、行业标准、地方标准和企业标准。

（二）标准化

标准化是指在经济、技术、科学和管理等社会实践中，为了获得最佳秩序和社会效益，对实际的或潜在的问题制定共同的和重复使用的规则的活动，包括制定、发布和实施标准的过程。标准化的原理包括统一原理、简化原理、协调原理、最优化原理。

（三）医养服务标准化

医养服务标准化是指以获得医养结合养老机构的最佳服务质量和经济效益为目标，通过对医养服务标准的制定和实施，对医养机构日常经营活动范围内的重复性活动制定和实施机构内标准，达到医养服务质量目标化、服务方法规范化、服务过程程序化，以及贯彻实施相关的国家、行业、地方标准等为主要内容的过程。推行医养服务标准化是完善社会福利服务体系的重要内容，是规范医养服务行为、提高医养服务质量的重要手段。

（四）医养结合养老机构质量标准化管理

医养结合养老机构质量标准化管理是指制定医养机构运作的质量标准，执行质量标准并持续进行质量标准改进的工作过程。其目的在于通过建立健全医养机构的国家标准或行业标准，按照老年人的自身情况和个人需求，让老年人享受到标准化高质量的服务。

二、医养结合养老机构服务标准的分类

根据管理过程结构，医养结合养老机构质量管理可分为要素（基础）质量标准、过程（环节）质量标准和终末（效果）质量标准。

（一）要素（基础）质量标准

要素质量是指完成医养工作质量的基本要素。要素质量标准既可以包括医疗、养老技术操作的要素质量标准，也可以指管理的要素质量标准。每一项要素质量标准都应有具体要求。例如基础护理要求：有健全的护理工作制度、岗位职责、护理常规、操作规程等文件或手册，保证护理人员知晓并实施；制定并落实护理质量考核标准、考核办法和持续改进方案等。

（二）过程（环节）质量标准

过程质量是各种要素通过组织管理所形成的各项工作能力、服务项目及其工作程序或工序质量，又称环节质量。过程质量强调医养服务体系能够提供连贯的医疗与养老服务。例如机构院内与院外的衔接、接诊与入住的衔接、诊疗与护理康复的衔接、医疗与养老服务程序的衔接等。

（三）终末（效果）质量标准

终末质量是指老年人所得到的医养服务效果的综合质量，通过一些质量评价方法形成质量指标体系，主要包括操作合格率、差错发生率、病人及社会对医养服务满意率等。

要素质量标准、过程质量标准和终末质量标准是不可分割的，将三者结合起来即可构成综合质量标准。

三、医养服务标准化的内容

医养服务标准制定与实施对提高医养机构的服务质量和管理水平，推动医养事业的规范化和现代化建设具有重要作用。民政部出台的《养老机构服务质量基本规范》、卫健委出台的《养老机构医务室基本标准（试行）》和《养老机构护理站基本标准（试行）》，

在一定程度上对医养服务基本服务项目、服务质量基本要求、管理要求等进行了规范。

（一）基本要求

医养结合养老机构应符合相关法律法规要求，医疗机构开展外包服务的，应具有相应的资质；如医养机构内设立诊所、卫生所（室）、护理院、医务室，根据（国卫法制发〔2017〕43号）要求，可取消行政审批，实行备案管理，按照《养老机构医务室基本标准（试行）》和《养老机构护理站基本标准（试行）》等相关法规进行建设。医养机构应根据老年人需求，建立老年人评估机制，依据评估结果提供相应的服务，制订个人服务计划，医养机构应公开服务项目和收费标准。工作人员应做好服务记录，记录应及时、准确、完整，字迹清晰。

（二）服务项目与质量要求

医养服务具备医疗和养老双重服务功能，为保证高水平的服务质量，需要对服务过程涉及的环节和要素进行标准化建设。医养机构可设立服务质量控制的责任部门或专（兼）职工作人员，对服务的提供进行质量控制，并达到服务提供完成率100%，服务满意率≥80%，记录合格率≥85%等要求。

（三）人员要求

医养结合养老机构应根据工作岗位的不同，将人员进行分类。根据相关的规定，提供医养服务的人员均应按行业要求持证上岗，并掌握相应的知识和技能。各类专业技术人员应建立专业技术档案，定期参加继续教育。开展医养服务的管理者应具备养老机构或医疗机构的管理经验，并在任职前经过岗前培训；医生应持有效医师执业资格证，护士应持有效护士执业资格证；康复医师等相关服务人员应持有国家认可的资格证书；餐饮工作人员均应持有A类健康证（直接从事与食品有关的工作）。

延伸阅读

老年护理服务的质量标准

1. 服务内容

老年护理服务的内容包括，但不限于综合评估、制订护理计划、开展护理措施、日常生活护理、老年常见疾病护理、健康指导、生活护理与指导、院内感染控制、自备药管理等。

2. 服务要求

（1）工作人员应具备护士执业资格，每年应完成继续教育学分。

（2）应为老年人提供健康评估，包括躯体、心理、社会、生存质量等评估。

（3）应为老年人进行风险评估。

（4）应保留提供服务的相关资料和记录，记录应及时、准确、真实、完整。

（5）护士应对老年人异常生命体征、病情变化、特殊心理变化、重要的社会家庭变化、服务范围调整的记录，根据服务对象特点，客观如实记录，记录时间应当具体到分钟，并及时通知医生或相关第三方。

（6）医嘱应由两名护士核对无误后方可执行，对各种治疗严格执行查对制度和无菌技术要求。

（7）应开展健康教育指导和慢性病管理，应有计划、有措施、有记录。

（8）操作技能合格率≥90%。

（9）院内感染发生率≤15%。

（四）设施要求

医养机构设施除应符合国家相关规定外，应完备且符合老年人的特殊需求，主要包括基础设施、服务设施、接待设施和无障碍设施。

1. 基础设施

基础设施应包括标识、交通、通讯、环卫、景观和消防设施。其中消防设施应充分考虑老年人的特点，如火灾自动报警系统的声光报警装置在护理人员充裕的情况下，可设置在管理人员用房内；疏散路线和安全出口处应设置火灾事故应急照明和灯光疏散指示标志，疏散指示标志应选用大尺寸规格等，有关标志和符号应符合《安全标志及其使用导则》（GB 2894-2008）、《标志用公共信息图形符号 第1部分：通用符号》（GB/T 10001.1-2001）。

2. 服务设施

服务设施应包括住宿、餐饮、购物、医疗、文化娱乐等设施。其中住宿设施根据老年人的特点应符合《老年人社会福利机构基本规范》（MZ008-2001）的规定，还应提供床档、防护垫、安全扶手、紧急呼救系统。紧急呼救系统应符合《老年人照料设施建筑设计标准》（JGJ 450-2018）、《老年人居住建筑设计标准》（GB 50340-2016）以及《无障碍设计规范》（GB 50763-2012）中的规定。

3. 安全要求

医养机构属于人员密集场所，老年人、残疾人较为集中，多数老年人体弱多病、行动不便、身体抵抗力低，遇到紧急突发事件，其逃生和自救能力较差，很容易出现意外。因此，医养机构应建立完善的安全要求机制，切实保障老年人的人身、财物安全。安全要求应包括消防安全、食品安全、设施设备安全、服务风险、医疗安全等。

4. 服务评价

为促进服务质量不断提高，医养结合养老机构还应建立科学的服务评价机制。

（1）评价方式可分为内部评价和外部评价。

1）内部评价：医养机构可根据法律、法规以及相关的国家、行业和地方标准以及本机构的经营宗旨、目标，制定评价方法和程序，定期组织内部评价并确认问题和不符合项目，有针对性地采取措施，并为进一步提高服务质量和水平提供切实可行的建议。

2）外部评价：通过成立综合管理机构的考核评价小组，小组应包括综合管理机构、相关行业管理部门、质量技术监督部门、其他有关专家等，定期组织考核评价小组对医养机构的考评。同时，医养机构应制定投诉处理相关的制度和流程，并设置意见箱、公开投诉电话和负责人电话等方式收集反馈信息。接到投诉时，医养机构应向投诉人深入了解相关事项细节，并由相关部门按照政策规范给予答复，10个工作日内向投诉人反馈相关处理情况或处理意见。医养机构也应积极听取老年人的建议或意见，开展服务满意度测评，每年向住院老年人或其家属发放满意度调查问卷，并撰写分析报告。

（2）评价与考核内容：主要考核评价医养机构的人员、设施、服务、安全、服务评价等项目的管理是否健全；相关制度贯彻执行情况是否良好；内部考核记录是否完善。对考评合格的机构，可授牌认可颁发服务标准达标证书。发证、授牌后，定期复查，不合格者限期整改或取消授牌认证。

四、医养结合养老机构标准体系的构建

医养结合养老机构标准体系是通过运用系统管理的原理和方法，对医养机构中相互关联和作用的标准化要素进行识别和构建形成的有机整体，是标准级别、标准分布领域和标准类别相配套的协调统一体系，其构建要素包括：

（一）构建依据

医养结合养老机构标准体系是以国家法律、政策以及相关标准等作为构建的主要依据。

1. 法律法规及规章

法律法规及规章包括《中华人民共和国标准化法》《中华人民共和国老年人权益保障法》及有关医疗与养老相关的法律法及规章。

2. 国家、部门政策文件

国家、部门政策文件包括《关于加快发展养老服务业的若干意见》（国办发〔2013〕35号）、《关于加强养老服务标准化工作的指导意见》（民发〔2014〕17号）、《深化标准化工作改革方案》（国发〔2015〕13号）以及《关于开展养老院服务质量建设专项行动的通知》（民发〔2017〕51号）等。

3. 相关规划及标准

相关规划及标准包括《国民经济和社会发展"十三五"规划纲要》《"十三五"国家老龄事业发展和养老体系建设规划》（国发〔2017〕13号）、《"十三五"推进基本

公共服务均等化规划》（国发〔2017〕9号）、《"十三五"推进基本公共服务均等化规划》（国发〔2017〕9号）、《民政事业发展第十三个五年规划》（民发〔2016〕107号）、《全国民政标准化"十三五"发展规划》（民发〔2016〕142号）、《国民经济行业分类》（GB/T 4754-2017）、《标准体系表编制原则和要求》（GB/T 13016-2009）、《服务标准制定导则考虑消费者需求》（GB/T 24620-2009）、《养老机构医务室基本标准（试行）》（国卫办医发〔2014〕57号）、《养老机构护理站基本标准（试行）》（国卫办医发〔2014〕57号）等。

（二）医养结合养老服务标准的涉及因素

结合我国养老服务发展现状与趋势，从老年人自理能力、医养服务形式、服务、管理等四个维度，确定医养服务标准体系因素。

1. 老年人自理能力

医养服务以需求为导向，不同程度的自理能力的老年人需要不同的医养服务，可将老年人按照自理程度分为自理老年人、部分自理老年人、完全不能自理老年人三类。

2. 养老服务形式

根据我国医养服务体系构成，医养服务形式可分为居家、社区、机构三类。

3. 服务

医养服务中涉及的各类服务项目、领域、类型。

4. 管理

医养服务中涉及的人员、场所、设施、安全等各类管理要素。

（三）医养服务标准体系

1. 分布领域

按照《服务业组织标准化工作指南》（GB/T24421—2009）关于标准体系总体结构的规定，医养服务标准体系包括通用基础、服务提供、支撑保障三个子系统。结合医养服务标准体系构成因素，搭建医养服务标准体系框架，如图6-3所示。

（1）通用基础标准：是指医养服务范围内，其他标准普遍使用、具有广泛指导意义的标准。

（2）服务提供标准：是指涉及医养服务的具体内容及事项。根据老年人的不同服务需求，服务提供标准包括生活照料服务标准、精神慰藉服务标准、健康管理服务标准、医疗护理服务标准、安宁服务标准、社会工作服务标准、休闲娱乐服务标准、文化教育服务标准、权益保障标准等。

（3）支撑保障标准：是指机构为支撑医养服务有效提供而制定的规范性文件，包括服务提供者标准、管理标准、信息化标准、建筑和设施设备与用品标准、环境和安全与卫生标准等。

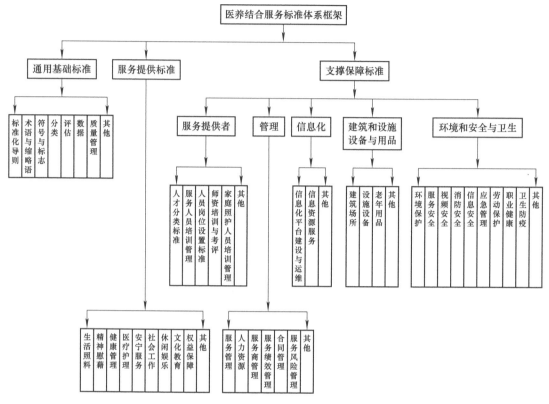

图6-3 养老服务标准体系框架

2. 标准级别

根据标准级别进行分类，医养服务标准体系可由国家标准、行业标准、地方标准、企业标准和团体标准5类标准构成。与医养服务业相关的各类标准见表6-1。

（1）国家标准：对需要在全国范围内统一的技术要求。

（2）行业标准：对没有国家标准而又需要在医养服务行业中统一的技术要求，可制定行业标准。

（3）地方标准：除外国家标准和行业标准之外，为满足各地区医养服务业特殊需求，可在充分考虑地方经济、社会发展现状以及当地服务业特点的基础上，制定地方标准。

表6-1 国内各类标准英文缩写表

英文缩写	标准种类	举例	
GB	国家标准	GB/T35796-2017	《养老机构服务质量基本规范》
JG、JGJ	建筑行业标准	JGJ 450-2018	《老年人照料设施建筑设计标准》
MZ	民政行业标准	MZ/T 001-2013	《老年人能力评估》
DB**/T	地方标准	DB3212/T-2016	泰州市《养老机构医养结合服务规范》
		DB14/T 1331-2017	山西省《医疗养老结合基本服务规范》

案例
6-1

山西省养老机构委托外部医疗机构提供医疗服务规范（节选）

1．一般要求

（1）受托医疗机构应为医疗保险定点单位。

（2）应配置电话、网络等通信设施设备，为老年人提供医疗预约、急诊联络、服务咨询等服务。

（3）应建立信息化健康服务与管理平台，对老年人进行健康管理。

2．服务内容

（1）医疗服务包括疾病诊疗、护理、康复、紧急救治、健康管理、临终关怀、院感防控等。

（2）协议双方提供以下服务项目：

1）定期巡诊服务：安排医师定期到老年人居住房间或养老机构提供病情排查和疾病诊疗等服务。

2）随访诊疗服务：针对接受过诊疗服务的老年人进行跟踪访问，根据需要调整治疗方案。

3）个性化诊疗服务：为失能失智、行动不便或病情严重的老年人提供个性化医疗护理、康复服务。

4）陪护就医服务：为老年人配备专人协助其完成内部全程就医。

5）分级护理服务：根据标准《护理分级》（WS/T 431-2013）为老年人提供护理服务。

6）延续护理服务：为需要延续护理服务的老年人提供相应的专业医疗护理服务。

7）其他相关的医疗或养老服务。

3．服务要求

（1）双方应互设联络窗口，成立对接部门，组建专业医护人员队伍，保持即时通讯。

（2）受托医疗机构应开设绿色通道，确保病人实现及时有效治疗。

（3）应建立双向转诊工作机制，实现上下级医疗机构间、综合与专科医疗机构间的转诊服务。

（4）应建立医疗护理服务和养老服务转接评估机制，对出入院前后的老年人进行医疗护理、生活护理评估，给出评估意见。

（5）应建立老年人健康档案管理制度，全面监测、分析、评估老年人的健康数据，及时为有健康问题的老年人进行指导、咨询和危险因素干预，制订针对性的综合诊疗方案。

（4）企业标准：医养结合养老机构可针对本机构管理与服务需求，开展标准化建设工作，制定企业标准。

（5）团体标准：依法成立的医养结合服务有关的社会团体为更好地满足服务对象需求，可协调相关的主体共同制定医养服务有关的标准。

3. 标准约束力

根据标准约束力进行分类,医养服务业标准体系由强制性标准和推荐性标准两类标准组成。保障人体健康,人身、财产安全的标准和法律、行政法规等规定强制执行的标准是强制性标准,其他标准是推荐性标准。强制性标准是所有相关方都必须严格遵守的,而推荐性标准则是鼓励各相关方积极采用。作为服务类标准体系,医养服务业标准体系应以推荐性标准为主,其中对于保障老年人身体健康、财产安全的内容则应制定强制性标准。目前,我国养老服务领域已发布的主要标准见表6-2。

表6-2　我国养老服务领域已发布的主要标准

分布领域	标准号(计划号)	标准名称	标准性质	标准级别	状态
通用基础	MZ/T 001-2013	老年人能力评估	推荐	行标	已发布
支撑保障	JGJ 450-2018	老年人照料设施建筑设计标准	强制	行标	已发布
	GB 50340-2016	老年人居住建筑设计规范	强制	国标	已发布
	GB/T 29353-2012	养老机构基本规范	推荐	国标	已发布
	GB 50867-2013	养老设施建筑设计规范	强制	国标	已发布
	MZ/T 032-2012	养老机构安全管理	推荐	行标	已发布
服务管理	GB/T35796-2017	养老机构服务质量基本规范	推荐	国标	已发布
	GB/T29353-2012	养老机构基本规范	推荐	国标	已发布

除了以上国家标准和行业标准,部分地区近年来还针对医养服务推出了一系列地方标准,已发布的有泰州市《养老机构医养结合服务规范》(DB3212/T-2016)、山西省《医疗养老结合基本服务规范》(DB14/T 1331-2017)和河南省《医养结合机构服务规范》(DB41/T 1374-2017)等,其他地区也在陆续制定中。这些标准将进一步规范医养服务的合法合规开展。

通过推行我国医养服务的标准化建设,规定医养结合养老机构的设施设备、服务流程、服务项目、服务质量指标、人员资质、管理制度等多项标准,这是规范医养服务行为、提高医养服务质量的重要手段。医养结合养老机构的建设在我国还处在摸索阶段,从国家、地方到行业,各方面的标准仍在不断摸索中。

--- 本章小结 ---

随着人口老龄化的加剧和家庭照护功能的弱化,选择机构养老的老年人逐渐增加,而医养结合养老机构的服务质量将直接关系到老年人的晚年生活质量。发展医养服务业,关键是提升服务质量,"质量"已经成为医养结合养老机构建设与评估中的一个关键词,也是机构服务长足发展的重要保障。推行服务标准化是完善医养服务体系的重要内容,是规范服务行

为、提高服务质量的重要手段。本章主要围绕医养机构的质量管理和医养服务标准化建设展开，重点阐述质量、全面质量管理、质量管理原则、标准化建设的内容和体系构建。

实训设计指导

分组完成。组织学生实地调查某一家医养结合养老机构的质量管理现状，以小组为单位结合质量管理原则进行分析讨论，按照以下要求完成一份1000字左右的书面报告。

1．检索文献并分析国内外医养结合养老机构质量管理现状。

2．介绍并分析所调查的医养结合养老机构质量管理现状及存在的主要问题。

3．根据现存主要问题的分析结果提出改进建议。

思考与练习

1．开展全面质量管理的关键是（　　　　）。

A．领导重视　　　　　　　　　　　B．全员参与

C．贯彻系列标准　　　　　　　　　D．运用多种方法

E．增加预算

2．在医养结合养老机构质量管理中，遵循以服务对象为原则意味着（　　　　）。

A．全面地理解老年人及其家属等在养老、医疗服务有关的内容、费用等方面的需求和期望，并最大限度给予满足

B．将老年人的需求传达并落实到整个机构

C．定期测定老年人的满意度并以测定结果作为工作宗旨

D．建立机构管理者和老年人之间畅通的双向反馈机制

E．在设计过程时，应考虑过程的步骤、流程、控制措施等，以达到预期的结果

3．某医养结合养老机构中入住的老人出现不同程度的腹泻现象，经检查发现该日中餐食物中混有变质食品。进一步调查后发现该医养机构的食堂承包给了个人，承包人因利益驱使，在食品中掺入了变质的食物。以下说法不正确的是（　　　　）。

A．医养机构需要建立合理的制度对食堂予以监管

B．食堂尽管承包给个人，但由于餐饮服务仍属于该医养机构提供的，故该医养机构应承担责任

C．医养机构管理者应根据《中华人民共和国食品卫生法》，加强食品卫生管理

D．医养机构管理者应慎重地选择有良好资质的餐饮机构作为合作方

E．老人食堂社会化后，医养机构不需要对食堂予以监管

4．医养结合服务标准体系包括通用基础、_____、_____三个子体系。

第七章 医养结合养老机构的信息化建设

学习目标

识记： 1. 简述信息、信息化、管理信息系统的概念。
　　　　2. 简述信息、大数据、云计算、物联网的特征。
　　　　3. 简述管理信息系统的作用。

理解： 1. 理解医养结合养老机构信息化管理的意义。
　　　　2. 理解医养结合养老机构信息化平台的基本元素。

运用： 能够运用医养结合养老机构信息化元素进行有效管理。

学习重点难点

1. 网络安全的防御体系。
2. 灾容备份的等级。
3. 医养结合养老机构信息化平台的基本要素。

导入案例与思考

湖北省武汉市江汉区社会福利院创建于 1964 年，是武汉市社会福利行业历史上较早的福利设施，建筑面积超过 30000m²，床位总数达到 800 张，工作人员总数达 340 人。入住老年人的平均年龄是 84.7 岁，其中，失智、失能老人占 70% 以上。

标准化建设、信息化建设一直是江汉区社会福利院的特色，目前该院已经全部实现了网络化管理全覆盖。同时，该院与科研院所相关企业一起合作研发了智慧养老信息化服务管理系统。该系统共包含 12 项子系统，包括入出院管理系统、老年人订餐系统、接待执行系统、报表分析系统、财务管理系统、老年人综合信息管理系统、档案管理系统、健康管理系统、员工的绩效考核系统、费用查询系统等。其中，费用查询系统根据用户角色可分为老人查询、院长查询、责任人查询和一卡通子系统。请思考以下问题：

1. 江汉区社会福利院运用的智慧养老信息化服务管理系统，包含 12 项小系统，是否能完全满足医养结合养老机构信息化建设的需要？

2. 江汉区社会福利院的信息化建设会给该院的养老服务工作带来哪些便利？

随着老年人对医养服务诉求多样化、服务需求多维化，迫切需要利用信息化破解服务资源短缺、服务形式单一、服务效率低下等问题。推进医养服务信息化，能够使医养机构借助信息化手段及时掌握全面情况，合理配置资源，提高管理水平，降低运营成本，提升工作效率。

第一节　医养结合养老机构信息化管理概述

随着计算机技术、网络技术和通信技术的发展，人们越来越重视信息技术对传统行业的改造以及对信息资源的开发和利用。"信息化"已成为一个国家经济和社会发展的关键环节，信息化水平的高低已成为衡量一个国家和地区现代化水平和综合实力的重要标志。

一、信息化的概念

信息是管理上的一项非常重要的资源，管理工作的成败取决于能否做出有效的决策，而决策的正确程度则在很大程度上取决于信息的质量。当前，云计算、大数据、物联网、移动计算等新技术逐步广泛应用，社会各个环节的信息化程度不断加深，信息技术对各行各业，特别是医养产业的影响日趋明显。

（一）信息

信息同物质、能量构成人类社会生产与生活不可缺少的三大资源，也构成当代社会的三大重要支柱产业。信息化离不开信息的加工处理，需借助现代信息技术、各种信息系统才能更好地解决管理决策中的问题。

信息的英文单词是"information"，它来源于拉丁文"informatio"，意思是解释、陈述，即信息是指客观世界的事实反映，是可通信的知识，具有事实性、传输性、储存性、共享性、可加工性、时效性、等级性、不完全性和价值性等特征。

信息不同于数据。数据（又称资料）是记录客观事物的、可鉴别的符号。只有经过解释，数据才有意义，才能成为信息。信息是经过加工并对客观世界产生影响的数据，它能对接收者的行为产生影响，对接收者的决策具有价值。

信息的特征包括以下几个方面：

1. 客观性

信息是人类意识对客观世界的反映，是对客观事物存在及其特征的正确反映。事实是信息的中心价值，不符合客观事实的虚假信息对工作和管理决策产生危害。

2. 依附性

信息能够体现物质和能量的形态、结构、状态和特性，但本身不能独立存在。信息须依附于一定的介质而存在，如借助于文字、图像、胶片、磁带、声波、光波等物质形态的载体。

3. 可识别性

信息能够通过人的感觉被接受、识别和利用。比如，物体形态的信息由人的视觉感官感知，声音信息则由人的听觉器官识别。人的各种器官都是信息的识别工具与接收器。

4. 可存贮性

信息不但可以通过人的大脑进行隐性存储，也可以通过物质载体加以显性存储，而且还可以用现代信息技术设备来存储。

5. 可转换性

信息可以从一种状态转换为另一种状态，即各种信息载体形式是可以相互转换的，比如，物质信息可以转换为语言、文字、图像、记号、代码等。信息的这种可转换性也同时决定了信息具有可传递性。

6. 共享性

信息具有在使用过程中不会消耗的属性，此属性决定了信息的共享性，即某信息资源可在不同领域、不同层次、不同部门、不同机构共同使用，由此提高了信息的使用率和劳动效率。

7. 时效性

信息的实效是指从信息源发送信息，经过接收、加工、传递、利用所经历的时间间隔及其效率。时间间隔时间越短，使用信息越及时，使用程度越高，则实效性越强。

（二）信息化

信息化是指培养、发展以计算机为主的智能化工具为代表的新生产力，并使之造福于社会的历史过程。信息化一般必须具备信息获取、信息传递、信息处理、信息再生、信息利用的功能。

信息化可以分为产品信息化、企业信息化、产业信息化、国民经济信息化和社会信息化五个层次，其中产品信息化是整个信息化的基础。

1. 产品信息化

产品信息化涵盖两层意思：①产品携带信息：信息为数字化，便于被计算机设备识别读取或被信息系统管理，如日本运用刻章技术开发出一种"生命的标签"，通过扫描刻有二维码的吊坠便可获知走失老人的姓名、联系方式、血型等个人信息；②产品中嵌入智能化元器件，使产品具有更强的信息处理功能，如养老机构的机器人"保姆"等。

2. 企业信息化

企业信息化是指企业在产品（服务）设计、开发、生产、管理、经营等多个环节中广泛利用信息技术，辅助生产制造，优化工作流程，管理客户关系，建设企业信息管理系统，培养信息化人才并建设完善信息化管理制度的过程。企业信息化是国民经济信息化的基础。

3. 产业信息化

产业信息化指农业、工业、交通运输业、生产制造业、服务业等传统产业广泛利用信息技术来完成工艺、产品信息化技术，进一步提高生产力水平；建立各种类型的数据库和网络，大力开发和利用信息资源，实现产业内各种资源、要素和优化与重组，从而实现产业的升级。

4. 国民经济信息化

国民经济信息化指在经济大系统内实现统一的信息大流动，使金融、贸易、投资、计划、通关、营销等组成一个信息大系统，使生产、流通、分配、消费等经济的四个环节通过信息进一步联成一个整体。

5. 社会生活信息化

社会生活信息化指包括商务、教育、政务、公共服务、交通、日常生活等在内的整个社会体系采用先进的信息技术，整合各种信息网络，开发有关人们日常生活的信息服务，丰富人们的物质、精神生活，拓展人们的活动空间，提升人们生活、工作质量。

二、管理信息系统

进入 21 世纪以来，以网络和通信技术为代表的信息技术得到了飞速的发展和普及，信息系统的应用已经深入到经济生活的各个领域，越来越多的组织开展全面和更高层次信息系统的应用。组织的管理者及时、准确、完整地获取所需的信息必须借助于一定的信息处理工具和手段，即管理信息系统。

（一）管理信息系统的概念

管理信息系统（Management Information System，MIS）是一个以人为主导，利用计算机硬件、软件、网络通信设备以及其他办公设备，进行信息的收集、传输、加工、储存、更新、拓展和维护的系统。管理信息系统由三个概念元素组成，即管理、组织和技术，如图 7-1 所示。

图 7-1　管理信息系统概念图

管理信息系统（MIS）应具备四个标准，即确定的信息需求、信息的可采集与可加工、可以通过程序为管理人员提供信息、可以对信息进行管理。

（二）管理信息系统的作用

管理信息系统是现代组织经营管理中不可缺少的技术系统，它不仅能促进组织的科学化管理，还能促使组织机构扁平化，更可以促进业务流程的再造，降低人力和信息成本，支持组织机构的战略执行和实现。

1. 促进组织科学化管理

管理信息系统可以广泛利用信息通信技术、移动网络等先进技术，通过预测、计划优化、管理、调节和控制等手段支持管理决策。通过管理信息系统可以避免传统决策依靠决策者个人经验，凭直觉判断的弊端，提高了机构决策和运行的效率，提升管理效率和效益。

2. 促进组织机构扁平化

传统组织结构采用"金字塔"式的、纵向的、多层次的集中管理模式，易造成信息传输速度慢，在传输过程中失真，管理效率低等问题。管理信息系统的引进，促进了组织向"扁平化"方向发展。简化管理的层级，使信息流动顺畅，降低组织内部信息交流的成本。

3. 促进业务流程再造

管理信息系统是一个"人机社会系统"，需要通过业务流程优化实现组织内部业务流程再造。同时，通过互联网技术和电子商务使组织内部业务流程和外部商务流程集成平台，即跨组织的信息交流平台，管理信息系统不仅提高组织内部业务流程的效率，同时也能提高与外部交易过程的效率。

4. 降低人力和信息成本

管理信息系统的运用将有效地解决以往组织结构混乱问题，减少部分人工岗位，从而降低人力成本，提高工作效率，强化组织机构对信息的处理能力。

三、管理信息系统的安全防护

随着信息系统的不断发展，全球信息化已成为人类发展的大趋势。但由于信息系统具有连接形式多样性、终端分布不均匀性和网络的开放性、互连性等特征，致使网络易受黑客、恶意软件和其他不轨行为的攻击，因此管理信息系统的安全和保密是一个至关重要的问题。管理信息系统的安全防护主要包括网络安全、终端安全以及灾容备份三个方面。

（一）网络安全

网络安全是一门涉及计算机科学、网络技术、通信技术、密码技术、信息安全技术、应用数学、数论、信息论等多种学科的综合性学科。网络安全是指网络系统的硬件、软件及其系统中的数据受到保护，不受偶然的或者恶意的原因而遭到破坏、更改、泄露，系统连续可靠正常地运行，网络服务不中断。信息系统的安全防御体系可以分为安全评估、安全加固和网络安全部署三个层次。

1. 安全评估

通过对单位网络的系统安全检测，web 脚本安全检测，以检测报告的形式，及时告知用户网站存在的安全问题，并针对具体项目，组建临时项目脚本代码安全审查小组，由资深网站程序员及网络安全工程师共同审核网站程序的安全性，找出存在安全隐患程序并准备相关补救程序。

2. 安全加固

以网络安全评估的检测结果为依据，对网站应用程序存在的漏洞、页面中存在的恶意代码进行彻底清除。同时，通过对网站相关的安全源代码审查，找出源代码问题所在，进行安全修复。安全加固作为一种积极主动的安全防护手段，提供了对内部攻击、外部攻击和误操作的实时保护，在网络系统受到危害之前拦截和防御入侵，加强系统自身的安全性。

3. 网络安全部署

在信息管理系统中进行安全产品的部署，例如防火墙、安全路由器、无线 WPA2 等可以对网络系统起到更可靠的保护作用，提供更强的安全监测和防御能力。

（二）终端安全

随着信息化技术的飞速发展，机构的业务和应用更多依赖于计算机网络和计算机终端。为进一步提高机构内部的安全管理与技术控制水平，有关部门必须建立一套完整的终端安全管理体系，提高终端的安全管理水平。完善的终端安全管理体系可以解决大批量的计算机安全管理问题。

1. 桌面终端安全管理

桌面终端安全管理是指用于满足终端各种安全管理和合规性需求的终端安全管理软件，其功能如下：

（1）具备即时通讯管理、非授权外连管理、软件分发打印管理、文件操作行为管理、补丁管理、移动介质管理、主机监控与审查、上网行为控制与审查、敏感字审查、远程协助等功能。

（2）支持对双网卡、WIFI、移动网络（3G/4G/5G 等）、蓝牙、红外等 5 种违规连接方式进行监测、审查和阻断。

2. 移动终端安全管理

移动终端安全管理是指支持移动业务终端安全防护的管理系统，其主要功能如下：

（1）具备移动身份管理、移动应用管理、移动内容管理、移动策略管理、移动设备管理等 5 项功能。

（2）支持主流移动操作系统。

3. 移动存储介质管理

移动存储介质管理是指用于解决移动存储介质因非法滥用而造成信息泄露的安全问题的专用管理设备，其主要功能是：

（1）具备移动存储介质注册管理、接入控制、访问权限控制、安全审查等 4 项功能。

（2）支持移动硬盘、闪存、U 盘、储存卡等 4 种移动存储介质的管理。

（3）支持预置策略、自定义策略、预置标签及自定义标签等 4 种管理规则。

（4）支持内部低密、内部普密、内部高密、外部应用审查、外部文档审查、外部无审查等 6 种预置管理策略和预置标签管理策略。

（三）灾容备份

数据中心运行突发故障（如自然灾害）是无法预测的，灾容备份是数据安全的最后防线，可以避免由数据中心发生故障而出现的数据丢失的危险。

1. 灾容备份的概念

灾容系统指在相隔较远的异地，建立两套或多套功能相同的 IT 系统，互相之间可以进行健康状态监视和功能切换，当一处系统因意外（如火灾、地震等）停止工作时，整个应用系统可以切换到另一处，使得该系统功能可以继续正常工作。

灾容系统更加强调处理外界环境对系统的影响，特别是灾难性事件对整个 IT 节点的影响，提供节点级别的系统恢复功能。

2. 灾容的分类

依据对系统的保护程度可将灾容系统分为数据灾容和应用灾容。

（1）数据灾容：是指建立一个异地的数据系统，该系统是本地关键应用数据的一个实时复制。

（2）应用灾容：是在数据灾容的基础上，在异地建立一套完整的与本地生产系统相当的备份应用系统（可以是互为备份）。

在灾难情况下，远程系统迅速接管业务运行，数据灾容是抗御灾难的保障，而应用灾容则是灾容系统建设的目标。

3. 灾容备份

灾容和备份原本是两个概念。灾容是为了在遭遇灾害时能保证信息系统能正常运行，帮助机构实现业务连续性的目标；备份是为了应对灾难来临时造成的数据丢失问题。在灾容、备份一体化产品出现之前，灾容系统与备份系统是独立的。灾容备份的最终目标是帮助组织机构应对人为错误操作、软件错误、病毒入侵等"软"性灾害，以及硬件故障、自然灾害等"硬"性灾害。

4. 灾容备份的等级

灾容备份是通过在异地建立和维护一个备份存储系统，利用地理上的分离来保证系统和数据对灾难性事件的抵御能力，灾难出现之后，远程应用系统迅速接管或承担本地应用系统的业务运行。设计一个灾容备份系统，需要考虑多方面的因素，比如备份／恢复数据量大小，应用数据中心和备援数据中心之间的距离和数据传输方式，灾难发生时所要求的恢复速度，备援中心的管理及投入资金等。根据这些因素和不同的应用场合，通常可将灾容备份分为四个等级。

（1）第 0 级：没有备援中心。这一级灾容备份，实际上没有灾难恢复能力，它只在本地进行数据备份，并且备份的数据只在本地保存，没有送往异地。

（2）第 1 级：本地磁带备份，异地保存。在本地将关键数据备份，然后送到异地保存，当灾难发生后，按预定数据恢复系统和数据。此种方案成本低、易于配置。但当数据量增大时，会存在存储介质管理困难的问题，且当灾难发生时存在大量数据难以及时恢复的问题。为了解决此问题，灾难发生时，先恢复关键数据，后恢复非关键数据。

（3）第 2 级：热备份站点备份。在异地建立一个热备份点，通过网络进行数据备份。

即通过网络以同步或异步方式，把主站点的数据备份到备份站点，备份站点一般只备份数据，不承担业务。当出现灾难时，备份站点接替主站点的业务，从而维护业务运行的连续性。

（4）第3级：活动备援中心。在相隔较远的地方分别建立两个数据中心，使其处于工作状态，并进行相互数据备份。当某个数据中心发生灾难时，另一个数据中心接替其工作任务。这种级别的备份工作根据实际要求和投入资金的多少，又可分为两种：

1）两个数据中心之间只限于关键数据的相互备份。

2）两个数据中心之间互为镜像，即零数据丢失等。零数据丢失是要求最高的一种容灾备份方式。在此方式下，要求不管发生什么灾难，系统都能保证所有数据的安全。所以，它需要配置复杂的管理软件和专用的硬件设备，投资相对而言是最大的，抵御风险能力最强，恢复速度也是最快的。

四、大数据技术

随着互联网技术的飞速发展，特别是近年来社交网络、物联网和云计算的飞速发展和大量应用涌现，人们所接触和关注的数据量呈现出爆炸式增长态势，使得数据极大丰富和复杂化成为当今社会的重要特征。大数据时代的到来给管理信息系统带来了一定的冲击和挑战。

（一）大数据的概念

大数据是指需要新处理模式才能具有更强的决策力、洞察发现力和流程优化能力来适应海量、高增长率和多样化的信息资产。

（二）大数据的特征

大数据的特征主要包括以下几个方面：

（1）数据量大，数据量开始以PB（1PB=1024TB=1048576GB）、EB（1EB=1024PB）、ZB（1ZB=1024EB）来衡量。

（2）数据产生和处理的速度更快，时效要求高，不仅是静态数据，更多是动态实时数据。

（3）数据类型多样化，不仅是结构化数据，还包括网页、社交网络、日志、音频、视频、图片、位置等数据，更多的是半结构化数据和非结构化数据。

（4）数据量大但价值密度低，需要进行价值提纯。

（5）真实而准确的数据才能使数据的管控和治理有意义。

（三）大数据关键技术

大数据关键技术包括大数据采集、大数据预处理、大数据存储和大数据分析等四个方面。

1. 大数据采集

大数据采集是指对各种来源（如RFID射频数据、传感器数据、移动互联网数据、社交网络数据等）的结构化和非结构化海量数据所进行的采集。

2. 大数据预处理

大数据预处理是指在进行数据分析之前，先对采集到的原始数据所进行"清洗、填补、平滑、合并、规格化、一致性检验"等一系列操作，旨在提高数据质量，为后期分析工作奠定基础。数据预处理主要包括数据清理、数据集成、数据转换、数据规约四个部分。

（1）数据清理：是指利用 ETL（Extraction/Transformation/Loading）和 Potter's Wheel 等清洗工具，对有遗漏数据（缺少感兴趣的属性）、噪音数据（数据中存在着错误或偏离期望值的数据）、不一致数据进行处理。

常用的遗漏数据处理方法有：①用全局常量、属性均值、可能值填充；②直接忽略该数据；③用分箱（分组原始数据，并分别对各组数据平滑处理）、聚类、计算机人工检查、回归等方法，去除噪音处理；④不一致数据处理方法。

（2）数据集成：是指将不同数据源中的数据，合并存放到统一数据库的存储方法。该过程着重解决三个问题，即模式匹配、数据冗余、数据值冲突检测与处理。

（3）数据转换：是指对所抽取出来的数据中存在的不一致进行处理的过程，也包含数据清洗的工作，即根据业务规则对异常数据进行清洗，以保证后续分析结果准确性。

（4）数据规约：是指在最大限度保持数据原貌（尽可能保持数据完整性）的基础上，最大限度精简数据量，以得到较小数据集的操作，包括数据方聚集、维规约、数据压缩、数值规约、概念分层等。

3. 大数据存储

大数据存储是指用存储器，以数据库的形式，存储采集数据的过程。

4. 大数据分析

大数据分析是指从可视化分析、数据挖掘算法、预测性分析、语义引擎、数据质量管理等方面，对杂乱无章的数据进行萃取、提炼和分析的过程。

（1）可视化分析：是指借助图形化手段，清晰并有效传达与沟通信息的分析手段，主要应用于海量数据关联分析，即借助可视化数据分析平台，对分散异构数据进行关联分析，并做出完整分析图表的过程。具有简单明了、清晰直观、易于接受的特点。

（2）数据挖掘算法：即通过创建数据挖掘模型，对数据进行试探和计算的数据分析手段，是大数据分析的理论核心。

（3）预测性分析：是大数据分析最重要的应用领域之一，通过结合多种高级分析功能（特别统计分析、预测建模、数据挖掘、文本分析、实体分析、优化、实时评分、机器学习等），达到预测不确定事件的目的。它帮助用户分析结构化和非结构化数据中的趋势、模式和关系，并运用这些指标来预测将来事件，为采取措施提供依据。

（4）语义引擎：是指通过为已有数据添加语义的操作，提高用户互联网搜索体验。

（5）数据质量管理：是指对数据全生命周期的每个阶段（计划、获取、存储、共享、维护、应用、消亡等）中可能引发的各类数据质量问题，进行识别、度量、监控、预警等操作，以提高数据质量的一系列管理活动。高质量的数据和有效的数据管理，是获得准确分析结果的保障。

五、云计算技术

云计算是继 20 世纪 80 年代大型计算机到客户端—服务器的大转变之后的又一种变化，是分布式计算、并行计算、效用计算、网络存储、虚拟化、负载均衡、热备份冗余等传统计算机和网络技术发展融合的产物。通过"云计算"处理，可以将机构的信息进行集成服务处理，以此来方便单位用户快捷高效地访问数据。

（一）云计算的概念

云计算是一个方便灵活的计算模式，通过网络进行访问和使用计算资源的共享池（例如，网络、服务器、存储、应用程序服务等），以用最少的管理付出，与服务供应商有最少交互的前提下，可以达到将各种计算资源迅速的配置和推出，如图 7-2 所示。

图 7-2　云计算的本质：资源到架构的全面弹性

（二）云计算主要应用特证

云计算是在传统分布计算思维方式的基础上，利用计算机集成数据中心，通过服务形式为用户提供云计算购买资源。

1. 弹性服务

在云计算的实际应用中，其服务模式可以根据用户的需求快速伸缩，呈现自动业务负载变化，能有效防止服务器性能荷载较大而影响服务质量，避免造成信息资源的不必要浪费。

2. 资源池化

在云计算构建中，资源的分享与利用主要是利用共享资源池的形式进行资源管理，结合虚拟化技术，根据用户的实际资源使用需求进行资源分配，对于用户来说，在提供资源服务的过程中，就是资源的放置、分配以及管理。

3. 按需服务

云计算具有按需服务的使用功能，主要涉及应用程序服务、数据储存服务以及信息基础设施服务等内容。用户可以根据自身的实际使用需求进行云计算的服务选择，系统会按照用户的实际需求自动分配资源，在此过程中不需要管理员的干预，进而实现资源自动服务。

（三）云计算构架关键技术

云计算构架关键技术主要包括数据中心节能技术和虚拟化技术两种。

1. 数据中心节能技术

在进行基础设施即服务（IaaS）层设计的过程中，由于云计算数据中心规模庞大，在设备实际运行的过程中会消耗大量电能，因此，建设绿色节能的数据中心是云计算的关键技术环节。节能技术通常应用在 IT 设备、电源系统、制冷系统等关键环节。

2. 虚拟化技术

虚拟化技术主要应用在 IaaS 层，可以为云计算构件运行提供计算资源、存储资源和网络资源，作为云计算系统中的关键技术，对系统基础设施服务进行按需分配，满足用户在云计算系统使用中的个性化需求。

六、物联网技术

物联网是继计算机、互联网与移动通信网之后的世界信息产业第三次浪潮，打破了之前的传统思维。传统的思维模式是将物理基础设施和 IT 基础设施分开：一方面是机场、公路、建筑物，而另一方面是数据中心的计算机、宽带等。而在物联网时代，钢筋混凝土、宽带是整合为一的。

（一）物联网的概念

物联网即物与物相连的互联网，它的英文名称是：Internet of Things，IOT。早在 2000 年美国的 Ashton 教授提出了这个概念，是借助信息传感设备采用定制的协议，把全球物品通过特定域名连接起来实现实物信息共享的互联网。

物联网（Internet of Things）是指专用物理对象（Things）的网络，其中包含了感知或与内部状态或外部环境交互的嵌入式技术。物联网是包括事物、通信、应用和数据分析的生态系统。

（二）物联网的特征

物联网的特征主要表现为连通性、物物相连、智能化等。

1. 连通性

物联网技术连通性的优势在于不受时间、地点、物体等因素的限制，便于人们展开应用。

2. 物物相联

物联网通过对传感器、全球定位系统等现代化科学技术的应用实现了物与物间的交流，最终达到了虚拟连接目标，为现代化信息传播提供了一个良好的平台。

3. 智能化

智能化是物联网最为突出的表现，即可通过全球定位系统获知人们所处环境的信息，为人们提供便利。

（三）物联网关键技术

物联网关键技术具体包括 RFID 技术、传感网络技术和 M2M 技术等。

1. RFID 技术

RFID 全称为 Radio Frequency Identification，也称之为无线射频技术，主要是通过有效应用射频信号的方式，传递各类非接触型的信息，并根据所传递的信息有效识别相应目标。

2. 传感网络技术

传感网络技术主要是指将基于多数的传感器节点组建而成的一种无线网络系统，合理地设置于相应的监控区域内，通过相互接连各个传感器节点的方式，而形成的无线传感网络。该网络的基本功能为采集周边环境区域中的各类数据，例如热、光等，同时，将所采集数据，依照数据协议，转化成电子信号，再经由无线网络传输到外界。

3. M2M 技术

M2M 全称为 Machine-to-Machine/Man，是指一种主要依靠设备终端智能交互而发挥相应功能的网络应用以及服务。此类技术产生，实现了各设备终端间的相互通信以及连接。

第二节 医养结合养老机构的信息化管理

信息化养老是以信息化养老终端采集数据为基础，利用互联网、社交网、物联网、云计算、大数据等技术手段建立系统服务与互动平台，通过此平台有效地整合公共服务资源和社会服务资源，来满足入住医养机构的老年人在安全看护、健康管理、生活照料、休闲娱乐、亲情关爱等方面的养老需求，从而为广大老年人群体提供的一种新型养老解决方案。

一、医养结合养老机构信息化管理的概念

医养结合养老机构的信息化管理是指通过有效整合通信网络、智能呼叫、互联网等科技手段，以信息化、智能化求助报警服务平台为支撑，以建立老年人信息数据库为基础，以机构服务、云健康、定位跟踪、跌倒报警、视频监控、门禁、亲属门户为基本服务内容，有效整合社会服务资源，构建公益化为前提、社会化为基础、市场化为方向的信息化、智能化的医养结合养老机构运营新模式。

二、医养结合养老机构信息化管理的意义

建立一套符合现代化需要的信息系统，实现为入住老年人提供服务的现代化、信息化、标准化、专业化，使老年人在医养机构内获得安全、方便、舒适、周到的各项专业服务。信息化在很大程度上解决了机构依靠传统管理（人管人、人管物、人管账）问题，很好地解决高成本低效率、资源浪费以及管理无序等难题。

（一）管理规范化

信息化管理具有规范、高效、透明的特点。建立在服务流程、工作过程分析和规章制度，以及服务与管理规范基础上的医养结合养老机构信息化管理，可以使机构的服务与管理

更加规范。例如在老年人管理方面，系统会设计入院预约管理、住院管理、床位信息管理和护理信息管理等子模块，每一个模块都规定了需要详细操作的内容，并且各个子模块之间环环相扣，从而保证了管理的规范化。

（二）决策科学化

决策的基础是准确掌握大量的信息。利用医养结合养老机构信息化综合管理系统，通过在日常服务与经营过程中采集、储存的大量信息和利用计算机的数据分析处理功能，可以使分析更加快捷、准确，决策更加科学，从而及时地解决和处理服务与管理过程中存在的问题，避免了仅凭经验、不完整的信息、落后的分析处理方法进行决策管理的弊端。即使管理者外出，只要打开计算机，登录系统，就可以对本部门的日常管理实施全程监控，从而提高了决策管理的时效性。

（三）工作效率化

信息化管理的最大优势是节省人力、提高工作效率、降低管理成本。以各种统计分析报表为例，传统的统计方法不仅耗费时间、人力，且有存在误差的可能，而利用医养机构信息化综合管理系统，只要点击该系统中的按钮，系统会在几秒钟内自动生成并打印所需要的统计分析表格，从而大大提高了工作效率。

（四）服务亲情化

信息化综合管理系统及时采集和储存入住老年人的详细信息，如老年人的生活状况（每天吃了什么、做了什么等）、健康状况（每天用了什么药、进行了什么检查治疗等）、护理情况（每天的照料情况、翻身情况、大小便排泄情况等）和费用支出情况等明细内容。家属登录系统就可以及时了解和掌握老年人的有关动态。同时，通过系统还可以及时与医养机构沟通、与老年人交流，增强了子女与医养机构的联系、与老年人的亲情交流。此外，系统还为老年人提供学习、娱乐、交流的空间，使其生活更加丰富多彩。

（五）经营扩张化

处在医养事业大发展的现阶段，部分医养机构扩大规模是必然的。规模扩大必然会增加管理难度，提高管理成本。医养机构信息化综合管理系统可以有效地解决这一问题。同时，在扩张经营、连锁经营、品牌经营的过程中，更加彰显出医养机构信息化综合管理系统的优势，确保规模扩大后的经营管理模式不走样、服务质量不降低。

三、医养结合养老机构信息化平台的基本要素

医养结合养老机构信息化平台的基本元素包含医养系统软件、智能硬件和大数据服务。

（一）医养系统软件

医养系统软件主要包含入住管理系统、医疗管理系统、护理管理系统、人事管理系统、财务管理系统、智能设备管理系统、设备软件管理系统及其他管理系统。

1. 入住管理系统

入住管理系统主要实现来访登记以及预约床位，并可实现将接待或预约的老人直接转为入住，以及办理入住签约、退住结算等手续，可记录及分析日常接待来访和预约情况，也可对老年人居住信息进行集中处理，同时也支持对已入住者办理变更业务等。通过房态图可以直观地查看各楼区、楼层、床位的使用情况，包含已入住、空床、请假、外出就医、留观等状态。此外还有满意度调查、试住老人分析、退住情况分析、入住老人分析等。在收集信息时，尽可能收集老年人曾经从事过的职业信息，专长、兴趣、性格信息，以及老人的晚年生活信息和身心健康信息等。

2. 医疗管理系统

医疗管理系统实现老年人在院享受医疗服务情况的全面管理功能，为医疗科室提供老年人日常医疗情况的登记管理，主要包括医疗管理、病案管理、药房管理、体检管理、评估系统等功能，部分模块实现与医院信息系统（HIS）对接。

（1）医疗管理：提供全面、方便的医疗系统，提高医务人员的工作效率，为更好地服务老年人提供了有力的保障，主要包括医嘱管理、医嘱查对、医嘱执行、理疗执行等模块。

（2）病案管理：病案管理是用科学的管理方法，把医疗工作中产生的信息资料进行全面系统的收集、检查、整理、记录、编号，建立索引、排列上架、存储保管，进行医疗终末随访、质量检查等活动。实现全面的老年人健康档案管理，全结构化的电子病历系统，支持自定义各种类型的电子病历模板，并按要求生成电子模板数据。对老年人进行健康档案信息采集，主要项目包括血压、血糖、视力、生活习惯、慢性疾病等，同时还采集病史及家庭信息，建立完善老年人健康档案。

（3）药房管理：为医养结合养老机构提供完善全面的药品管理，采用信息化手段，准确无误地对全院所有药品进行集中统一管理。系统直接关联医嘱执行，自动发药结存。其主要功能包括发药、退药、药房采购申请、药房采购入库、药房盘点、药房库存不足预警、药品有效期预警等功能。

（4）体检管理：通过健康检测设备上传入住老年人的健康数据，形成健康档案，系统以图表形式简洁明了地展示老年人健康数据的变化情况。

（5）评估系统：支持多种评估标准，并可支持用户自定义评估项目，从而为老年人及其家属提供入住和健康等信息依据。

3. 护理管理系统

护理管理系统主要提供入住前的老年人评估和入住后的院内护理、服务及生活等方面的管理功能，包含生日提醒，以及老年人的评估、护理、消费、请假、就医等查询。系统能全面记录跟踪每一位老年人的情况，从护理计划的制订到护嘱的具体执行、护理的工作安排及护理人员的班次交接都包含在系统的管理功能内。

4. 人事管理系统

人事管理系统主要涉及医养结合养老机构内部的科室管理、人员管理、培训考试管理、考勤管理等，统一管理机构人事各项事宜，使机构管理简单规范，更有效地为老年人提供服务。

（1）科室管理：科室管理主要包括科室的构建、合并、撤销；编制日常管理（含总体编制、具体岗位设置管理）及其查询、统计。

（2）人员管理：人员管理主要包括医养机构内部所有人员的分类管理，可以自由设置人员分类，如在编在职人员管理、离退人员管理、聘用人员管理、离院人员管理、各种类别人员调配进出管理、所有人员各类证书办理管理、人员年度考核、聘期考核管理等。

人员信息主要包括劳动合同信息，人事档案中所有基本信息、最高学历学位证书照片、本人登记照片、个人简历（本机构工作年限、担任过的职务及其业绩证书等）、职称、联系电话、电子邮件地址等。

（3）培训、考试管理：培训、考试管理主要包括各类人员的各类培训、考试数据的日常管理和经费管理。为员工提供学习平台，包括学员的学习情况、学习待办、学习资源、学习资讯等信息，通过与在线学习系统、在线考试系统的集成，实现了培训的电子化管理和监督。

统一管理培训系统可以统一管理各部门的培训需求，包括时间、课程等，便于培训的组织，及时反映培训效果，形成统一的培训档案，对于培训课程、师资、效果等可以进行评估记录，并对于每一个参加培训的员工建立培训档案。

（4）考勤管理：考勤管理能与考勤设备相连接，可以根据医养机构的需要安排排班，能在网上进行加班、请假等处理，实时统计员工的上下班、加班、迟到、早退、请假、缺勤等相关出勤信息，形成一张综合性汇总报表，也可按条件（日期、工号、部门等）进行统计工作，完成各类考勤统计报表。

考勤管理系统在包含薪资计算模块的情况下，可以灵活定义各个工资项目的计算公式，自动调用员工与工资相关的数据，计算出员工的工资明细，可向银行提供代发工资所需的相关文件，同时还提供丰富的统计分析报表，可即时掌握医养结合养老机构工资支出等情况

5. 财务管理系统

财务管理系统主要包括入院缴费、现金记账、代收费用、预算管理、费用结算等。系统根据已配置好的收费标准和各项参数，自动生成结算费用，且系统可按设置的费用类别分类汇总。此系统还可对各种人员进行日常工资管理，根据人员的工资类别及薪级标准计算出相应的薪级工资，并对相关的工资项目进行自动计算。经人工审核之后，进行人员工资、工资晋升等工资业务操作，最终经核准后由系统进行归档。系统支持各种类别参数的统计查询，以及各种格式报表的打印。

6. 智能设备管理系统

随着物联网技术的发展，智能设备将陆续进入医养结合养老机构的视野，如尿湿感应器、穿戴式智能手环等。

（1）床头呼叫管理：呼叫管理系统主要是建立了一个智能化、信息化、便捷化、无障碍的医养机构对讲管理系统。

利用医养机构现有的局域网，建设一套直接、简易、高效、可靠、稳定的"半数字护理对讲系统"。满足老年人居室呼叫对讲、录音录像以及公共区域的公共广播、求助报警等需求，减少护理人员的工作强度，提高服务质量与效率，提高医养机构智能化管理水平。

（2）离床感应器管理：床上装有感应器，老年人一旦离开了床位，系统就会显示文字并发出警报，主要是针对半失能老年人。

（3）尿湿感应器管理：对于卧床不能自理、大小便失禁的老年人，如果护理人员不能及时发现并处理，导致病人生压疮等，尿湿感应器就能很好地解决这个问题。

（4）穿戴式智能手环：能监测失能、失智老年患者的行踪、监测独居老年人行为异常报警，以及监测睡眠质量和血糖监测等。

7. 设备软件管理系统

设备软件主要包含养老 APP 应用、触控查询一体机软件、第三方软件系统。

（1）养老 APP 应用：随着移动互联网技术的发展，APP 应用软件十分热门，各行各业都有相应的 APP。养老 APP 应用分为服务人员和客户（老年人及其子女）两个版本。服务人员 APP 主要用来记录服务内容，老年人及其家属 APP 则主要用来查询消费情况、健康情况等。

（2）触控查询一体机软件：与银行的排队叫号系统相似，入住医养机构的老年人及其家属可由此查询服务等情况。对于大型医养机构来说，可以将触控查询一体机置于服务大厅，可供用户在一体机上查询收费情况和健康情况等。

（3）第三方软件系统：医养结合是新型养老模式，因此养老信息化软件和医院配套的信息化平台对接是大趋势。另外，养老信息化软件可以与家政系统、老年商城、健康咨询系统等第三方系统无缝对接，实现大数据的共享管理，为医养结合养老机构的发展提供助力。

8. 其他管理系统

大型医养结合养老机构内部科室健全，系统功能复杂，还可设有智能健康监测系统、主动关怀系统、信息预警系统、电子围栏系统、跌倒报警系统、远程查看系统、绩效管理系统、膳食管理系统、库存管理系统、后勤管理系统等。

（1）智能健康监测系统：通过个人档案绑定健康设备（血压、血糖、血氧、心电等），采集个人健康数据，生成健康趋势图，同时将异常情况通过短信通知、站内提醒等方式，反馈给工作人员。该系统还可个性化设置老人健康数据，家属可根据老人的实际情况，为其定制差异化监测方案。

（2）主动关怀系统：为老年人提供生活关怀，例如发出生日提醒、用药提醒、保健养生、活动通知等全方位关怀服务。通过有声短信发送，方便老年人收听天气预报、保健知识、政策时事、集体活动等等，更好地体现社会各界及家属对老年人的关心和爱护。

（3）信息预警系统：如果系统监测到老年人脉搏偏高或偏低，就以短信形式把报警信息自动发送给医护人员，让他们第一时间得到数据，做出判断，采取相应措施。

（4）电子围栏系统：管理人员随时可以掌握老年人的活动范围信息，及时避免各种安全隐患，提高管理人员的工作效率，保证老年人的安全。医养机构内部定位与LBS定位相结合可以持续向所在区域的接收器发送信息，一旦老年人的信息没有上传到系统，会发出警报提醒，工作人员可以查看老年人在先前阶段的活动轨迹，及时地处理突发情况，使老年人时时刻刻、在任何地方都能受到工作人员的关怀。

（5）跌倒报警系统：①跌倒自动报警功能：此功能主要用于实时监测老年人的身体情况，当检测到跌倒时及时向监控中心发送报警短信，监控中心人员可及时进行位置查询，通过语音询问老人身体及周围的情况，并及时通知救护车或就近区域的服务人员对老年人进行救助；②紧急情况报警功能：当老年人感觉身体不适或有紧急需要时，可自主手动触发报警系统，接通免提电话，与服务人员进行通话，以便得到及时的帮助。

（6）远程查看系统：基于互联网以及智能化终端设备，为老年人的亲属提供了亲属门户系统。所有的访问终端均支持信息查询统计、电子地图实时跟踪、视频监控以及老年人的健康资料实时反馈。

（7）绩效管理系统：该模块可实现医养机构的绩效管理，构建科学全面的绩效考评体系，同时建立完备的医养行业绩效方案库，为日常管理服务。考核指标全面覆盖机构的经济、质量、效率等各个领域，能提供不同科室以及个人的考核模板。

（8）膳食管理系统：专门为医养结合养老机构提供全面的餐饮管理功能，为老年人提供贴心的饮食服务。同时，该系统还支持移动端自助点餐、餐饮分析、用餐提醒、用餐建议与投诉等功能，实现老年人在院期间膳食服务情况记录和管理功能，为膳食提供部门提供日常膳食管理、膳食调养等信息。

（9）库存管理系统：主要包括入库处理、出库处理、退回处理、效期管理、库间调拨、库存查询、期末盘点等。

（10）后勤管理系统：主要包括工程维修、日常巡查、杂费抄表、设备维护、洗衣管理等。

（二）智能硬件

医养结合养老机构实现信息化管理，必须配置相应的硬件设备以搭建信息化平台，为软件的顺利运行提供底层硬件支持。实现信息化最主要的硬件是计算机及其外接设备，包括服务器、交换机、打印机、传感器等。医养结合养老机构内部的数字化设备均可连接到计算机上，实现数据有效传输和共享。通过安全可靠的计算机传输网络实现数据共享，完成与其他机构、医院及上级管理部门的有效连接。

除了常规的基础硬件设施，一些可以提高服务质量的智能硬件设备也是必不可少的，例如：

1. 离床感应器

离床感应器一般用于监测老年人休息状态，若其离开床铺超过一定时间，则自动发出报警通知护理人员。

2. 多功能生命体证看护床垫

该床垫含有智能传感器，可以检测老年人的呼吸、心跳频率，尤其可以记录在床、离床及离床次数、离床时间统计，床垫本身还具有防菌、防压疮等功能。

3. 全自动翻身拍背床

全自动翻身拍背床每隔一定时间为老人翻身、拍背一次，有效呵护失能老年人的健康，提高服务质量。

4. 健康监测设备

健康监测设备主要包括蓝牙血压计、蓝牙血糖仪等，可通过手机 APP（应用软件）操作健康监测设备，并实时记录于后台管理软件中，储存健康信息资料，以便有关部门检查、备用。

5. 尿湿感应器

失能老人在尿湿的情况下，尿湿感应器能及时通知护工更换衣裤或纸尿裤等。

6. 智能马桶

智能马桶具有座便垫圈加热、温水洗净、暖风干燥、杀菌除臭等多种功能。

7. 二维码标签

每个床头贴上对应老人的二维码，方便护理人员的监管和开展服务工作。护理人员每次提供的服务时都需要用手机扫一下二维码，医养软件将自动保存此次服务记录。

智能硬件远远不止上面所说的这些，随着科技的发展，将有越来越多功能更完善的智能硬件产品来给老年人提供更多更好的服务。随着物联网技术的发展，会有更多的智能硬件产品进入医养结合养老机构提供多样化服务。

（三）大数据服务

医养结合养老机构信息化的作用不仅体现在数据的有效管理与业务的流畅运行上，更有价值的是为管理部门做出科学决策提供数据支撑。因此，只有能够形成有效合理结论的数据挖掘技术与软件才能给医养结合养老机构信息化建设带来预期的效益。

应用信息化系统会对每一位老人在入院时收集个人信息并分类管理。通过对这些信息的有效挖掘，医养机构就能掌握老年人的身体情况、性格爱好等特点，从而在后续的服务中更为贴合老年人的个性化需求。同时，医养机构还可以通过无线网络，利用终端设备将入住老年人的基本信息、检查结果、病历信息、病程医嘱、医嘱执行时间、病情观察时间、记录结果等信息，在房间的床档集中汇总展示，实现移动医护保健等。

四、"医养结合养老机构＋互联网"新业态

"医养结合养老机构＋互联网"新业态是传统养老机构服务模式的转型与升级，能有效地解决供给与需求之间的结构性矛盾，真正实现互联网与医养结合养老机构的有机融合。

（一）医养结合养老机构服务的智能化

对于医养结合养老机构来说，由于护理人员的数量不足和职业素质与专业技能仍有待提高，不仅导致专业性服务难以开展、服务质量难以保证，也会制约医养机构业务的拓展。而运用智能化养老技术，不仅能更好地保护老年人的安全，也能全方位监测老年人的健康状况，真正实现全流程可视化管理。

例如，智能化系统终端设备不仅能随时随地监测老年人的身体状况，还能知晓他们的活动轨迹，并且会将监测到的数据直接传送到电子健康档案。一旦出现数据异常，智能系统会自动提醒工作人员，护理人员能更及时、更主动地响应服务。由此可见，智能化技术的全面运用，将对老年人的照护从临时性和被动式转变为预见性和主动式，不仅会大大降低日常活动风险，而且能增强老年人的存在感，激发活力，促进维持身心机能。

（二）医养结合养老机构信息的在线化

大多数人习惯在网上先了解医养机构的信息，包括内部环境、服务质量、口碑评价以及是否带有医疗服务等。医养机构可以利用互联网，如微信、百度搜索、抖音、微博等工具，做好宣传、推广工作。

（三）医养结合养老机构服务的可视化

当老年人入住医养机构后，护理人员是否尽责地照顾老人？老人是否会发生异常情况？家属无法分身到医养机构去探望，如何随时得知老人的情况或一举一动？面对此类担忧或要求，服务可视化能够解决上述诉求。在老年人的房间里安装摄像头，开通远程网络接口，子女在智能手机上安装相应的APP就能随时随地通过互联网远程查看父母的状况，了解其所接受的服务状况等。另外，子女们还可以随时和老人视频通话。

医养结合养老机构可视化服务，一方面提升了服务质量，另一方面在老年人和子女之间架起了一座沟通的桥梁，为老年人提供精神慰藉开辟了新途径，对重塑老年人与家属、老年人与服务人员之间的情感模式，能够起到十分重要的作用。

案例 7-1

医养结合信息管理系统

医养结合信息管理系统是以客户"从出生到死亡"为全周期，集医疗、健康、养生、养老等为一体的云存储动态健康档案，把老年人健康医疗服务放在首要位置，将养老机构

和医院的功能相结合，把生活照料和康复关怀融为一体的新型养老服务模式。医养结合信息管理系统主要有以下几点特点：

（1）以会员健康档案 CRM 为核心，以医养结合健康管理为主线，以移动互联网云计算为创新点。

（2）支持多种识别方式，如身份证、指纹、全民健康卡、电话号码、二维码。支持一人多卡。

（3）采用分类索引技术，快速定位老人档案或病历，支持全文索引。

（4）统计分析报表支持多维度自由潜入，支持图文自由转换，以更好地支持决策。

医养结合信息管理系统的专业解决方案如图 7-3 所示。

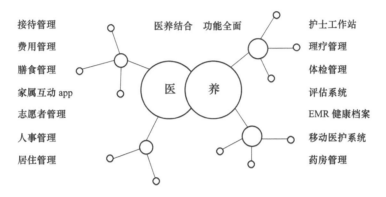

图 7-3　医养结合信息管理系统的专业解决方案

本章小结

医养结合养老机构信息化建设，是以最大化满足老年人多样需求为目标，以智能养老机构平台为核心，以医疗服务为重点内容，将社区的老年人、老年人家属、社区卫生服务中心、社区养老机构、家政服务机构、超市、餐饮公司、快递公司等信息、资源、服务等统一整合到智能居家养老平台，把医养服务的需求者、提供者以及服务的组织者和监督者连接起来，为老年人提供类似于养老机构与医疗机构相结合的实时、健康的身体监护与生活照料服务。

实训设计指导

通过网络查找相关资料，并组织学生分组实地调研某家医养结合养老机构信息化建设的实施和应用情况，参考以下要求提交 500 字左右的书面报告。

1．介绍并分析国内外有关医养结合养老机构信息化建设的总体发展趋势。

2．介绍并分析所调查的医养结合养老机构信息化建设实施现状。

3．结合本章内容，根据上述分析结果提出针对该医养结合养老机构信息化建设的改进方案。

思考与练习

1．不在老人身边的子女可以通过互联网来关注其父母在养老院的活动状况，查看老年人健康资料、健康档案和进行视频监护，属于哪一种软件系统？（　　　）

　　A．APP 养老软件　　　　　　　B．触控查询一体机软件

　　C．第三方软件系统　　　　　　D．信息预警系统

　　E．电子围栏系统

2．通过网络以同步或异步方式，把主站点的数据备份到备份站点，备份站点一般只备份数据，不承担业务。当出现灾难时，备份站点接替主站点的业务，从而维护业务运行的连续性，属于灾容备份的哪一个等级？（　　　）

　　A．第 0 级　　　　B．第 1 级　　　　C．第 2 级　　　　D．第 3 级

　　E．第 4 级

3．在医养结合养老机构推行信息化管理可以实现＿＿＿＿＿＿、＿＿＿＿＿＿、＿＿＿＿＿＿、＿＿＿＿＿＿和经营扩张化。

4．医养结合养老机构信息化包含＿＿＿＿＿＿、＿＿＿＿＿＿、＿＿＿＿＿＿、＿＿＿＿＿＿四大要素。

第八章 医养结合养老机构的延伸服务

学习目标

识记：1. 简述社区、居家医养结合养老服务的定义。

2. 简述社区、居家医养结合养老服务的基本特征。

3. 简述构建社区、居家医养结合养老服务模式的意义。

4. 简述构建社区、居家医养结合养老服务模式的措施。

理解：1. 理解社区、居家医养结合养老服务提供者。

2. 理解社区、居家医养结合养老服务对象。

3. 理解社区、居家医养结合养老服务内容。

运用：运用所学知识分析如何构建社区、居家医养结合养老服务模式。

学习重点难点

1. 社区、居家医养结合养老服务提供者。

2. 社区、居家医养结合养老服务对象。

3. 社区、居家医养结合养老服务内容。

4. 社区、居家医养结合养老服务的基本特征。

5. 构建社区、居家医养结合养老服务模式的意义。

6. 构建社区、居家医养结合养老服务模式的措施。

 导入案例与思考

李奶奶，85岁，独居，有一个儿子，但经常出差在外，较少回家看望母亲。老人患有中度高血压，部分生活尚能自理，今年上半年因意外跌倒导致卧床不起，儿子雇了保姆进行看护。目前，李奶奶所在社区大力推进医养结合试点工作，老人已被纳入重点服务对象。请思考以下问题：

1. 除李奶奶之外，医养结合服务对象还包括哪些群体？

2. 李奶奶所在社区应如何为其提供医养服务？

3. 社区为何大力推进医养结合试点工作？

依托社区与居家建立医养结合养老模式，既可以满足多数老年人的居家养老需求，又能缓解养老机构及医疗机构的负担，优化养老服务资源和医疗资源配置。推动医疗卫生服务延伸至社区、家庭，是当前我国应对人口老龄化问题的重要举措。

第一节　社区医养结合养老服务

我国养老服务发展不平衡，供需矛盾突出，医养结合依托社区发展，充分发挥资源优势，保证老年人在熟悉的环境中享受到"医养"一体化照护服务，降低住院率，满足医疗服务需求，保障和提高老年人的健康水平是非常必要的。

一、社区医养结合养老服务概述

社区医养结合养老服务是兼顾"医"与"养"的新型养老服务模式，是对传统社区养老服务的补充和完善。

（一）社区医养结合养老服务的概念

社区医养结合养老服务是在社区中将养老机构的"照料"功能与医院中的"医疗"功能结为一体，依托社区平台，即社区卫生服务站、社区日间照料中心、社区附近的医院、社区养老机构、社区社会组织以及社区居委会统筹配置社区内医疗、护理、人力等资源，提供基本的医疗服务、日常照护、康复训练等，具备连续性、整合性、经济性特征的养老服务。

（二）社区医养结合养老服务的对象

社区医养结合养老服务强调健康养老，其覆盖对象以失能、失智、高龄等老年特殊群体为主。

1. 失能老年人

失能老年人是指由于意外或疾病等原因丧失部分或全部生活自理能力的老年人，如患慢性病、易复发病老年人，残障老年人，大病初愈期老年人，临终老年人等。根据国际通行标准，在吃饭、穿衣、上下床、如厕、室内走动、洗澡6项指标中，无法完成1～2项的定义为"轻度失能"；无法完成3～4项的定义为"中度失能"；无法完成5～6项的定义为"重度失能"。此类老年人需要生活照料、医疗护理、康复训练服务。

2. 失智老年人

失智老年人是指因脑部病变、感染、外伤等导致认知功能受损的老年人，出现记忆、学习、定向、理解、判断、计算、语言、视空间等功能障碍，干扰日常生活能力或社会职业功能，在病程某一阶段常伴有精神、行为和人格异常。这类老年人伴随一定程度的失能，除提供生活照料、医疗护理服务外，还需要向其提供康复训练服务，以延缓认知衰退的进程。

3. 高龄老年人

高龄老年人是指 80 岁以上的老年人。他们无论健康与否，生活及肢体能力都有一定程度的退化，生活质量部分受损，需要向其提供生活照料及必要的疾病预防或医疗护理服务。

（三）社区医养结合养老服务的提供者

社区医养结合养老服务的提供者主要是具备医疗卫生和养老服务资质的社区医疗卫生机构与养老机构。二者通过多种合作机制提供医养服务。

1. 社区医疗卫生机构

社区医疗卫生机构包括社区卫生服务中心、乡镇卫生院、村卫生室等，经卫生部门登记注册取得执业许可证，按规定配备一定数量和比例的专业医护人员，可承担基本公共卫生、疾病诊疗护理、康复训练指导等医护服务，同时作为家庭与大型医院的"中转站"，为患有急症、重症的老年人开通绿色通道，提供紧急救助服务。

2. 社区养老机构

社区养老机构包括日间照料中心、托老所等，可根据自身需求和服务能力，设立医务室或护理站，面向本社区特殊老年群体，提供疾病诊疗护理、康复训练、生活照料、文化娱乐等医养服务。

（四）社区医养结合养老服务的内容

社区医养结合养老服务是将医疗卫生和养老服务的内容进行有机融合，以满足老年人的医养需求，保障其生活质量。

1. 医疗卫生服务

医疗卫生服务包括疾病诊疗护理、康复指导、定期体检、健康管理、预防保健等。社区医养结合机构为患病老年人提供疾病诊治、康复指导、医疗护理；为社区内 65 岁及以上老年人进行健康体检并记入档案，动态掌握老年人身体状况，以便有针对性地开展所需要的后续医护服务。

2. 养老服务

养老服务包括生活照料、文化娱乐、精神慰藉、老年食堂、喘息服务等。基本生活照料、老年食堂就餐等服务可为老年人提供生活上的便利，文化娱乐活动能够丰富老年人的精神文化生活，有助于社会交往，满足精神需求。对于家属无空闲时间不能照料或照护难度大的老年人由家属或社区医养结合机构接送，日间集中在机构内接受生活照料、就餐、康复保健等服务，既能保证老年人生活质量，又可以减轻家庭照护压力，为家属提供喘息空间。

二、社区医养结合养老服务的基本特征

社区医养结合养老服务打破了一般医疗和养老服务相分离的状态，与传统社区养老相比，"医养结合"新元素的注入使得社区养老服务特征更加鲜明。

（一）医养资源配置的高效性

高龄、失能、失智老年人的专业医疗、护理服务通常只有在医院才能实现。一旦患病，这类老年人多会选择长期留在医院"押床"，造成医院医疗资源紧张，而中小型医疗机构床位大面积空余，呈现资源闲置。另外，由于社会养老需求大，专业养老机构"一床难求"现象较为普遍，资源配置不均导致了养老资源的浪费。社区医养结合养老服务模式凭借其社会化与居家相结合的特点充当了两者桥梁，在政府引导和社会力量支持下，通过发展、改造社区医疗卫生机构、社区养老机构等措施，充分利用社会医养闲置资源，有效解决大型医院"押床"问题及缓解机构养老压力，提高了社会医养资源的利用率。

（二）服务对象具有针对性

社区医养结合养老服务对象主要是失能、失智、高龄老年人。这些老年人的自理能力缺失，医疗需求大，难以独立生活，急需专业化的医疗和养老相结合的服务。社区医养结合养老服务模式针对此类最需要提供服务的特殊群体，向其提供专业医养服务，实现了养老服务资源的有效利用。

（三）服务内容个性化、多元化

社区医养结合养老服务模式依托包括公办和社会力量举办的各类社会医养资源，通过服务机构的多样化结合，为老年人建立医养档案，动态掌握老年人的健康状况，针对不同状况和需求提供不同的个性化服务；此外，医养结合养老服务项目不再局限于基础的生活照料、文化娱乐等，还通过一系列措施提升了医疗、护理的专业化水平，满足了老年人的疾病诊疗护理、康复保健、健康管理等需求，实现了养老服务的多元化。

三、社区医养结合养老服务模式的类型

作为新型的养老服务模式，国内外不断进行社区医养结合的相关实践探索，形成了不同类型的服务模式。

（一）国外社区医养结合养老服务模式

国外开展社区医养结合养老服务较早，从政府扶持、政策推进、制度建设、人才培养、服务内容优化等方面均发展较为成熟。其主要服务模式如下：

1. 美国全方位养老服务模式

美国开展社区医养结合养老服务工作较早，早在 1997 年就出台了《平衡预算法案》，依据费用支出原则提出：应在社区积极推行 PACE（the Program of All inclusive Care for the Elderly），即"全方位养老服务"创新计划。PACE 依托于美国的医疗保险和医疗救助体系，营利或非营利性服务机构在社区成立跨学科专业团队（主要包括全科医生、护士、药剂师、理疗师、营养师、日常生活照料人员、社会工作者及负责转运的工作人员），旨在为 PACE 机构服务区域内 55 岁及以上，且达到入住护理院标准的社区老年人提供全面的疾病康复、急性病和慢性病治疗以及社会支持服务。

PACE 的服务项目广泛，具体包括基本医疗护理服务、康复服务、营养咨询服务、心理咨询服务、社会支持服务，还包括定期健康评估、营养评估、居住环境安全评估、临终关怀等特色服务。PACE 的资金主要来源于医疗照顾计划和医疗救助计划，划拨资金统一由 PACE 中心管理。美国政府直接管理 PACE 项目，医疗保险中心或州政府通过健康计划管理体系（Health Plan Management System，HPMS）负责监督 PACE 的服务质量。

2. 英国健康服务与社会照护一体化模式

英国的医养结合体现在服务区域、服务内容、服务机构、专业人员等各个领域之间的整合上。在社区层面促进社区卫生服务、医院服务、社会保健服务与公共卫生服务间的合作，政府、医院、专家团体等机构联合成立跨学科干预互助组进入社区、家庭或其他社区服务机构，基于本地社区和居民需求提供健康服务与社会照护一体化的服务，进行初级照护和积极干预，及时诊治，减少危机临界点的发生，促进医养资源的优化衔接。

3. 日本微型多功能社区服务模式

日本医养服务以社区和居家养老为主，重视加强社区与医疗机构的合作，积极推动构建小规模、多功能的综合性社区照护服务模式，旨在为老年人提供具有专业性、连续性的长期照护服务。2006 年，日本在进行全国长期护理保险制度改革时推出了微型多功能社区服务设施机构，提供全面的医护服务，具体包括：24/7/365 全面开放、日常照护服务、24 小时灵活的喘息照护、由护士定期及按需提供护理、由介护士定期及按需提供家庭介护。此种照护模式支持老年人尽可能留在社区，避免了更昂贵的机构服务和住院服务，缓解了医疗服务资源的紧缺状态，降低了医疗成本。目前，日本正在探索一种"政府公助、家族自助、社会共助"的养老服务模式，整合和发动整个社区的资源和力量，鼓励社区公共部门、服务机构、社区居民等积极参与社区老年人的综合照护服务。

4. 加拿大老年人综合护理模式

加拿大借鉴美国 PACE 模式构建了老年人综合护理系统 SIPA（System of Integrated Care for Older Persons），旨在提高社区资源的利用率，整合医疗和社会服务。SIPA 的独特性在于充分尊重医疗系统的基本原则，以人为本，通过以社区为基础的多学科团队（MultiDisciplinary Team，MDT）为社区老年人提供一级、二级医疗服务和社会服务，包括短期急性护理、日间医院、预防康复、药物治疗、姑息治疗、救护车运输、家庭健康护理（看护、物理治疗、营养服务）等。SIPA 的 MDT 成员包括个案管理员、初级保健医生、护士、职业治疗师、物理治疗师、药剂师、老年医学专家、家政人员、社会工作者、社区管理人员，其中个案管理员多由护士或社会工作者担任。进入 SIPA 的老年人需符合 MDT 准入标准，如老年体弱者，包括残疾早期的老年人。护理计划由 MDT 成员达成一致后方可实施，且具有动态调整性。SIPA 还在社区以及医疗机构保持临床责任制和问责制，并监控护理内容的实施。

（二）我国社区医养结合养老服务模式的类型

我国社区医养结合养老服务的开展虽处于起步阶段，但部分城市实践、试点工作均已见成效，为社区医养结合养老服务的发展提供了有效借鉴。

1. 医养机构合作模式

医养机构合作模式主要依托社区卫生服务中心平台推进社区卫生服务综合改革，以社区卫生服务中心平台为载体，整合各类医疗卫生与社会资源，为社区老年人提供必要基本医疗护理服务，实施对老年人的连续、全程服务，形成医养结合的有效模式。

（1）开展与各辖区养老机构、社区托养机构的签约合作。社区医护人员会同社工、志愿者等社会力量共同为老年人提供慢性病管理、健康教育和医疗护理等服务，推进社区医疗护理服务和养老照料服务的有机整合，加强医养结合医疗技术的支撑力度。

（2）转型社区卫生服务中心床位性质，推进老年医疗护理床位建设。

（3）发挥社区卫生服务平台的管理职能，统筹社会资源，促进医养结合发展。

案例 8-1 北京市双井第二社区卫生服务中心的"医养结合"模式

针对"医养结合"，更多在养老服务中嵌入简单的生活护理和必要的急救处理，难以满足老年人对专业医护、慢性病诊疗、病后康复及临终关怀需求的现状，乐成公司在北京市朝阳区政府及区属相关部门的支持下，建立养老机构附属的"双井第二社区卫生服务中心"（简称"双二"），开设了全科医学、中医、口腔、预防保健等诊疗项目，组建了由护理主管、医师、营养师、养老护理员、护士和社工组成的医养结合型团队，并在北京市人社局、卫健委支持下，解决了医保定点报销的问题。

针对高龄老年人群日趋迫切的上门医疗护理服务需求，以"双二"为服务平台，启动居家医疗（康复）护理服务，为恭和苑及周边社区老年人提供包括术后院外居家医疗服务，失智症居家医疗服务，肿瘤放化疗间歇期居家医疗服务，卧床、临终关怀居家医疗服务等，以及注射输液、伤口换药、伤口拆线、专家会诊、康复看诊、注射护理、管道护理、造瘘护理、皮肤护理、康复治疗、中医推拿、心理疏导、药物指导等50余个小项的入户医疗服务。

与街道、社区合作，发挥街道政府、社区干部、志愿者以及社区内其他养老机构的优势，收集老年人的医养需求信息；对老年人进行健康评估，推荐适合老年人的养老生活方式；同时在社区解决大部分老年人的需求，与养老机构形成统一的标准，方便老年人根据自己的需求，在家庭、社区以及医养机构间转换；构建居家养老业务平台，利用互联网整合服务，满足老年人及其家庭的需求。

为保证服务安全和质量，乐成公司制定了严格的管控办法：以医生或个案护理师等专业人员作为老年人的第一责任人，通过对老年人身体的检查、环境评估、与家属沟通，制订适合老年人的个性化护理方案；统一调度，统一派单，统一标准；强调服务的闭环管理，有反馈、有调整、有回访，将产品和服务持续优化；对接医保，减轻老年人的经济负担。

2. "医疗—康复护理—养护"一体化服务模式

在社区层面，提出将服务对象延伸到社区、居家老年人，为居家老年人提供健康管理等公共卫生服务，为患病老年人提供医养护服务。

（1）改造社区卫生服务中心：在社区卫生服务中心增设老年人康复指导站、老年病门诊等，优先为老年人看病、制订康复计划、指导用药以及建立健康档案和进行慢性病监控管理等。

（2）与医养机构合作：与周边医疗、护理或养老型机构签订合作协议，开展"医疗—康复护理—养护"一体化的养老服务。

（3）社工＋专业照护：跨专业整合社区资源实现全面照护服务，成立以专业社工牵头，医疗、护理、康复、心理咨询和养老护理员等多专业共同组成的跨专业服务团队，通过社工为每位老年人建立服务需求评估档案，开展社区居家小组个案等活动。

（4）搭建医院与家庭中转站：不仅承担社区诊疗功能，还承担失能、半失能、术后康复以及身患慢性病老年人的医养工作。例如，青岛市实施长期护理保险制度，开创了专护、家护、院护、巡护四种护理类型，推进医养结合模式，保障了失能、失智、慢性病患者等需要照护的高龄老年人的医护权益，提高了老年人的生活质量。

四、构建社区医养结合养老服务模式的意义

在政府主导下，社区医养结合养老服务模式能够整合各项服务资源，集中医疗机构、养老机构及社区自身优势，将"医养"融入社区养老，基于老年人的意愿和身体健康状况提供多层次的养老服务，提升养老服务的质量与效率。

（一）社区医养结合养老服务成为未来发展趋势

目前，医养结合成为社区为老年人提供综合性、持续性照护服务的新模式。首先，社区医养结合可以有效提高老年人慢性病管理水平，维护老年人的健康；其次，社区医养结合以社区为平台，可以有效利用社区卫生服务机构的闲置床位，充分发挥社区内各方面力量，提高资源配置效率；再次，医养结合依托社区，可以使老年人在熟悉的环境

中生活并享受持续性照护，实现医院专业照护在社区的延伸。在社区养老基础上渗入持续性照护的医养结合服务，能够实现社区整体服务质量的提升，将成为社区养老服务的发展趋势。

（二）有利于整合多种服务资源，提高老年人的生活质量

社区老年人的生活质量的提高主要涉及日常生活、生理健康和心理健康等各个方面，其中医疗服务在提高老年人的生活质量方面发挥着重要作用。将养老、医疗和社区结合在一起的"医养结合"社区养老，能够优势互补，可以充分利用现有资源为老年人群体提供更专业化的医疗和照护服务。社区医养服务的有效衔接不仅能平衡医疗资源配置不均衡问题，也能有效解决老年人的生活、生理问题，且维护老年人心理健康，在保障其生存与健康的同时满足精神需求，以提高其生活质量。

（三）有利于改善社区"医养分离"的养老现状，降低养老成本

老年人患病一般以慢性疾病为主，且具有多种疾病并存、病程长、恢复慢等特点。养老机构多以提供日常生活照料为主，医疗服务尚存不足，而大多数医院很难为老年人提供细致化的服务，医养分离使得患病老年人医疗需求难以得到满足，不利于治疗及康复。而社区的医养服务将原本独立的医疗、养老结合起来，为老年人提供常见病、慢性病的预防、治疗、护理及康复服务，使老年人在社区内就能得到及时救治，控制了患病老年人由家庭或社区转入医院过程中增加的医疗时间、成本以及救治风险，也降低了老年人由于行动不便而造成的路途颠簸和家属负担。另外，社区医养服务通过为老年人提供一个休养环境，一定程度上降低了老年人的医疗住院费用，而且熟悉的社区环境也为老年人的康复提供了一定的正面情感支持。

（四）有利于健康管理和首诊制的建立

我国的社区健康管理和首诊制尚未完全建立，存在软硬件方面的不足，而社区医养结合则在人才建设、健康管理、社区居民认可度等方面对其有一定的弥补作用。

1. 人才建设方面

医养结合的推行离不开医护人员的参与，这使得社区医疗卫生机构重视专业人才的引进、培养，为其提供职业发展平台，相应也提升了整体医护水平。

2. 健康管理方面

社区医养结合机构利用网络能够全面监测老年人健康信息，有助于建立起社区老年人的健康档案，社区医生可依据老年人的最新健康信息调整诊疗方案，并决定是否转诊。

3. 社区居民的认可度方面

目前，部分居民对社区医疗卫生机构持不信任的态度，这在一定程度上妨碍了首诊制的建立。医养结合则从社区老年人着手，为其提供专业化的医养护服务，加深社区卫生机构

在居民内心的印象，促使居民对其转变态度。

社区健康管理

社区健康管理是指以社区全体居民为服务对象，以全科医生为核心，包括社区护士、心理咨询师、营养师等在内的专业人员组成健康管理队伍，对全社区居民的健康和疾病危险因素进行检测、评估和干预，将医、防、保、康、教结合到一起，真正落实"小病在社区、大病进医院、康复回社区"。

社区首诊制

社区首诊制是指所有享受公费医疗或者社会医疗保险的居民在患病需要就诊时，应首先到社区卫生机构接受全科医生诊疗的一种制度。除急诊外，居民要去医院寻求专科医生的诊治前，必须要经过社区全科医生的转诊。社区首诊制相当于"守门员"的角色。

（五）为老年人构建更广泛的社会支持网络

社会支持网络由三个方面组成，分别是政府、家庭和社区。虽然目前我国家庭养老占据主流地位，但是由于家庭照护功能的弱化，社会力量越来越成为主要力量。医养结合社区养老在养老和健康两个角度来增加对于养老的支持，通过政府、社区、养老机构和医疗机构的合作，为老年人提供高质量的生活服务、医疗服务及精神慰藉，有效地整合养老资源，扩大老年人的社会支持网络。

五、构建社区医养结合养老服务模式的措施

我国社区医养结合养老服务模式作为整合医养和社区功能的新型养老模式，意义重大，但其发展仍存在制约因素。具体表现在：资金投入有限，筹资不足；基础设施差，服务保障机制不健全；医护人员素质有待提高，专业人才队伍建设滞后；老年人对医养结合养老服务认知不足等。为保证健康发展，需从以下方面进行完善：

（一）政府主导，社区主办，多元社会主体参与

社区医养结合养老服务模式的运作，应以政府为主导，社区为主体，搭建服务平台，并引进多元社会主体参与，共同提供医养结合服务。政府层面上，建立健全管理服务系统，明确不同部门的职责与权力；推行相关政策，明确目标、原则、任务以及服务对象、运作方式、方法步骤和保障措施。社区层面上，整合周边优质医疗资源，积极构建社区老年人服务组织网络，依托社区卫生服务人员、志愿者等力量，形成一支稳定的社区老年人健康服务队伍。社会组织层面上，作为第三方机构，有较大的灵活性、自主性，可以在政府引导和支持下，科学地评估社区老年人的身心、经济、家庭、学历状况，以更好适应市场需求。

（二）加大资金投入，鼓励社会资本进入社区医养领域

社区医养结合养老服务作为准公共服务产品，仅靠政府的财政补贴是远远不够的，需要鼓励社会资本进入社区医养领域，形成多元化资金来源渠道。政府可以通过税费减免、财政补贴等手段鼓励民间资本、社会组织投资和参与医养结合养老服务产业，如为私营医养结合机构提供支持，鼓励兴建营利性社区医养结合机构，鼓励市场主体提供多层次的服务以满足老年人的需求。

（三）完善社区医养结合养老服务体系

1. 服务内容方面

服务内容应首先满足社区老年人基本的医疗、护理及养老需求。此外，应充分利用信息平台，全面统计社区内老年人的家庭情况、经济状况、身体能力、健康状态等，了解其真正需求，按照分级标准及需求评估标准，提供个性化、精细化、专业化服务。社区还可定期开展专业知识技能培训，并进行考核，以提升服务质量。

2. 服务形式方面

（1）合作式：与附近大型医院签约合作，提供老年人紧急救治服务，或与周边养护型机构合作实现长期持续性照护。

（2）社区持续照护式：社区自办医疗机构或改造原社区卫生服务机构，满足老年人诊疗需求，承担家庭和医院中转站角色。

（3）家庭医生签约式：将医疗护理与居家养老相结合，为社区中失能、失智等不便出门的老年人提供家庭病床服务，签约家庭医生，团队协作制订医疗、护理及康复计划，定期巡诊，动态跟进。

（4）医养结合一体式：在社区新建小规模的医养结合一体式机构，承担小病诊疗、照护和长期养老双重工作。

（四）专业人才队伍建设

我国社区医护人员的素质仍有待进一步提升，可从以下方面进行专业人才队伍建设：

（1）加强社区医护人员等的专业技能训练，定期培训考核，实行奖惩机制。

（2）与大医院建立合作关系，推荐有潜力的社区医院医护人员到大医院进修，或邀请大医院的专家不定时到社区坐诊，以提高社区医疗水平。

（3）从学校教育做起，鼓励相关院校增设老年护理、社区护理、老年服务与管理等与社区医养结合相关的专业，促使更多人接受此类教育，达到术业有专攻，从而为建设社区医养结合的人才队伍奠定基础。

（4）现在许多高学历毕业生仍倾向于去大医院工作，不愿前往社区发展。为吸引更多此类人才参与社区医养结合养老事业，政府可制定相应的鼓励或扶持政策，以利于壮大社区高水平专业人才队伍的建设。

（五）加强宣传引导，促使社区就医

基于社区老年人对医养结合认知不足的现实，社区可通过张贴海报、发放宣传手册及组织健康体检、义诊、知识讲座等方式，或建立社区老年人医养结合活动小组，并让老年人参与体验或管理，从而促使更多的老年人了解并认可医养结合养老服务项目及其带来的便利。另外，应健全失能、失智老年人的医疗保险制度和护理保险制度，将老年人在社区获得的医疗和照护服务费用纳入社会保险结算范围，只有在确保充足的经济支持下，老年人才会有意愿享受并购买医养服务项目。同时通过首诊制、双向转诊制等拉开社区医院与大型医院之间费用的差距，通过专业人才培养提高社区医养护服务的质量，以引导老年人积极主动选择社区医养服务。

第二节　居家医养结合养老服务

相较于机构养老与社区养老，居家养老是我国老年人最传统、最主要的养老方式。然而，目前居家养老在医护服务方面还存在较大不足，难以满足老年人的需求。因此，在现有政策鼓励下，整合医养资源，将医养纳入居家养老服务，对满足居家老年人的需求、保障其生活质量十分必要。

一、居家医养结合养老服务概述

居家医养结合养老服务的开展需要以社区为依托，整合社区资源，养老服务项目的推进也离不开社区支持，与社区医养结合养老服务存在许多共通之处。

（一）居家医养结合养老服务的概念

居家医养结合养老服务是指以社区资源为基础，为居家老年人提供具有一定水平的医疗护理、日常生活照料、家政和精神慰藉等兼有医疗和养老功能的服务。居家医养结合养老服务是在社区医养结合发展的基础之上，将社区医养资源和家庭养老力量相结合，深入探索居家医养的服务形式、服务主体、服务内容及监管体制等，以弥补居家养老的不足。

（二）居家医养结合养老服务的对象

居家医养结合养老服务的主要对象是生理和心理处于特殊状态的群体，例如失能、失智、高龄等老年人。

（三）居家医养结合养老服务的提供者

居家医养结合养老服务主要由具备医疗卫生和养老服务资质的社区医疗卫生机构、养老机构、家政养老服务人员等提供。

1. 社区医疗卫生机构

社区医疗卫生机构包括社区卫生服务中心、乡镇卫生院、村卫生室等，经卫生部门登记注册取得执业许可证，按规定配备一定数量和比例的专业医护人员，可承担基本公共卫生、疾病诊疗护理、康复训练指导等服务，同时作为家庭与医院的"中转站"，为患有急症的老年人开通绿色通道，提供紧急救助服务。

2. 社区养老机构

社区养老机构包括日间照料中心、托老所等，可根据自身需求和服务能力，在内部设立医务室或护理站，面向全社区特殊老年群体，提供疾病诊疗护理、康复训练、生活照料、文化娱乐等医养服务。

3. 家政养老服务人员

经家政公司培训后以派遣形式进入老年人家庭，可提供日间照料、生活护理、餐饮服务、保洁清洁、精神慰藉等服务。

（四）居家医养结合养老服务的主要内容

居家医养结合养老服务将医疗卫生和养老服务内容进行有机融合，以满足老年人的医养需求，保障生活质量。

1. 养老服务内容

养老服务内容主要包括家政服务、生活照料、文化娱乐、精神慰藉、喘息服务等，如上门送饭、清洁身体、打扫房间、采办购物等项目。对于外出不便、家中无人照顾的老年人，社区居家养老机构服务人员每天定时到老年人家中提供预定的养老服务。

2. 医疗卫生服务

医疗卫生服务包括疾病诊疗护理、保健咨询、健康管理、康复指导等项目，以上门巡诊、家庭病床、家庭医生签约等形式提供服务。社区医养结合机构与老年人确立服务关系，医务人员定期上门巡诊、递送药物、开展家庭病床，提供连续性的居家健康管理和医疗服务。

二、居家医养结合养老服务的基本特征

居家医养结合养老服务是在传统居家养老的基础上进行补充与完善，弥补了传统养老模式的不足，实现了服务对象聚焦、服务项目专业化与精细化的融合，具有鲜明特征。

（一）社区医养与居家养老结合

传统的机构养老模式在软硬件设施设备建设上需要耗费较多的人力物力，增加社会负担，且容易忽视老年人情感上的需求，陌生的环境使得老年人情绪积压容易导致焦虑、抑郁等不良情绪的产生，从而影响老年人健康和养老服务质量。居家医养结合养老服务模式以社区为依托，将社区医养资源和家庭养老资源有效融合，保证老年人在原居地享受养老服务，具有经济性和满足情感需求的双重优势，同时又通过社区医养资源的介入弥补了居家养老的缺陷与不足，不仅满足了老年人的医护需求，也提高了全社会养老服务的效率与水平。

（二）服务对象具有针对性

居家医养结合养老服务的对象与社区医养结合养老服务的对象相一致，可覆盖所有有需求的家庭。

（三）服务全方位化、专业化

居家医养结合养老服务模式立足于社区建设，以人为本为宗旨，能够满足老年人的全方位需求，包括：①物质、经济上的供养需求；②生活照料需求；③精神慰藉需求；④疾病诊疗、护理需求；⑤康复保健需求；⑥健康管理需求，全面实现了老有所养、老有所医。同时，由经过专业医疗护理知识和职业技能培训的人员提供服务，具有较高的专业性。

三、居家医养结合养老服务模式的类型

居家医养结合养老服务作为新型的养老服务模式，国内外不断进行居家医养结合相关实践探索，形成了不同类型的服务模式。

（一）国外居家医养结合养老服务模式的类型

国外开展居家医养结合养老服务较早，在政府扶持、政策推进、制度建设、服务项目优化等方面均发展得较为成熟，其中又以日本、瑞典、澳大利亚为代表。

1. 日本居家式的家庭养老服务模式

日本主张居家式的家庭养老服务，包括日间照料中心、老年人福利中心等。日间照料中心主要针对白天家里没有人照料、不能自理的65岁及以上老年人；老年人福利中心主要服务辖区内的老年人，提供健康教育、预防保健、健康体检、家庭指导等服务。此外，日本还针对不同需求层次的老年人增设夜间应对型上门护理、认知症应对型日托护理、小规模多功能型居家护理等服务。

2. 瑞典全福利型模式

瑞典的居家医养结合养老服务体系由政府统筹兼顾，政府发挥了重要的引导作用。一方面，政府设立功能齐全的家政服务系统，满足老年人的基本生活需求及情感慰藉；另一方面，提供政策支持。例如，为居家老年人免费安装警报系统，为无法乘坐交通工具的老年人提供交通出行服务，为想要改造房屋并已满足申请标准的老年人提供资金支持，为想要参加活动的老年人建设活动中心等；另外，促使医疗机构依据老年人的需求提供相应的医疗护理服务。瑞典的居家养老服务属于全福利性质，大多由政府财政补贴及社会组织参与，个人承担费用较少。

3. 澳大利亚家庭医生责任制模式

澳大利亚重视家庭养老，服务对象主要是生活不能自理、一个人在家无法正常生活、家属照护困难的老年人。服务内容包括社区老年照护项目，以及一些居家照护和护理的延伸等。澳大利亚居家养老医养结合的特色之处在于推行家庭医生责任制，家庭医生每周看望老年人一次，对老年人进行健康评估，家属照顾者可以得到一定的资金补贴，政府还为其提供休假等福利。

（二）国内居家医养结合养老服务模式的类型

我国居家养老服务的试点始于21世纪之初，并在不断实践的过程中将医疗服务融入其中，丰富了居家养老的领域，初步具有"医养结合"属性。当前我国部分地市已开展居家医养结合养老服务模式实践工作，且取得较好效果。

1. 综合服务模式

近年来，北京市居家医养结合养老服务的运作模式、服务内容、操作规范等在不断探索创新。具体表现为：

（1）建立350个提供医养结合服务的社区养老驿站，"十三五"期间的目标为建设1000个养老驿站。

（2）在8个区开展养老助餐服务体系建设，鼓励大型专业餐饮服务商利用智慧科技以"餐饮服务商（中央厨房）+社区配送+老年人家庭"的方式直接为老年人提供助餐服务。

（3）建立居家医养结合服务体系，完善慢性病管理、家庭病床、院后随诊等服务。

（4）为居家养老的老年人提供优先便捷的医疗服务，完善基本医疗保险的社区用药报销政策和基层用药制度，将老年人常见病医保范围的各类药品纳入社区药品目录，保证社区卫生服务机构的药品配备。另外，社区卫生服务机构为家庭失能、失智、高龄老年人提供上门医疗、护理、送药及家庭病床等服务。

（5）加强居家医养服务单位监督管理，建立诚信评价指标体系。

（6）将紧急救援服务延伸到家庭，做好安全防范及管理。

2. 分级照护模式

上海市较早开展居家新型养老模式的探索，2005年就出台了针对不同需求提供不同层次养老服务的标准，2015年又发布政策措施，提出以现有社区卫生机构为中心辐射居家老年人医疗需求的布局。在服务内容方面，上海市根据统一的养老服务评估划分不同照护等级，进而分层补贴并配套相应医护服务，轻度照护等级的在社区接受服务，重度照护等级的留在家中接受上门服务。同时，上海市还开展社区养老服务中心、日照中心和送餐服务等。其中，长宁区程家桥街道社区卫生服务中心通过以家庭医生为核心的工作模式和以社区卫生服务中心为平台的延伸服务，使家庭与医生签约建立健康档案，医护人员定期巡诊，为居家老年人提供随访及建立家庭病床服务，解决医疗、养护、康复需求。

3. 分型服务模式

我国台湾地区居家医养结合服务体现为四种形式：居家医疗照护、居家护理照护、个人照护和家事服务。居家医疗照护主要是由家庭医生为卧病在床的老年人提供诊疗服务。

居家护理照护的服务项目包括输液、注射、膀胱灌洗、更换鼻胃管、一般伤口护理、吸痰、雾化吸入、石膏护理等专业性操作。个人照护针对症状平稳但在某些日常生活活动项目上仍需要协助的老年人提供生活照料（包括洗澡、移动、运动和服药医嘱等），使之能继续住在家里无须住院或进医疗机构。家事服务主要是针对一些有自理能力但无法处理周围环境事务的老年人提供服务，如整理家务、准备餐食、洗衣等。

四、构建居家医养结合养老服务模式的意义

居家医养结合养老服务模式以社区为依托，通过整合多方资源，实现医养深入合作，一方面满足了老年人医养需求以保障生活质量，另一方面减轻了家庭养老负担，促进了健康老龄化，意义深远。

（一）满足老年人的情感需求

马斯洛需要层次理论认为，人在满足生理需求的基础上要满足其情感需求。机构养老在一定程度上与我国传统孝道文化背景下的家庭养老方式不同。有调查显示，长期居住于机构养老的老年人易出现焦虑、抑郁等不良情绪，可见机构养老模式虽能满足老年人的物质需求，但难以实现其情感归属。居家医养结合养老服务作为新兴模式可使老年人在家里就能享受社区提供的医养服务，不仅符合我国传统的文化，也更易于被老年人接受和认同。

（二）降低养老成本，减轻家庭负担

相较于单纯的居家养老，居家医养结合养老服务模式依托社区整合资源，可使用政府补贴资金或社会医疗保险金等其他社会资金完善医养护服务项目；另外，社区进行照护服务分级，按等级收取费用，使得服务项目具有差异化和针对性，减少了老年人养老开支，降低了就医和养老的成本。另外，政府的政策鼓励居家养老服务发展医养结合，给予相应补贴及建立保险制度，一定程度上保障了居家老年人的权益，缓解了家庭照护负担。

（三）监测老年人健康水平

老年人由于生理功能衰退，难以立即感知机体变化，对疾病反应不敏感，经常出现患病而不自知情况，或者部分老年人习惯了勤俭节约，即使明知患病也不愿花钱，而选择忍受病痛折磨。这些潜在的健康隐患易导致老年人的疾病被确诊时已是重度，降低生活质量，甚至危及生命。居家医养结合养老服务模式通过建立健康档案、定期体检等服务对老年人进行健康监测，有助于家庭和社区及时了解老年人的健康状况，并进行早期的干预及治疗，进而提升老年人的健康管理水平。

五、构建居家医养结合养老服务模式的措施

我国居家医养结合养老服务模式的发展尚处于起步阶段，仍存在许多制约因素，如资金短缺，人员短缺、专业素质有待提高，居家养老服务体系尚不完善，服务项目比较少，

服务内容单一，信息管理系统不完善等。为保证居家医养结合养老服务模式的健康发展，需从以下方面进行完善：

（一）政府引导，拓宽筹资渠道

政府应给予足够重视，为完善居家医养结合养老服务体系发挥重要的支持与引导作用。在政策、法规支持方面，由于居家医养结合养老很大程度上要依靠社区卫生服务中心开展，政府应提供相应支持与引导，完善社区卫生服务政策法规，促进社区卫生服务中心的软硬件建设，提高服务质量；出台有关老年人长期护理保险的法规和政策，将居家养老的医疗服务费用纳入社会保险的报销范围之内，并加强监督和管理，形成完善的法规体系。资金支持方面，建立以政府为主导的资金支持和筹资渠道，政府要加大财政补贴；其次，加快多元化服务主体的构建，大力开放社会养老服务市场，通过优惠政策充分动员社会力量参与，推动社会力量成为居家医养结合养老服务业的主角，满足老年人多层次需求的同时引进社会资金，拓宽医养服务的筹资渠道。

（二）加强专业人才队伍建设

发展居家医养结合养老服务模式，要重视家政服务人员的作用。目前，我国掌握护理知识的家政服务人员较少，家政服务公司可聘请专业机构或组织对服务人员进行专业照护知识及技能培训，合格后方可上岗。社区卫生服务中心的医护人员以家庭签约巡诊、家庭病床等形式提供服务，专业素质要求较高，更应加强人才队伍建设。

1. 重视留住人才

重视社区医护务人员的发展平台，为其提供好的工作、学习环境，解决好他们的薪资福利、职称和职业发展等实际问题。

2. 重视吸引人才

通过人才优惠政策，鼓励相关院校的毕业生、大型医院医护工作者、离退休高级卫生技术人员等到社区卫生服务中心全职或者兼职工作。

3. 重视培养人才

制订全科医护人员培训、考核计划，选拔、支持优秀的社区卫生工作人员到上级医疗机构进修学习。专业人才的培养也要从高校做起，高校可以开设居家护理、医养结合等课程，讲授理论知识的同时注重社会实践，鼓励学生到社区实习，了解社区居家养老现状及需求，为后续选择从事养老行业及工作发展提供契机。

（三）全面推广家庭医生签约服务制度

家庭医生签约服务制度是居家医养结合的特色服务项目，2016 年 6 月，国务院医改办、国家卫生健康委员会等七部门联合发布《关于推进家庭医生签约服务的指导意见》，提出到 2020 年要力争将家庭医生签约服务扩大到全部人群。家庭医生可以让老年人在足不出户的情况下就可以解决健康问题，满足医疗、康复需求，还可以开设家庭病床的形式提供一般疾病和突发疾病的诊疗、送药、巡诊、护理等服务。目前，我国北京、上海、深圳等地市均已开展家庭医生签约服务试点工作，逐渐扩及全国。

延伸阅读

家庭医生

家庭医生在国外称为私人医生，也称全科医生，即为居民提供个性化健康咨询与指导、定期体检、定期综合性评价居民健康状况并对其做出疾病预警，必要时还要向居民提供疾病诊治的医疗协助服务，被称为"医疗卫生体系的守门人"。

我国的家庭医生大多是由社区全科医生担任，为了使家庭医生工作责任到人，由社区辐射到家庭，以责任承包的形式进行管理，组成家庭责任医生团队，包括社区护士、公卫医生、中医、心理咨询师等，为居家老年人提供上门医疗服务，尤其对失能、半失能、患有慢性病的老年人提供全面、持续和个性化医疗保健服务。

（四）促进居家医养结合与智慧化养老有效衔接

随着现代科技的发展，智慧化养老服务产业如火如荼，新型居家医养结合养老服务模式必须与科技接轨。设施设备配备上，可以在家庭安装紧急呼叫器或红外线感应装置，保证老年人有需要时得到及时回应及危险时救助，也可为认知障碍老年人佩戴 GPS 定位仪，防止老年人走失及利于走失后的找寻工作，或者为失能、半失能的老年人安装"活动性"吊床，这些设备可以根据老年人需求，通过按键操作帮助实现。另外，智慧养老最重要的一点是完善居家老年人的网络信息服务平台，全面、持续监测老年人的健康状况，实现个性化健康管理。

案例 8-2 "一个团队、一个链条、一套系统"医养结合养老模式

成都优护家护理院（以下简称优护家）是成都首家获得医疗执照和养老机构设立许可的中高端医养结合护理院，主要服务对象为失能和部分失能老人、失智老人、高龄亚健康老人、术后康复老人、癌症末期及临终关怀病人等需要照护的刚需老人。该护理院床位共210 张，其中医疗床位 60 张，养老床位 150 张。

按照养、护、医、康全人照护理念，优护家将功能分区设置为护理之家、慈爱之家、医康之家、慢病评估管理中心四大区域，探索医养信息标准化建设，打造优护家"互联网＋医疗＋养护＋健康管理"的新型养老产业链，如图 8-1 所示。

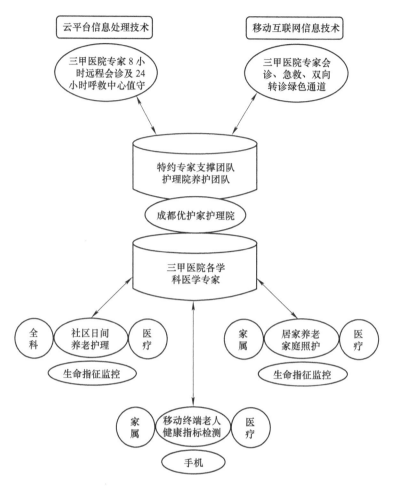

图 8-1　优护家新型智慧养老模式

优护家护理院建立了"一个团队、一个链条、一套系统"的医养融合养老模式。"一个团队"即构建以护士为主、护工为辅，医生、康复师、营养师、中医师、心理咨询师、健康管理师为支撑的全方位 2+6 照护团队。"一个链条"即构建以机构、社区、居家三位一体，从网络咨询、入院初步评估、试住综合评估、制订照护计划、安排照护团队、维护安全、交班、查房、品质管理、个案谈论、回访等一系列完整养护服务链条。"一套系统"即以专业团队、专业设备、专业评估、专业照护为核心，以品质服务以及人性化的照护，逐步形成医养融合技术规范化、服务模式标准化、照护老人智能化、健康管理信息化、人员绩效分配考核科学化的管理运营服务体系。

本章小结

社区医养结合养老服务是在社区中将养老机构"照料"功能与医院中的"医疗"功能结为一体，依托社区平台，提供基本医疗服务、日常照护、康复训练等，具备连续性、整合性、经济性特征的养老服务，以提高社区老年人的生活质量。社区医养结合养老服务强调健康养老，其覆盖对象以失能、失智、高龄等老年特殊群体为主，具有医养资源配置的高效性、服务对象具有针对性、服务内容个性化与多元化的特征。

居家医养结合服务是指以社区资源为基础，为居家老年人提供医疗护理、日常生活照料、家政和精神慰藉等兼有医疗和养老功能的服务。服务对象主要针对生理和心理状况处于劣势的特殊群体，如失能、失智、高龄等老年人。具有社区医养与居家养老结合、服务对象具有针对性、服务全方位化与专业化的特征。

实训设计指导

分组完成或独立完成。通过网络查找或实地调查某一"机构—社区—居家"为一体的医养结合养老机构的服务模式，参考以下要求提交1000字左右的书面报告。

1. 对某一"机构—社区—居家"为一体的医养结合养老机构的服务模式进行介绍。

2. 检索并找出构建该模式的具体政策、文件或国外先进经验。

3. 分析网络查找或实地调查的案例有哪些优缺点，并提出相应的对策建议。

思考与练习

1. 属于我国老年人最主要的养老方式是（　　）。

A. 医院养老　　　B. 居家养老　　　C. 机构养老　　　D. 社区养老

E. 以上均不是

2. 王奶奶，70岁，一年前丧偶，独居，一对儿女在外地工作，患有冠心病、高血压，病情尚稳定。王奶奶的生活尚能部分自理，近日常感孤独落寞、郁郁寡欢，被列入所在社区医养结合养老服务对象。

（1）目前王奶奶急需的服务是（　　）。

A. 生活照料　　B. 助餐服务　　　C. 保洁服务　　　D. 情感慰藉

E. 无特殊需求

（2）社区还能为王奶奶提供的服务是（　　）。

A. 生活照料　　B. 助餐服务　　　C. 健康管理　　　D. 家务处理

E. 购物

（3）居家医养结合养老服务模式的基本特征包括（　　）。

A. 社区医养与居家养老结合　　　　B. 服务对象具有针对性

C. 服务全方位化、专业化　　　　　D. 服务专业化

E. 以上都是

参 考 文 献

[1] 许虹，李冬梅. 养老机构管理 [M]. 杭州：浙江大学出版社，2015.

[2] 江崇光. 养老及大健康产业国际投资与运营 [M]. 沈阳：万卷出版公司，2017.

[3] 周燕珉. 养老设施建筑设计详解 [M]. 北京：中国建筑工业出版社，2018.

[4] 熊承刚，周春芳. 养老机构标准化建设实用手册 [M]. 北京：中国社会出版社，2017.

[5] 侯惠荣，高丽华，王峥. 北京居家养老医养结合服务相关问题研究 [J]. 社会政策研究，2017，5（5）：31-45.